JN190680

二兎を追う経営

トレードオフからの脱却

淺羽茂
ASABA SHIGERU

日本経済新聞出版

はじめに

トレードオフ＝経営の核心

企業ではさまざまな意思決定が行われる。例えばトップマネジメントは、中期計画を策定するとき、最終的な目標としてなにをどの程度に設定するかを決めなければならない。米国型のコーポレート・ガバナンス改革が進められていたころは、「ＲＯＥ（自己資本利益率）が10％以上」といった目標が掲げられていたが、さまざまなステークホルダーを重視しなければならないといわれるようになってからは、脱炭素といった環境についての目標を入れるところも増えている。しかし、ＲＯＥを引き上げるという目標と環境負荷を抑えるという目標とを両立するのは難しいので、経営者はどちらをどの程度重視するか悩む。

事業部長は、担当する事業を海外展開するにあたり、自国で開発した製品を海外市場に持っていって低価格で競争するか、それとも進出する市場に適した製品を新たに開発して差別化して競争するかを選ばなければならない。国内で販売している製品を輸出する場合には生産において規模の経済を働かせることができるし、同じ製品を海外生産・販売する場合には開発コストを節約できるので、低価格で製品を販売することができる。他方、進出先の市場はそれぞれ異なるニーズや嗜好を有しており、自国の製品が進出先市場のニーズに適していないときには、いくら安くても売れない。進出先市場のニーズに合わせた製品を新たに開発し、差別化して競争しないと成功しない。

開発部門のマネジャーは、多様な製品を開発したいが、開発する製品が多様になればなるほど、開発コストがかさんでしまう。あるいは、開発のリードタイムを短くしたいが、そうすると開発人員を増やさなければならず、開発コストが増大する。

人事部のマネジャーは、社員のキャリアパスを考える際、長期にわたって同じ（枠内の）部署で経験を積ませるか、短期でローテーションをしてなるべくいろいろな部署を経験させるかを考える。1つの事業、あるいは営業、生産、経理といった1つの職能で経験を積めば、当該事業・職能でのスキルはアップする。しかし、それでは、より広い視野で意思決定しなければならないジェネラルマネジメントを育てることはできない。他方、頻繁にローテーションをすれば、多様なスキルを身につけることができるだろうが、一つひとつのスキルは浅いものにとどまってしまうかもしれない。

このように、企業のさまざまな階層・部署で行われる意思決定は多様であるが、トレードオフを次のように定義すれば、そのほとんどはトレードオフ関係にある複数の目標についての意思決定であることがわかる。本書では、**ある1つの主体にとって追求すべき複数の目的があるとき、その主体には資源の制約があり、複数の目的が対立しているので、同時に複数の目的を追求するよりも、一方に集中し（他方を捨て）た方が効果的である場合、この主体はトレードオフに直面しているという。**

数年前、『トレードオフ』という本が話題となった（Maney, 2009）。この本には、次のような事例がちりばめられている。「手軽さ」を追求して成功したアマゾン、ｉＴｕｎｅｓとｉＰｏｄ、ウォルマート、ＥＳＰＮ（米国のスポーツのテレビ番組）。「上質」を追求して成功した個性的な独立系書店、ｉＰｈｏｎｅ、高級ブティック、ＮＦＬの試合中継。

一方、手軽でも上質でもないために失敗した製品や、手軽かつ上質を狙って失敗した製品の事例も挙がっている。この本の著者は、手軽さと上質とはトレードオフ（二者択一）であり、どちらか一方に努力を集中させるべきであるという。「二兎を追うものは一兎をも得ず」「戦略とは捨てることだ」という主張である。

「手軽さ」と「上質」は典型的な対立概念だが、これまで経営（学）では、これ以外にもさまざまなトレードオフが取り上げられてきた。『DIAMONDハーバード・ビジネス・レビュー』には、「企業課題のトレード・オフを両立させる法」という、まさに「トレードオフ」という用語がタイトルになっている論稿がある。この論稿の著者であるドミニク・ドッドとケン・ファバロは、ビジネスには同時に実現させるべきだが対立しがちなさまざまな目的があると指摘している（Dodd and Favaro, 2006）。そのなかでも顕著なものとして、「収益性」と「成長性」、「短期志向」と「長期志向」、「全社業績」と「事業ユニットの業績」を挙げている。

さらに、経営学の各分野では、さまざまなトレードオフが議論されてきた。組織論における「安定」対「変化」や「効率性」対「創造性」、イノベーション研究における「継続的改良」対「破壊的革新」、国際経営における「グローバル統合」対「ローカル適合」というように、経営学の諸分野の研究で取り上げられたトレードオフの例は枚挙にいとまがない。

このように、組織が追求すべき目的（価値）は複数あり、それらがトレードオフであるということは、さまざまなコンテクストで繰り返し指摘されてきた。これまでの経営学は、トレードオフをいかにマネジメントするかについて研究してきたといっても過言ではないだろう。

トレードオフの対処法

経営の各意思決定あるいは経営学の各分野のありとあらゆる場で、トレードオフが常に観察され、議論されるのは、次のような理由によるのかもしれない。目的が1つしかないのなら、それを全力で追求すればよい。達成するのは大変かもしれないが、意思決定は単純である。しかし、目的が複数だと、各々の目的を追求するために、どのように資源を配分するかを決めなければならない。複数の目的がトレードオフだと、この意思決定はきわめて難しくなる。それゆえ、トレードオフのマネジメントが経営学の対象となってきたのであろう。

上述した『トレードオフ』の著者が主張するように、二兎を追うのではなくどちらか一方に努力を集中させるというやり方（以下、一兎戦略）は、これまで多くの経営者、研究者によって提案されてきた。中途半端はいけない、いずれかに集中せよという主張はわかりやすい。しかし、これは、トレードオフの対処法の1つにすぎない。

これまで経営学のさまざまな分野で考えられてきたトレードオフの対処法は、一兎戦略だけではない。2つの目的（価値）をバランスよく組み合わせて、両方を追求する方法も提案されている。これは、野中（2022）の言葉を用いれば、二項動態経営である。「物事や問題に対して、「あれかこれか（either/or）」という二項対立（dichotomy）ではなく、「あれもこれも（both/and）」で双方を両立させ、全体の調和を追求する二項動態（dynamic duality）を追求していく姿勢である」（野中、2022、P.149）。

また、先ほど参照したDodd and Favaro（2006）は、好業績企業の調査から、1つの目的を重視し、もう1つの目的を犠牲にしている企業は、好業績をあげていないことを発見した。1つの目的を重視すると、両方の目的で優れた結果を生むということはありえない。悪い場合には、どちらについても優れた結果を生まないということになると彼らは述べている。

そこで、本書では、あえて二兎を追う方法（以下二兎戦略）を中心に検討する。以下の各章では、異なるトレードオフ問題、異なる二兎戦略について議論する。各章では、まずトレードオフ関係にある（と見られる）異なる目的、価値を追求している例を（いくつか）記述する。次に、どうしてそれが中途半端にならないのか、なぜ二兎戦略がうまくいくのかを議論する。9、10章では、本書で議論されたさまざまな例を抽象化、理論的に考え、いくつかの二兎戦略の基本的な考え方を導出する。

本書の特徴

筆者は「この経営の問題、20年くらい前に議論されていたあの問題と同じだなあ」というようなことを考えながら、約30年間、経営を研究してきた。経営学では、常に「バズワード」が躍っている。バズワードになるかどうかわからないが、研究者である経営学者でさえも、（既存の概念との違いを慎重に検討することなく）新しい概念を模索する傾向にある。実際、筆者が大学院生だったころ、ほかの院生のなかには、「コンセプトが出ない」と悩んでいる人がいた。

よく考えられた言葉はそれを見聞きした人に適切なイメージ、独特な価値を伝えることができるので、言葉をよく吟味して用いることはとても大事なことである。同じ問題が言葉を変えて繰り返し議論されることは、「単なる言葉の言い換えで意味がない」ということではなく、「繰り返し注目される経営の問題の本質は同じである」ことを示唆する。

ゆえに、「同じような問題が繰り返し研究されるなら、その解決方法も共通しているのではないか？少なくともいくつかのパターンに分類できるのではないか？」と考えることができる。そして、「今後、

『新しい』問題が出てきたとき、そのパターンを適用することによって、容易に問題の解決にたどり着くことができるかもしれない」と期待することができる。これが本書を執筆するきっかけになっている。

本書では、これまでさまざまな分野で考えられてきたトレードオフの問題、その解決方法が集められている。各章で記述される事例やモデルは、ここ1、2年で調べたものもあるが、かなり以前のものも多い。

例えば、第7章で議論される自動車の開発組織の話は、筆者が学部3年生のときに受けた「経営管理」という授業で聞いた話である。第9章に登場する資源投入と価値生産の一連の図は、筆者が大学院1年生のときに、他の院生と議論している最中に思いついたことである。補論3のモデルは、筆者が修士論文で展開したものである。当時、野中郁次郎先生の『企業進化論』に感動しつつも、企業の長期的存続を考えるのであれば、投入する資源の蓄積プロセスの議論がないのはおかしいという不満から生まれたものであった。

また、本書で議論したトレードオフの解決方法自体は、筆者が新たに考え出したものというよりも、これまでさまざまな人が提案してきたものである。読者からすれば、目新しい解決方法ではなく、どこかで見たことがあるものが多いであろう。

本書の狙いは、新しい考え方、斬新なトレードオフの対処法を提唱することではなく、これまで多様な分野、さまざまな専門家が提唱してきた考え方や対処法を、どのようにトレードオフを解決しているかという点から見直し、いくつかの二兎戦略にくくり直して、その本質的なメカニズム、注意点などを議論することにある。

筆者は、どちらかというと、新しい言葉を考え出すよりも、既存の理論や考え方、概念で新しい現象や問題を説明する方を好む。ミクロ経済学の効用最大化や利潤極大化、企業の行動理論の限定された合理性や希求水準、組織論の組織均衡論や（情報処理仮説にもとづく）コンティンジェンシー理論、進化論や学習理論といったいくつかの基本的な考え方を用いれば、大方の問題は理解できるのではないかと考えている。少なくとも、それらを適用してみることで、それでは解けないどのような本質的な問題が残されているのかをはっきりさせることが良いと思っている。

本書も、そのような筆者の好みを色濃く反映している。したがって、「これは、思いもつかなかった新しい考え方だ！」とか、「こんな問題や解決方法は知らなかった！」という感想を読者が持つことははなから期待していない。しかし、もし読者が、「この解決方法とこの解決方法は、このような点から見ると共通しているのか！」というような感想を持っていただければ、筆者の目的は達せられたことになる。情報や知識として経営現象、意思決定問題、解決方法を学ぶのではなく、ある現象や問題をどのようにとらえたらよいのか、解決方法をどのように発想したらよいのかに役に立てば、望外の喜びである。

本書の読み方

このような理由で、本書は、ある特定のテーマに関心のある方だけでなく、さまざまな方に読んでいただけるのではないかと思う。ゆえに、読み方もいろいろありうる。

章の配列は、一応、経営学の分野によってまとめられている（第1～3章はビジネスモデル・競争戦略、第4章と第5章は生産・開発プロセス、第6～8章は、両利きの経営、国際化、企業変革、

CSV〔共通価値創造〕といった企業戦略、ジェネラルマネジメント）ので、興味のある分野から読んでいくのが1つの読み方である。また、索引から興味のある企業やトピックを探し、それが書かれている章から読み進めるという手もある。

それらとはまったく異なるお勧めの読み方もある。本書では、二兎戦略が依拠している理論・考え方は、第9章や第10章にまとめられている。そこで、理論編ともいえる後ろの2つの章を読んでから、前の8つの章に戻り、さまざまな具体例を読みながら二兎戦略が依拠する理論や考え方を確認するという読み方もありうるであろう。

いずれの読み方でも結構である。本書を読まれた後、読者が、「目の前にあるトレードオフを再検討しよう」とか「二兎戦略を考えてみたい」と思っていただけたら、幸甚である。

目次

第2章　価格 vs. サービス　技術による小売りの二兎戦略

第3章　コストリーダーシップ vs. 差別化　スタック・イン・ザ・ミドルに陥らない二兎戦略

第4章

コストvs.多品種

新技術による生産現場の二兎戦略

第5章

コストvs.多品種

生産・製品開発プロセスの革新

第6章 深化 vs. 探索　組織を分ける

第7章 深化 vs. 探索　時間を分ける

第8章 経済価値 vs. 社会価値 高次のレベルで考える

第9章 トレードオフ再考 なぜ二者択一になるのか

第10章

二兎戦略の3つの考え方

第1章 コストvs.品ぞろえ
——アパレル小売りの競争

1．アパレル小売りが直面するトレードオフ

10年周期のパラダイムシフト

今から30年近く前、ある百貨店の婦人服部門の責任者から、「これまでの小売業の発展を眺めていると、町が元気なときと百貨店が元気なときとが、繰り返しているように見える」という話を聞いたことがある。「町」＝専門店の路面店が勢いのある時代と、百貨店が主導権を握る時代とが、一定周期で繰り返されるというのである。これは、アパレルに限らず、小売り全般に見られる現象かもしれない。

その後、百貨店の凋落が顕著になると、百貨店、専門店、ロードサイドショップ、SPA、ファストファッションというように、「ファッション流通業界では、これまでおよそ10年周期でパラダイムシフト（＝時代の大転換期）」（齊藤、2019、P.4）があったといわれるようになった。

このように、アパレル小売業界では、業態あるいはビジネスモデルが移り変わったり、同時期にいくつかの異なる業態が並存したりしている。これは、同じ事業（アパレル小売り）を営んではいるが、企業ごとに異なる競争の仕方（競争戦略あるいはビジネスモデルといってよい）を選んでいるからである。

このような競争が繰り広げられるなか、世界のアパレル小売りとして成長してきた代表的2社が、ZARAを展開するスペインのインディテックスと、ユニクロを展開する日本のファーストリテイリングといえよう。この2社はどちらも、商品の企画・開発、素材調達、製造、物流、販売を一貫して手がけるSPA（Specialty Store Retailer of Private Label Apparel、製造小売り）ではあるが、その競争の仕方はかなり異なっている。表1-1は、ユニクロとZARAの競争の仕方を対照させたものである。

この対照表を見ると、顧客は、コスト（価格）と商品（の品ぞろえ）という2つの価値を重視していることがわかる。ただし、たいていのアパレル小売りは、この2つの価値を同時には提供することができない。それは、品目数の拡大→品目当たりの販売（発注つまり生産）量の低下→規模の経済の低下→コスト高という因果にもよるが、アパレル小売り特有のリスクに対する対処法に大いに関係している。

衣料品は、流行や気候によって売れる時期が決まっている季節性のある商品である。日本の場合、シーズンは春夏秋冬と1年のうち4つあり、各シーズンが13週ずつと考えられる。あるシーズンの服は、その時期を過ぎると、まったく売れなくなってしまうし、シーズン終盤では着用する機会が少なくなるので、値引きをしないと購入されなくなる。ゆえに、定価で販売できる期間は、13週よりもさらに短く、8週間程度だといわれている（齊藤、2019）。

図1－1　日本のアパレル小売りの業態の変遷

1960年代　百貨店が「上質で豊富な品ぞろえ」

↓

1970年代　総合量販店による「低価格化」

↓

1980年代後半　カテゴリーキラーによる「価格破壊」

↓

1990年代後半　SPAによる低価格品の品質向上

↓

2000年代後半　ファストファッションによる「ファッション製品の低価格化」

出所：齊藤（2019）P.27の図を筆者修正

表1－1　ユニクロとZARAの競争の仕方の対比

競争の仕方	ユニクロ	ZARA
対象顧客	広く浅く	狭く深く
商品	ベーシックの品質を極める	最新トレンドを素早く提供
生産	中国でつくり日本で拡大	スペインでつくり世界で拡大
価格	時間をかけてコストを削減し、低価格を実現	スピード重視で値下げを抑制
広告宣伝	広告宣伝に投資して集客	広告宣伝せず、店舗に磨きをかけて集客

出所：齊藤（2014）PP.4-5をもとに筆者作成

他方、衣料品は、企画から生産を経て店頭に並ぶまでにかなり長い期間を要する。筆者が調査した紳士物のスーツの場合、グレーや紺の無地の定番でなければ、前年の同シーズンの売れ行きを見る前から、企画しなければならない。つまり1年半くらい前から、流行を予測し、商品を企画するのである（Asaba and Fujimoto, 1994）。

ゆえに、しばしば予測が外れ、大量の商品が売れ残ってしまう。あるいは、シーズンに入って予想外に売れ行きが良いからといってリピート・オーダーをかけても、シーズン中には入荷できずに機会ロスが生じてしまう。頑張ってシーズン中に入荷できたとしても、そのころには定価で販売できる期間が過ぎているので、値下げせざるを得ず、利益を確保できないのである。

売れ残った商品は、コスト割れで処分されることもある。この場合、小売りがその損失分を負う。しかし、売れ残った商品を返品できる委託販売であれば、当該損失分は小売りではなく、卸やメーカーが分担することになる。その場合、損失分は、卸やメーカーといった中間業者が得るマージン、つまり商品を納入する際の価格（小売りが商品を調達する場合のコスト）に載せられるので、商品価格は高くならざるを得ない。

それに対してSPAは、自ら商品を企画するので、買取制をとる。返品されないので、卸やメーカーは損失分を載せる必要はない。ゆえに、小売りは安く商品を調達でき、低価格で販売できる。つまり、SPAは、中間業者のマージンを除くことによって、コストを下げることができるのである。

ただし、売れ残りのリスクはすべて小売り自身が負うことになる。リスクをすべて負うのであれば、小売りはできるだけリスクを抑制しようと考える。ゆえに、流行り廃りのあるファッション商品よりは、定番品を主に扱うようになる。品ぞろえを増やすのではなく、取扱商品を確実に売れるものに絞ることが合理的になるのである。

顧客に提供する価値の組み合わせ

つまり、アパレル小売りにとって、コストと品ぞろえという2つの価値は、トレードオフ関係にあるので、2つをどのように組み合わせて提供するかを慎重に考えなければならない。その組み合わせは、自社の強み、特長を生かした競争の仕方を反映した、顧客に提供する価値の組み合わせ（value proposition）である。企業が追求すべき価値はこの2つに限らないが、トレードオフ関係にある2つの価値を考える場合、どのように2つの価値を追求するか、つまりトレードオフにどのように対処するかがアパレル小売りにとって、とても重要な問題になるのである。

トレードオフにどのように対処するかについては、両方を追求するのではなく、どちらか一方に集中すべきといわれることが多い。競争戦略論をつくり上げたハーバードビジネススクールのマイケル・E・ポーターは、競争戦略の基本戦略（generic strategy）として、コストリーダーシップ、差別化、集中の3つを提示した。

第3章でもう少し詳しく見るように、ポーターは、コストリーダーシップ戦略と差別化戦略は競争手段について相反しているので、企業はどちらか1つを採用すべきであり、両方を採用するとどっちつかずになって失敗すると警告した。いわゆるスタック・イン・ザ・ミドル（stuck in the middle）である。

1990年代後半にフリースで急成長したときのユニクロは、カジュアル・ベーシックに絞った品ぞろえをし、もっぱら低価格（コスト）を追求していたので、ポーターの警告に従っていると考えられる。本書の用語でいえば、ユニクロは一兎戦略をとっていたのである（これについては補論1でもう少し詳しく議論する）。

しかし、ZARAなど、ユニクロ以外のアパレル小売りのいくつかは、低コストと多様な品ぞろえというトレードオフの関係にある2つの価値を同時に追求して成功している。スタック・イン・ザ・ミドルに陥らずに二兎戦略をとっているのである。

そこで、本章では、低コストと多様な品ぞろえというトレードオフの関係にある2つの価値を同時に追求しているアパレル小売りを取り上げ、二兎戦略がなぜ成功するのか、そのメカニズムについて考えてみる。

2. シーインの衝撃[1]

ファッション性と低価格を同時に実現

2022年11月、一風変わったアパレル店が東京の原宿にオープンした。約200平方メートルの面積の店舗には、婦人服を中心に、靴、バッグ、小物、紳士服などが取りそろえられているが、そこで販売は行われない。試着室やSNS投稿用のフォトブースが設置され、客は商品についているタグのQRコードを読み取って公式サイトかアプリ上で購入する。

ここは、ネット通販で急成長してきた中国発ファストファッションのSHEIN（シーイン）のショールーミング形式の店舗である。これまでシーインは、米国、スペインのいくつかの都市や大阪で期間限定店舗を出してはいたが、同社の常設店舗は、原宿が世界初である。

シーインは、許仰天（クリス・シュー）が２００８年に中国で創業した南京希音電子商務が始まりである。その後２０１２年に、現在のようなアパレルＥＣ（electronic commerce、電子商取引）事業として本格的に展開された。現在シーインは、シンガポールの統括会社であるロードゲットビジネスによって運営され、１５０以上の国と地域でサービスを展開している。業績は公式には発表されていないが、２０２２年の売上高は２４０億ドル、時価総額は14・４兆円に達し、ＺＡＲＡのインディテックス、Ｈ＆Ｍ、ファーストリテイリングを売上高や時価総額で上回るといわれている。

シーインは、圧倒的に安く、そこそこかわいい服を提供し、米国を中心に世界中のＺ世代の女性から爆発的な人気を博している。つまり、ファッション性（品ぞろえ）と低価格の両方を実現しているのである。シーインは、いかにしてこの二兎戦略を実行しているのだろうか。

シーインの二兎戦略

シーインは、最新トレンドに沿って迅速に商品を開発し、１週間で10万点の新作を投入するといわれている。そのために、中国、米国、シンガポールに数百人のデザイナーを抱え、社外の独立系デザ

１　シーインについては、「アパレル初！謎の１兆円未上場企業『ＳＨＥＩＮ』の正体」『東洋経済オンライン』２０２１年９月７日（https://toyokeizai.net/articles/-/452310?page=4）、「中国発シーイン　ユニクロ超え」『日本経済新聞』２０２２年９月８日付朝刊、「激安服『シーイン』日本での普及への『一番の課題』」『東洋経済オンライン』２０２２年11月15日（https://toyokeizai.net/articles/-/632782）、「『シーイン』が世界初の常設店舗、東京・原宿に」『ＷＷＤＪＡＰＡＮ』２０２２年11月１日（https://www.wwdjapan.com/articles/1455409）を参考にした。

図1－2　2022年11月にオープンしたシーインの原宿店

SNS映えする試着室

写真を撮ってSNSに投稿し、クーポンコードをもらおうと書かれている

出所：筆者撮影

イナーとの協業もしているし、ＡＩ（人工知能）も活用しているといわれている。ＡＩがどの程度デザインをしているのかはわからないが、シーインは他社のデザインを無断で模倣しているのではないかと疑われることも多いので、意匠権を侵害していないかチェックする機能を、ＡＩが果たしているのかもしれない。[2]

この膨大な数の新製品は、ＳＮＳ上でのデジタル・マーケティングによって認知度を高め、ネット通販されている。Instagram、Facebook、Ｘ（旧Twitter）で、それぞれ年数千回の投稿が行われている。数多くのインフルエンサーが、YouTubeなどでシーインの商品のコーディネート動画などを流しており、商品の認知度を高め、Ｚ世代の購買意欲を刺激している。

また、インフルエンサーごとに発行されるクーポンコードを使えば、商品を定価よりもさらに安く購入することができる。シーインの公式サイトを見ると、インフルエンサーが発行するもの以外にも、誰でも使えるクーポン、購買履歴に応じたクーポン、友達紹介キャンペーンなど、さまざまなクーポンが発行され、販売が促進されていることがわかる。

同時に、開発・生産体制でも工夫が見られる。企画された商品は、中国・広州の本部の周辺に集積している４００を超える主力サプライヤーによって生産される。このサプライヤーは、受注、在庫、生産の進捗、帳簿などあらゆる面で、シーインの管理指導を受けている。このサプライヤーの集積は、

2　実際シーインは、ここ数年、商標権や著作権など、知的財産権を侵害しているとしてアーティストやブランドから複数の模倣品訴訟を起こされている（https://www.wwdjapan.com/articles/1398100）。２０２４年1月には、ショルダーバッグの模倣品が販売されているとして、ユニクロがシーインの運営会社などを提訴している（https://www.nikkei.com/article/DGXZQOUC168O50W4A110C2000000/）。

シーイン村と呼ばれる。また、浙江省や江西省にある中小零細の縫製工場のネットワークも活用されている。これらのサプライヤーが、短サイクルで小ロットの注文に対応しているのである。[3]

シーインでは、最初のサンプルは、注文を受けた後、3日から1週間で納品されるといわれている。大手メーカーの場合は、数千着から数万着のオーダーで生産されるのが普通だが、シーインの場合は、1つのアイテムを最少で100〜200着しか生産しない。つまり、最初はテスト・マーケティングのようなもので、どれが売れるかを見極めるために少量を生産するのである。

そのなかで売れ行きが良いものがあれば、追加発注する。リードタイムが短いので、追加発注したものもシーズン中（定価で売れる期間）に再納入される。つまり、機会ロスも、（見込み違いでのつくりすぎによる）売れ残りも、生じることはほとんどないと考えられるのである。

3. ZARAの二兎戦略

短サイクル以外の工夫

先に見たように、短サイクルの生産、SNSを活用したマーケティングによって、シーインは二兎戦略を可能にしていると考えられる。開発・生産サイクルの短縮というのは、ファストファッションに共通の、二兎戦略を実現するためのカギである。

ファストファッションのなかでも、シーインのリードタイムが数日から1週間というのは、際立って短い。ただし、それでもなおシーインは値下げが多いし、先に述べたように商品を割引で購入できるクーポンが数多く出されている。つまり、売れ残った商品の処分売りが多いのである。また、おびただしい数の新製品が発売されるが、先に示唆したように、模倣品訴訟といった問題も抱えている。市場の動向をつかむ力、デザイン力などが弱いのかもしれない。

それに対して、ファストファッションの雄であるZARAは、短サイクル以外にも二兎戦略を実現するための多くの工夫を凝らしている。[4] ZARAは、スペインのインディテックス社が運営する5つのアパレルチェーンのうちの1つであり、ファッション性の高い商品を扱っている。

しかし、ZARAは流行をつくりだすのではない。流行を素早くフォローしているのである。世界各地の感度の高い市場にデザイナーを配し、市場の動向を常に把握することによって、年間で2万5000点のアイテムをデザインしている。アイテム数が半分以下であった2000年ごろでも、毎日数十品目がデザインされていた。ただし、そのなかから実際に生産されるものは3分の1強にすぎなかった。つまり見込みのあるものが選別されていたのであり、ゆえに新製品の失敗率は1％（業界平均は10％）であった。

短サイクル実現のカギ

ZARAのサイクルタイムは、シーインほどではないが、業界平均に比べれば明らかに短い。

3　サプライヤーに対する取引条件がかなり厳しく、今後も共存関係を維持できるかが課題ともいわれている。また米国で輸入規制されている新疆ウイグル自治区で生産された綿が使用されているといったサプライチェーン上の問題もある。

4　ZARAについては、「ZARA：ファースト・ファッション」HBS Case #9-707-J03、『グローバル経営の教科書「カワイイ」を支えるファッションビジネス最前線』日経BPムック、2013年にもとづいている。

図1−3　ZARAの売上高の推移

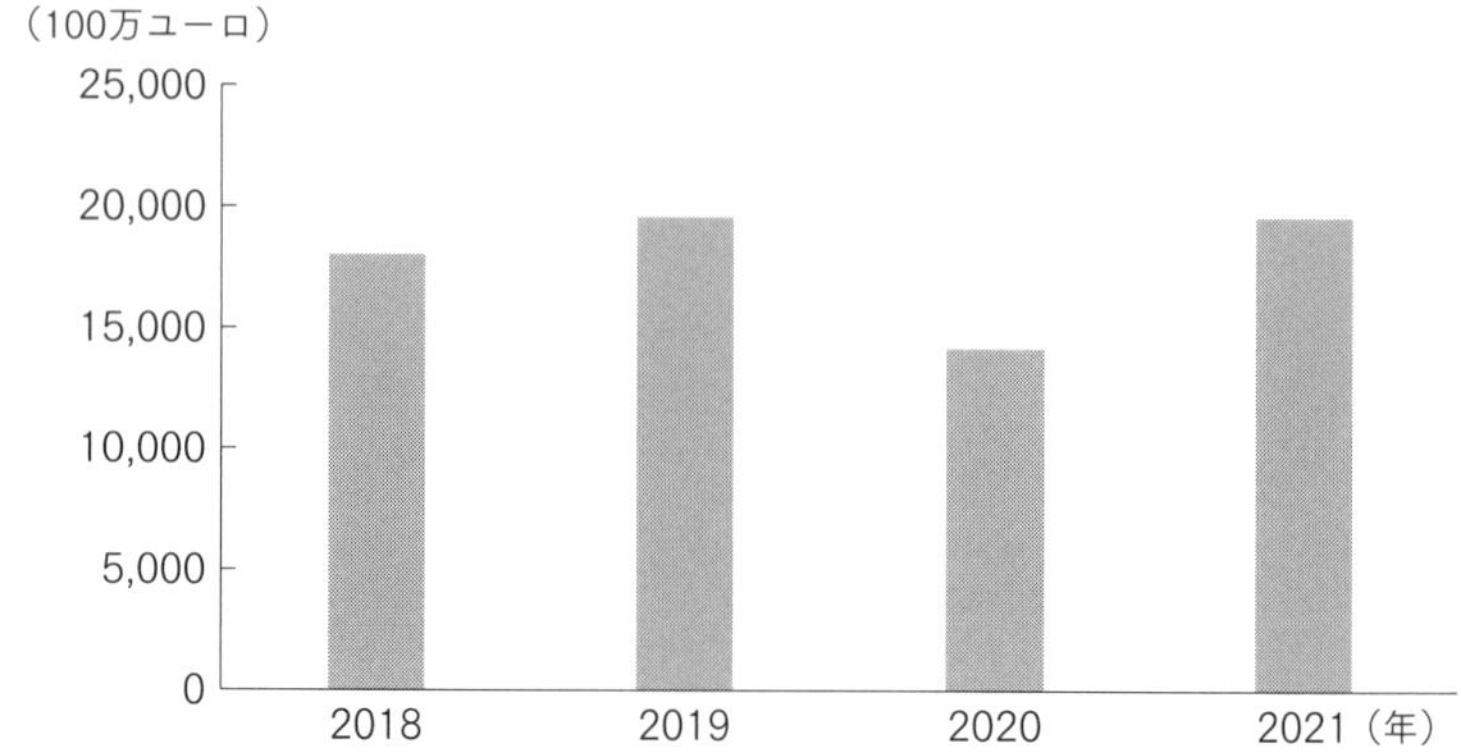

出所：インディテックス社の財務レポート（https://www.inditex.com/itxcomweb/en/investors/finance#financial-data）より筆者作成

図1−4　インディテックスの地域別売上高構成比と店舗数

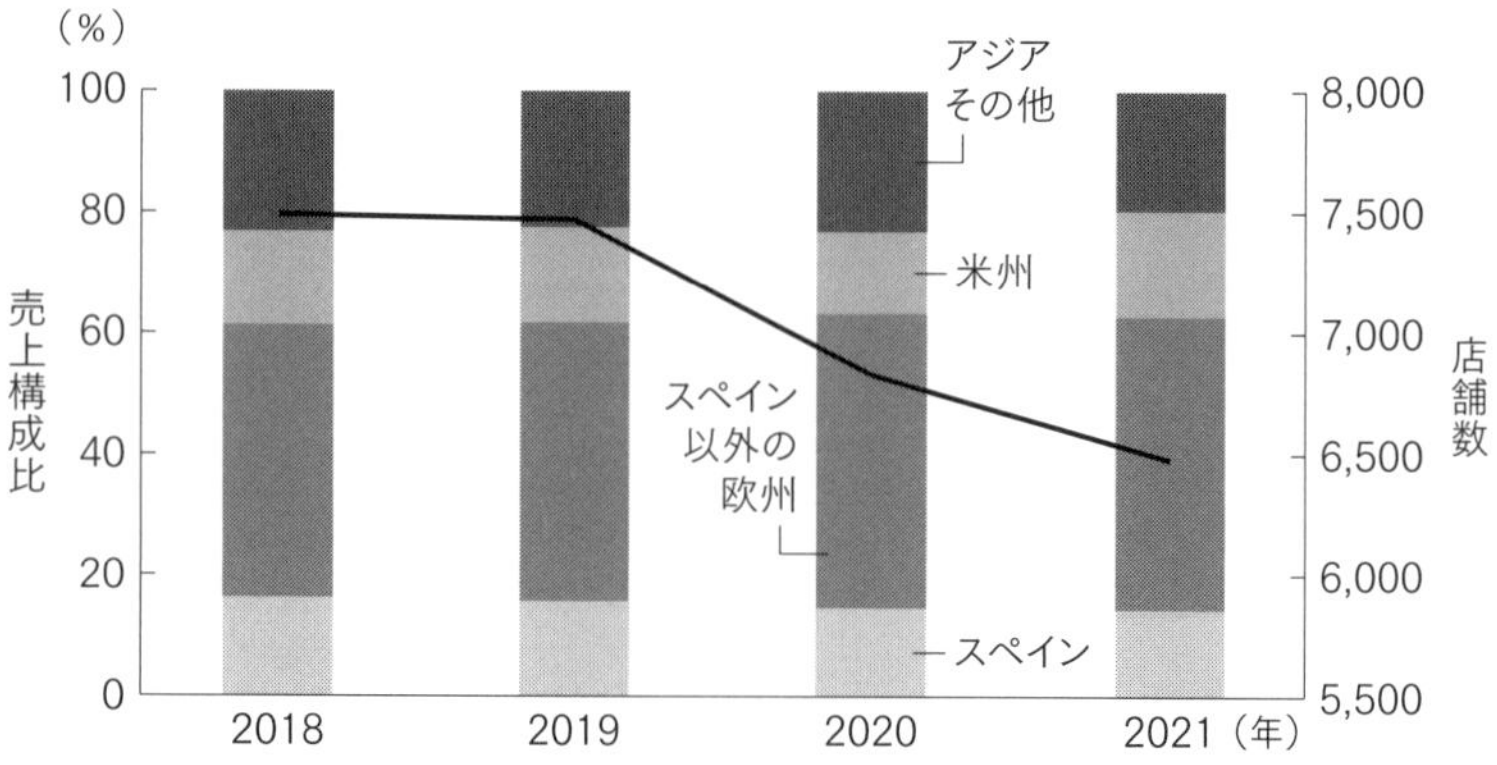

出所：インディテックス社の財務レポート（https://www.inditex.com/itxcomweb/en/investors/finance#financial-data）より筆者作成

2000年ごろ、ファストファッションではない企業は、通常、デザインに6カ月、生産に3カ月要していたが、ZARAの場合、まったくの新製品でも4～5週間で店舗に納めることができ、既存製品の修正であれば2週間以内で納入することができていた。

競合企業は、市場の動向を見る前に見込みで生産を始めなければならない。それに対してZARAは、この短いサイクルタイムのおかげで、シーズンが始まり市場の動向を見てから、そのシーズン向けの製品の生産を始めることができる。それゆえ、新製品の失敗率は低く、売れ残りも少なくなるのである。

この短サイクルは、垂直統合方式の生産体制や、中央配送センターなどの効率的な物流システムによって可能となっている。ZARAは、ベーシック・アイテムはアジアのサプライヤーに生産を委託する。それに対してファッション性の高いアイテムは、リスクが大きいので、本社近くにある自社工場で少量を生産するか、近隣の欧州のサプライヤーに生産を委託している。ゆえに、ファッション・アイテムは、柔軟で短期間の生産が可能となるのである。

また、倉庫は、商品を保管する場所ではなく、商品を動かす場所であると認識されているので、滞留する商品は皆無である。トラック輸送や空輸によって、欧州内であれば24～36時間以内、欧州以外の店舗には24～48時間以内に届けられる。短サイクルゆえに、もし消費者の反応がとても良いものであれば、追加注文することもできる。短サイクルなので、シーズン中に追加発注した商品でも、セール期間前に店舗に並べることができるからである。

ただし、基本的には少量生産・売り切れ御免である。ゆえに、店舗でも希少性を演出し、売り切ることを可能にしている。2000年ごろ、競合チェーンの顧客の来店頻度は年3～4回であるのに対し、ZARAの平均的な顧客は年17回来店していた。ZARAでは、週2回の配送ごとに新しくデザインされた商品が店舗に到着し、商品の4分の3は3~4週間ごとに取り替えられる。1年間は52週なので、3（週）で割ると17回、来店頻度と一致する。

つまり、買い物客は、「店舗に行ったときに並んでいた商品は、次回来店したときにはない。気に入った商品があったら、そのとき買わなければならない」と考えるのである。商品は希少であり、マークダウンするのを待つのではなく、来店したときが並んでいる商品を買うチャンスという感覚を顧客は持つ。それゆえ、売れ残りが少なくなるのである。

4．第3の軸を見つける

視点の転換で解消するトレードオフ

前節では、シーインとZARAというファストファッションが、短サイクル、少量多品種生産、売り切る力（マーケティングや希少性の演出）によって、ファッション性の高い商品の品ぞろえを豊富にすると同時に、売れ残りのリスクを抑えて（売れ残り品を処分するコストをかけずに）低価格を実現していることを見た。

しかし、ファストファッションの事例には、二兎戦略を成功させるもう1つの別の重要なポイントがあると思われる。それは、ファストファッションが商品の品質にこだわらないということである。

例えばZARAは、自社の商品は10回程度着られればよしと考えているようである。[5] 品質のつくり込み、耐久性の向上をそれほど追求しないから、多品種、短納期を実現できるともいえる。シーインやかつて一世を風靡したフォーエバー21も、素材、縫製など品質には見るべきものがない。ユニクロが機能性や耐久性といった品質を重視しているのとは対照的である。

つまり、アパレル小売りは、コスト対品ぞろえ（ファッション性）というトレードオフだけでなく、品質対コスト（あるいは品ぞろえ対品質）といったトレードオフにも直面しているのである。ファストファッションは、後者のトレードオフについては、品質を追求せずにもっぱらコストを追求する一兎戦略をとっていることになる。品質を追求しないがゆえに、ファストファッションはコストと品ぞろえ（ファッション性）という2つの価値を同時に追求する二兎戦略をとることができているとも考えられるのである。

このように考えれば、ユニクロも単に一兎戦略をとっているのではないと見ることができる。ユニクロも、コスト対品ぞろえ（ファッション性）というトレードオフだけでなく、品質対コストというトレードオフにも直面している。ユニクロは、前者のトレードオフについては、品ぞろえ（ファッション性）を追求しない一兎戦略をとっているがゆえに、品質とコストという2つの価値を同時に追求する二兎戦略をとることができているとも考えられるのである。

定番商品を中心にすることで、品数が絞られ、SKU（ストック・キーピング・ユニット）当たりの生産量が大きくなる。発注量が大きいので、技術力の高い工場と委託生産契約を結ぶことができる。

5　品質を犠牲にするというのは、シーインの方が激しい。アパレル業界においても、環境負荷を下げるために、リペアして長く使ったり、リサイクルを増やしたりして、新製品の生産をできるだけ減らしていくというサステナビリティが意識されている今日、耐久性の低い商品はサステナブルなのかという疑問が提示されている。

また、定番商品なのですぐに取り扱いがなくなること（売り切れ御免）はない。ゆえに、素材メーカーとの濃密な協働を行い、時間をかけて改良をしていくことができる。つまりユニクロは、品ぞろえ（ファッション性）の追求をあきらめて定番商品を中心に品ぞろえを絞ったおかげで、大量発注、継続的な改良を可能にし、トレードオフにある品質とコストの両方を同時に達成することができたのである。

ユニクロとファストファッションは異なるトレードオフに直面しているのではなく、どちらもコスト、品ぞろえ、品質という価値が三すくみになっている状態にあると考えられる。この三すくみ状態は、アパレル小売り一般に当てはまるのかもしれない。3つの価値のなかで、ユニクロは品ぞろえ（ファッション性）という価値を追求することをやめ、ファストファッションは品質という価値の追求をあきらめたのである。

1つの価値をあきらめてトレードオフを解消するミスミ

ユニクロとファストファッションは、2つの価値のトレードオフではなく、3つの価値の三すくみという視点を持つことによって、それぞれの二兎戦略を成功させたと考えられる。視点を変えることによって直面するトレードオフを解消し、対立する価値を同時に実現したもう1つの例として、金型部品などを生産・販売するミスミを挙げることができる[6]。

ミスミは、1963年に、輸入自動水道栓を販売する商社として設立され、65年から金型用部品の販売を開始した。水道栓とともに扱っていたベアリングの顧客から、金型の部品として使いたいのでベアリングの一部品を売ってくれないかという打診を受けたことが発端であった。後に社長に就任する田口弘氏は、金型メーカーの間を駆け回り、ニーズを拾い集め、それをもとに製品を企画・開発し、販売していった。

田口は、そのとき金型部品の流通のあり方に強い違和感を抱いた。金型メーカーの多くは小ロット販売を求めていた。金型自体が他品種少量生産だからである。また自らがつくる金型にぴったりと合う部品を望んでいたので、カスタム部品の要望も強かった。他方、当時の商社は、規格品の大ロット販売しか行っていなかった。小ロットやカスタム部品ではスケールメリットが効かないために、コストが高くなってしまうからである。当然、金型メーカーにとっては部品の価格は安い方が望ましい。ゆえに、カスタム化（あるいは小ロット化）と価格（コスト）はトレードオフとなる。

また、金型メーカーは、カスタム部品を欲しいときにすぐに持ってきてくれることを望んでいた。注文があったらすぐに出荷するためには、多様な部品を多めに在庫しておく必要があり、在庫コストがかさむ。つまり、短納期と価格（コスト）もトレードオフなのである。

ミスミは、自社が提供する価値をQCTと表している。あるいは、ミスミグループは、社会的使命を具現化するための4つのミスミ・コンセプトを示しているが、そのなかの1つのミスミ戦略コンセプトは、「ミスミQCTモデル」である。

QCTとは、高品質（Quality）、低コスト（Cost）、短納期（Time）の頭文字をとったものである。品質にはさまざまな尺度があるが、ユーザーのニーズにぴったり応えて（カスタム化されて）いるかどうかは1つの品質指標といえるであろう。ゆえに、ミスミの提供価値は、前述の2つのトレードオ

6　ミスミの事例は、伊丹・西野（2004）に依拠している。

図1－5　4つのミスミ・コンセプト

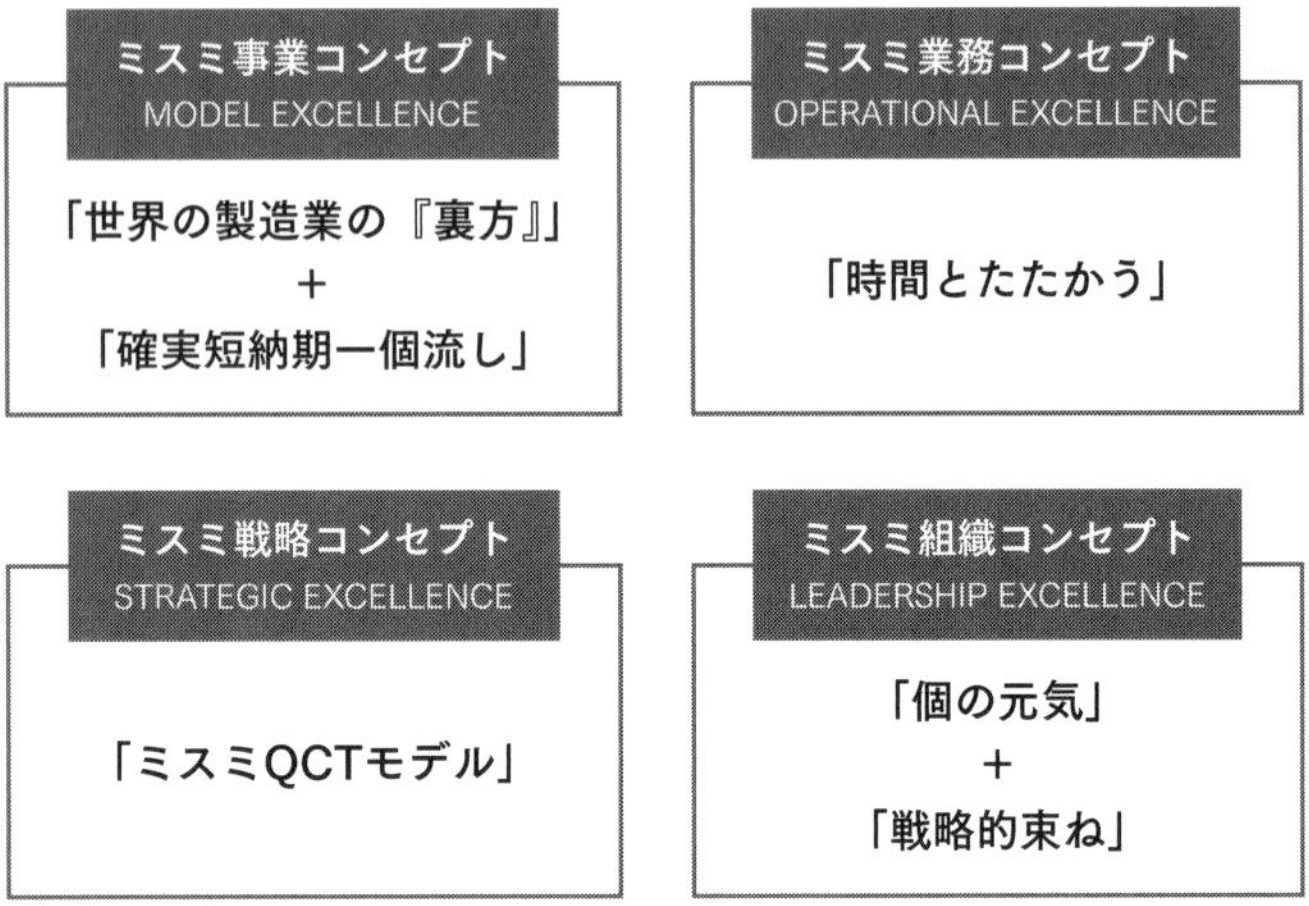

出所：ミスミグループ本社のホームページより引用（https://www.misumi.co.jp/company/concept/index.html）

フ（カスタム化対コスト、納期対コスト）を構成する3つの要素であると考えることができるのである。

話を田口の変革に戻そう。このときミスミは、カスタム化の価値を追求するのをやめ、金型用部品の標準化を行った。標準品は規格品とはまったく異なる。規格品は事前に決められている企画に合わせてユーザーが設計をする。それに対して標準品は、ミスミが多くのユーザーを回り、収集したユーザーニーズの最大公約数として企画・開発されるのである。

標準品はユーザーニーズの最大公約数ではあるが、カスタム部品に比べれば、もちろん各ユーザーのニーズにぴったり合うものではない。やはりユーザーが設計の際に、ある程度標準品に合わせる必要がある。

しかし、規格品に比べて標準品は、どのユーザーにとっても圧倒的に使いやすい。さらに、多くのユーザーが標準品を使うことによって、スケールメリットが生まれるので、コストが低下する。ユーザーは、安い価格で、かなり使いやすい部品を手に入れることができるのである。

さらに、ミスミは、部品メーカーに標準品をハーフメード方式でつくってもらった。標準品は多様でも、ある程度共通する部分がある。その共通する部分を半製品としてあらかじめつくっておき、部品メーカーに在庫として持ってもらう。金型メーカーから注文が入ったら、残りの部分の加工を行うのである。このハーフメード方式によって、在庫を圧縮できるので、短納期を達成しながらコストを抑制できるのである。

つまり、カスタム化をあきらめることで、あるいはユーザーニーズの最大公約数を求めることによって、ハーフメード方式を取り入れることができ、それによって残りの２つの価値（コストと短納期）を同時に実現することができたのである。

5. まとめ――トレードオフからトレードオンへ

連続性と直交性

本章では、

①企業が顧客に提供しうる価値はいくつかあるが、そのうちのいくつかは相反するトレードオフの関係にありうる

②その場合、どちらか片方の価値に絞って提供すること（一兎戦略）がしばしば推奨されるが、両方の価値を同時に追求（二兎戦略）して成功している企業もある

図1−6　連続性と直交性

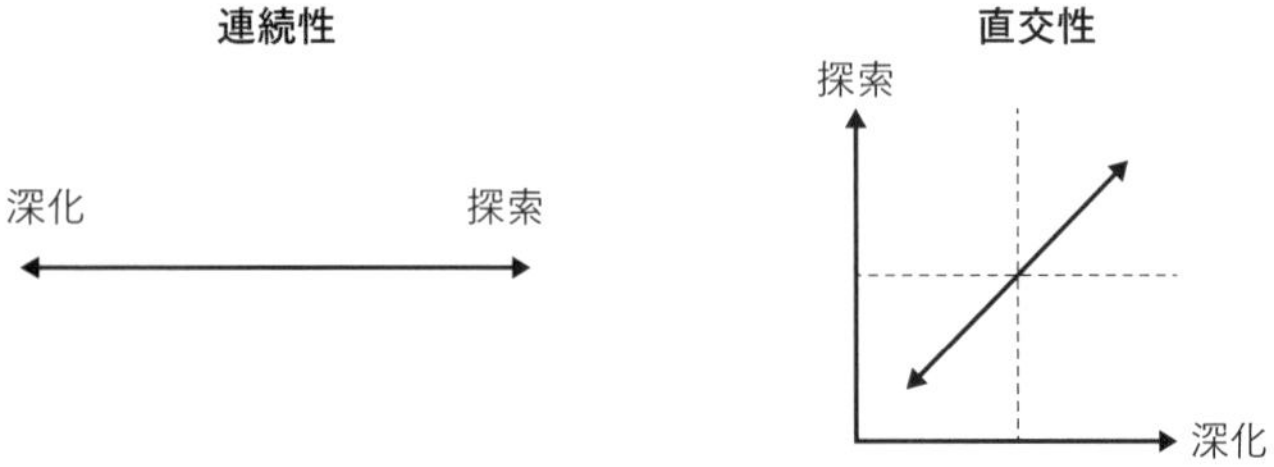

出所：筆者作成

ということを指摘してきた。②は、換言すれば、トレードオフ（二項対立）をトレードオン（二項合一）にすることは可能かという問いについて議論していたといえる。

組織が直面するもっとも代表的なトレードオフの1つが、深化と探索という2つの対立する学習方法の選択である。第9章で詳しく見るが、深化と探索の2つが組織の長期的適応には必要であると述べたMarch（1991）は、基本的に深化と探索は両立できないものだと述べている。

しかし、Gupta et al.（2006）は、深化と探索についての既存研究をレビューし、2つがトレードオフにならない場合があることを議論した。深化と探索のように2つの目標や価値は、連続性の場合と直交性の場合とがある。連続性とは、直線の両極端に2つの目標や価値が置かれている場合であり、2つは相反する。それに対して直交性とは、両方が大きい場合も両方が小さい場合もありうる。両者は相互に補完的である。

以上のように考えたGupta et al.（2006）は、深化と探索（あるいは一般的にトレードオフと考えられる2つの価値）が連続性ではなく直交性の関係になれば、2つはトレードオフにならないと考えた。本章で議論したことも、一見トレードオフあるいは直線の両端にあると見える2つの価値も、第3の軸で見ると直交性の関係に見え、トレードオフが解消されると解釈できるであろう。

二次元から三次元へ

直交性の関係になるようにするという考え方は、別の言い方をすれば、二次元から三次元に視点を転換するということでもある。ユニクロ、ZARA、ミスミの例は、成功する二兎戦略が次のようなプロセスを経て生み出されることを示唆している。

最初は、XとYという2つの目的（価値）がトレードオフだと思われていたとしよう。ここで、2つの価値のトレードオフという視点から、他の追求すべき価値も含めた3つの価値の三すくみという視点に変えてみる。例えていえば、平面（二次元）で見ていたのを、上から立体的（三次元）に見るようなものである。二次元で見ていたときには、XとYは一直線の両極であると思われていたが、Z軸から見ると（上から見ると）、XとYは直線の両極ではないことに気づく。そうすれば、XとYの両方を追求する道に気づき、その道が有効な二兎戦略になるかもしれない。つまり、視点を変えることで、トレードオフであると考えられていた2つの価値を、同時に両方追求すること（二兎戦略）が可能となるかもしれないのである。

3つの価値のうち1つをあきらめることによってトレードオフを解消するということは、以下のように考えることもできる。企業が追求すべき目標は、2つだけでなくもっとたくさんある。企業は、それらをグルーピングして2つの対立する目標に分ける。つまり二項対立をつくるのである。そのグルーピングの仕方はいろいろありうる。ある分け方では、1つのグループ内の目標（AとB）は対立

図1－7　二次元と三次元

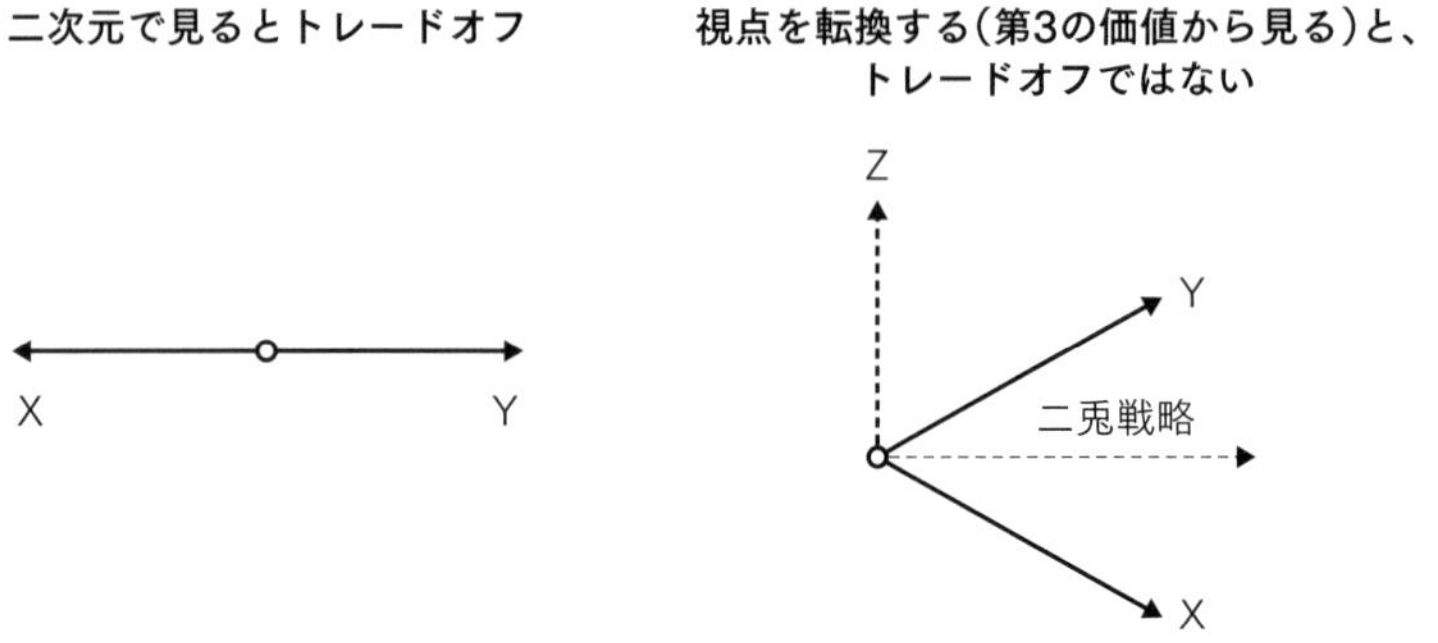

出所：筆者作成

図1－8　三すくみの価値のグルーピング

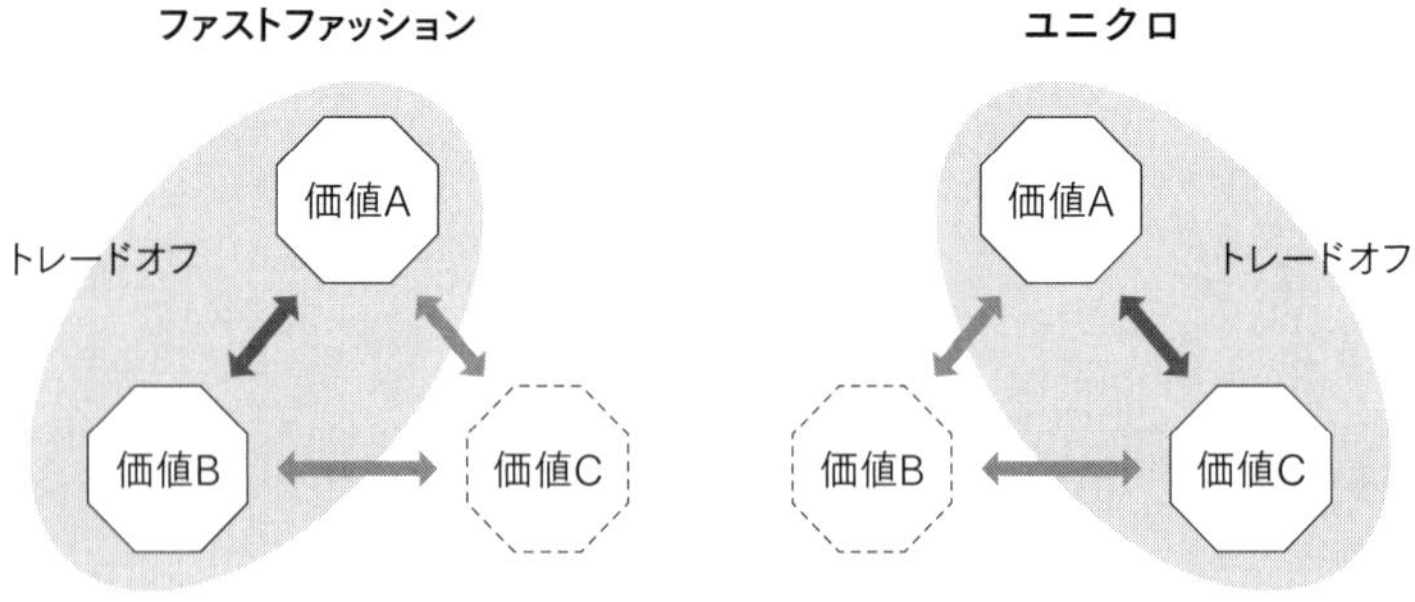

アパレル小売りにとっては、価値A＝価格、価値B＝ファッション性、価値C＝品質

出所：筆者作成

しない。しかし、AとBが同じグループではない分け方では、AとBは対立項となる。

トレードオフ（対立）関係にある目標を同時に追求したいなら、3つめの目標（C）を探し、AとBというグループとCのグループとに分け、Cをあきらめる。そうすれば、AとBは同じグループになるので、もはや対立項ではなくなり、AとBの目標グループを追求すること、つまりトレードオフを解消することができると考えられるのである。

このように、トレードオフ関係にある価値に直面した場合、その関係を固定的なものと見るのではなく、3つめの価値を探すことが、二兎戦略につながるかもしれない。視点を変えることによって3つめの価値が見つかれば、3つめの価値をあきらめることによって、あるいは価値のグルーピングを変えることによって、トレードオフ関係にあると思われていた2つの価値がトレードオン関係に変わるかもしれない。そうすれば、二兎戦略を実現できるのである。

［補論1］一兎戦略をとるユニクロ

第1章では、コスト対品ぞろえというトレードオフ関係にある2つの価値に直面するアパレル小売りにおいて、ユニクロはコスト（価格）低下に絞って、低価格という1つの価値を提供する一兎戦略をとっているのに対し、ZARAなどのファストファッションは両方を同時に追求する二兎戦略をとっていると述べた。本書は、二兎戦略について考えることを目的としているが、通常の競争戦略論では、スタック・イン・ザ・ミドルに陥らないように、一兎戦略をとるべきだと主張される。そこで、以下では第1章の補論として、明らかに一兎戦略をとっていた2000年代初めまでのユニクロと、二兎戦略を試みている最近のユニクロについて、まとめておこう。[7]

1. コストリーダーシップの追求

ユニクロの急成長

ユニクロは、ユニーク・クロージング・ウェアハウスの略で、ファーストリテイリング社が展開するカジュアル・ウェア専門店の店名である。柳井正氏が1984年に事業を承継し、ユニクロ1号店

図1－9　ファーストリテイリング（FR）社の業績推移

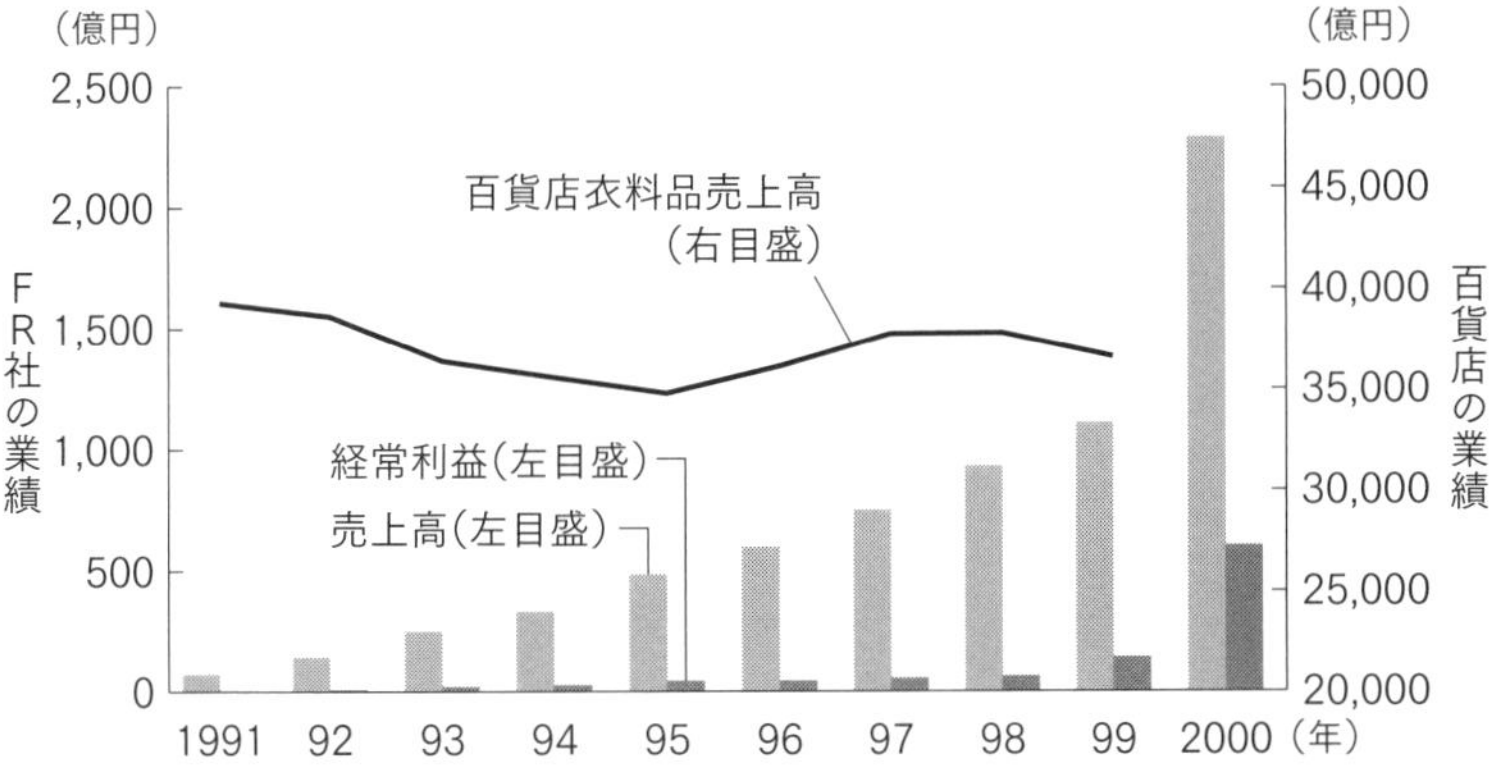

出所：筆者作成

を広島市に出店、91年に社名をファーストリテイリングに変更して以来、１９９０年代を通じて急成長を遂げた。

百貨店における衣料品売上高が、１９９０年代を通じて横ばいもしくは減少していたのに対し、２０００年８月の決算でユニクロは、売上高２２８９億円、経常利益６０４億円をたたき出し、店舗数は４２１店舗に拡大した。１９９３年８月の決算と比較すれば、売上高で９倍、経常利益で29倍、店舗数で７倍と、爆発的な成長を遂げたのである。

衣料品の生産と流通

衣料品の生産・流通には、２つの大きな特徴がある。１つは、百貨店で典型的に見られる委託販売という取引制度である。委託販売とは、小売店が売れそうな商品を注文して店頭に並べ、売れた分のみ代金をアパレル企業に支払い、売れ残った商品はアパレル企業に返品することができるという制度である。つまり、委託販売では、売れ残りのリスクは、小売りではなくアパレル企業が負う。

衣料品は、多くのメーカーによってさまざまな商品が企画される。そのすべてについて、小売店が売れ行きなどの情報を収集・分析することは不可能である。むしろメーカーの方が、いろいろな地域、店舗における自社製品をウォッチしているので、自社製品については豊富な情報を有していると考えられる。それゆえ、ある場合には、豊富な情報を有するメーカーの方がリスクを負いやすいのである。

また、とりわけファッション性の強い商品を扱う場合には、店頭の品ぞろえを充実することが肝要である。返品が許されない買取制のもとでは、小売店は売れ残りのリスクを恐れて保守的な品ぞろえをせざるを得ないが、委託販売であれば、売れ残りを恐れる必要がないので、小売店は品ぞろえを豊富にすることができる。小売店が積極的な品ぞろえをすれば、売上が伸びるかもしれない。そうすれば、メーカーも大量生産によってコストを低下させることができるし、消費者も安い価格で商品を手にすることができる。したがって、委託販売は、小売店だけではなく、メーカーあるいは消費者にも、ある意味ではメリットのある制度なのである。

同様のことは、書籍販売でも見られる。書籍販売には、「返本（返品）制」がある。書籍販売店は、取次を通して出版社から書籍を仕入れ、定価で店頭に並べる。売れた分は出版社に代金を支払い、売れ残ったら出版社に「返本」できるという制度である。書籍は、アマゾンの「サンプルを読む」でチラ見することができるようになるまでは、店頭で本を手に取り、ページをめくることで興味がわいて購入することが多かったので、書籍が店頭に並んでいることが需要を喚起するために大事なことであった。

ところが、もし仕入れた書籍の売れ残りリスクを書籍販売店が負わなければならなかったら、おそらく販売店は、週刊誌と人気作家の作品しか仕入れようとはしないであろう。すると、それ以外の書籍は店頭には置かれず、消費者の目にとまることはなくなる。ゆえに、アパレル小売りにおける返品制と同様に、返本制は出版社にとっても意味のある制度なのである。

その半面、委託販売は深刻な問題をはらんでいる。売れ残って返品された商品は、値下げしてアウトレットに回されたり、社員セールで売られて処分されたりする。したがって、最初からそのリスクが織り込まれるために、小売店の仕入価格は高くならざるを得ない。

さらに、長期的に深刻な問題もある。そもそも小売りは、消費者にもっとも近い存在であり、需要動向やファッショントレンドに敏感なはずである。小売りの本質的な機能の１つは、市場の情報を収集・分析し、それにもとづいて品ぞろえを行うこと、市場情報をメーカーに伝達して、商品開発に役立ててもらうことなのである。ところが、委託販売によって自らリスクを負わない小売店は、情報収集・分析をして需要を予測し、それにもとづいて商品を調達するインセンティブに欠ける。その結果、小売業者のマーチャンダイジング能力が低下してしまうのである。

衣料品の生産・流通のもう１つの特徴は、生産工程が多段階にわたり、それぞれが分断されていることである。紡績メーカーが糸を紡ぎ、それを機屋やニッターが織物、編物にする。それが染色整理に出され、縫製され、問屋を通じて小売店に流される。各段階の間には、総合商社や専門商社が介在する。需要変動の激しい衣料品には売れ残りのリスクがつきものなので、そのリスクを各段階で薄く広く負担し合っているのである。

7　ユニクロについては、「株式会社ファーストリテイリング（ユニクロ）２００２」『学習院大学経済学部ケース資料②』２００３年にもとづいている。

ところが、この多段階に分断された生産工程は、売れ残りや機会ロスのリスクを増大させてしまう。各段階はそれぞれ異なる企業が担う場合が多いので、全段階を一貫して調整・コントロールする役割を果たしている企業がいない。ゆえに、企業間の情報交換がスムーズに行われているとはいいがたい。各企業はそれぞれ独自の情報（思い込み）にもとづいて商品の企画・生産を行うので、結果として在庫が膨らんだり、機会ロスが生じたりする。

多段階にわたる多くの企業が、このリスクを広く薄く負担し合っているのであるが、それゆえだれも真剣にリスクに向き合うことがなく、かえって在庫や機会ロスが大きくなってしまうのである。

このように委託販売という制度のもとでは、もっとも市場に近い存在である小売店が、市場ニーズを把握するインセンティブを欠いてしまう。また、生産工程が多段階に分断されているために、異なる段階間の調整が行われなくなってしまうのである。

中間マージンの排除と製品戦略

それに対してユニクロは、SPAという業態をとっている。SPAは、商品の企画・開発、素材調達、製造、物流、販売を一貫して手がけるシステムである。ユニクロが販売する製品は、すべて自社企画製品である。製品は中国にある契約工場で生産され、日本に運ばれ、日本中のユニクロの店舗で販売される。もちろん全品買取である。

SPAの場合にはアパレル・メーカーや卸・商社といった中間業者が介在しない。それゆえ、中間業者が得ていたマージンが必要なくなる。加えて、委託販売であれば売れ残りのリスクが商品の調達コストに含められるのに対し、買取制であるために安く商品を調達することができる。

図1－10　フリースのマージン比較

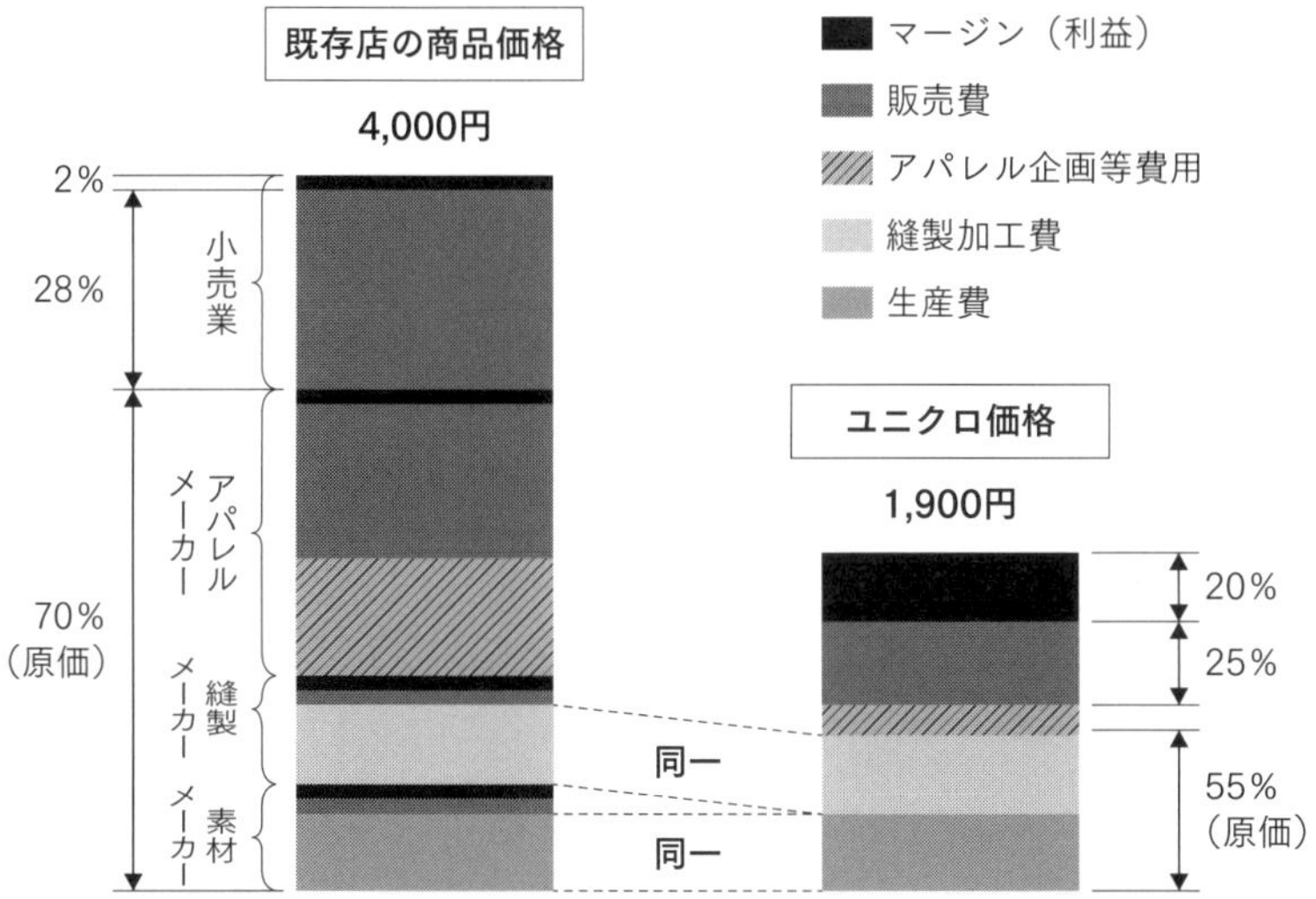

注：コストの比率は『週刊東洋経済』推定
出所：『週刊東洋経済』2000年7月15日号、p.52

図1-10には、委託販売をしている既存店と買取制をとっているユニクロとで、フリースのコストやマージンの配分がどのように異なるかが比較されている。既存店でもユニクロでも、縫製加工費と生産費は同額で書かれている。当然、生産量の多いユニクロには規模の経済が強く働くために、これらの費用はユニクロの方が安いはずだが、他の費目の効果を強調するために、あえて同額にしてある。

既存店とユニクロとで大きく異なるのは、既存店の場合にアパレルメーカーの企画等費用と販売費が大きいこと、各メーカーにマージンが載っていることである。

SPAであるユニクロでは、既存店の場合に中間業者に支払われていたマージンがすべて1つの（ユニクロの）マージンに吸収されるため、各中間業者へ支払われるマージンがないのは当然かもしれない。ただし、先に述べたように、中間業者へ支払われるマージンやアパレルメーカーの費用には、委託販売の場合に売れ残った商品の返品にともなう費用が含まれていると考えられる。ゆえに、ユニクロの場合のアパレル企画等費用や販売費は、既存店のそれよりもかなり小さいのである。

一方、衣料品といってもいろいろなものがある。ファッション性が強く売上変動の大きいものもあれば、流行に左右されない定番商品と呼ばれるものもある。前者の場合、市場動向に注意を払っていないと、商品が売れ残ってしまう。あるいは逆に、流行になって品切れが起きる危険性が高い。そこで小売店は、多様で不確実なニーズに対応しようと、品ぞろえを増やそうとする。その結果、ますます売れ残りが増えてしまう。ゆえに、ファッション性の強い商品には、委託販売が適しているのである。

それに対して少なくとも2000年代初めまで、ユニクロは、ファッション性の高い商品は扱わず、カジュアル・ベーシックという流行り廃りの小さい定番商品を集中して扱っていた。SPAであるユニクロは、売れ残りのリスクを自分が負わなければならないので、リスクが顕在化しないように、少しでもコントロールするためである。定番商品であれば、売上変動が少なく、需要が予測しやすいし、売れ残っても来年また売れるので在庫処分しなくてもよい。

このような製品戦略は、アパレル小売り以外の製造小売りにも見られる。例えば家具のSPAと呼ばれたかつての大塚家具は、中高級品の家具に取扱製品を絞っていた（淺羽・新田、2004）。以前の家具の流通は、中小の家具メーカーと中小の家具販売店との間に、資金力があり大きなショールームを有する大規模な卸が介在していた。販売店は、メーカーから仕入れるよりも卸から仕入れる方が高くついたとしても、ショールームを持ち、倉庫を抱えて在庫を持ってくれて、迅速に配送してくれる

図1−11　ユニクロの一兎戦略を可能にする工夫

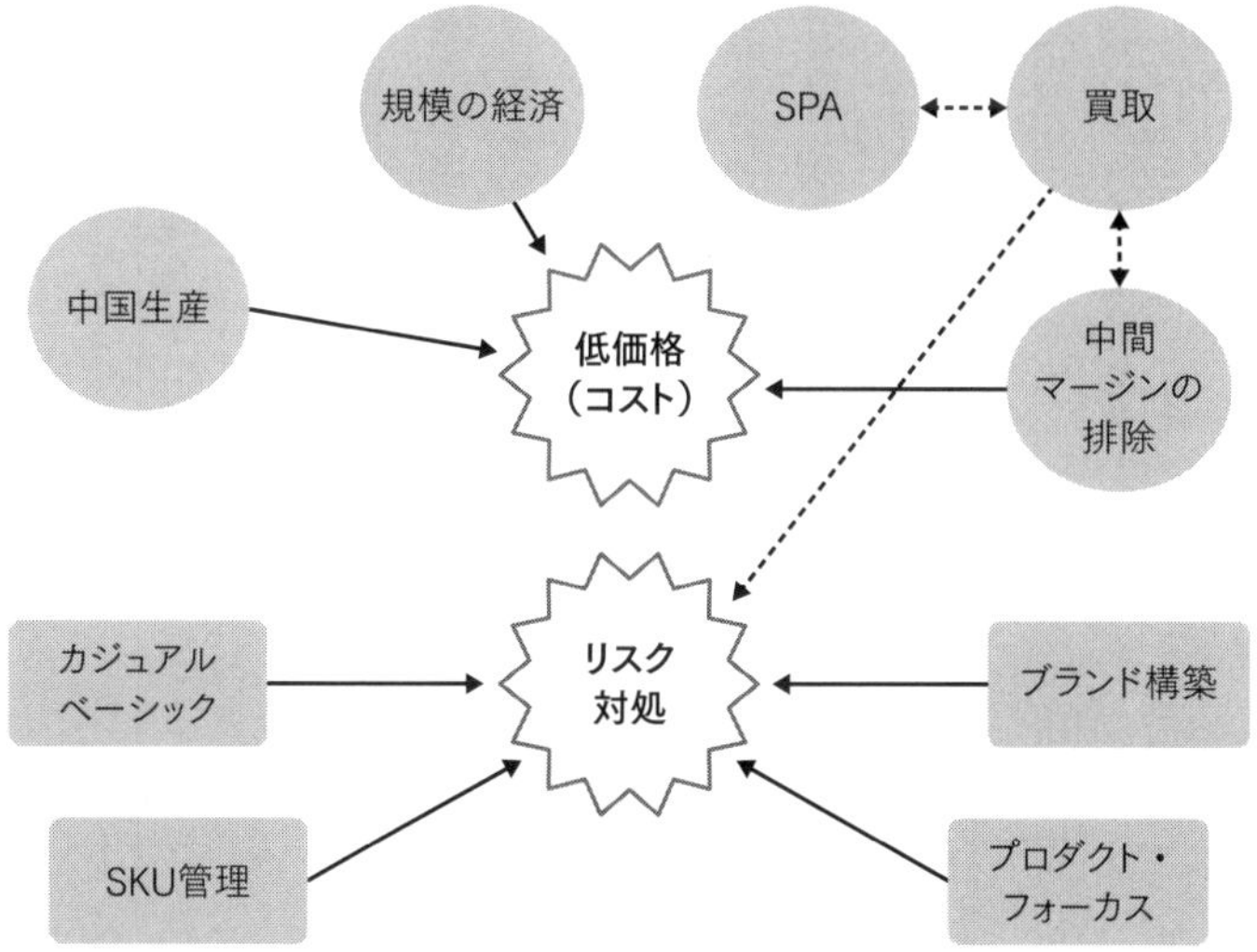

出所：筆者作成

卸に仕入れを依存していた。

それに対して大塚家具は、メーカーから家具を直接仕入れていたので、安く入手できた。他方、卸が担ってくれていた機能を自分で担わなければならない。ゆえに、大規模ショールームを抱えたし、売れ残りのリスクを抑えるために、売上変動の少ない定番商品である中高級品に取り扱いを絞ったのである。

カジュアル・ベーシックに取扱製品を絞ること以外にユニクロが行っていたさまざまな工夫、例えばＳＫＵ（ストック・キーピング・ユニット）管理、プロダクト・フォーカス、ユニークなテレビＣＭや原宿出店などは、在庫管理を徹底したり、プロモーションやブランディングで需要を喚起したりして、売れ残りを抑えようとする工夫であるとみなすこともできる。

コストと品ぞろえ（ファッション性）はトレードオフであり、ユニクロは、ファッション製品まで品ぞろえを拡張するのではなく、コストを抑えて低価格で商品を販売することに集中したといえる。つまりユニクロは、もっぱらコストという価値を追求する一兎戦略をとってきたと考えられるのである。

低コストで調達し、低価格で販売するという戦略をとってきたユニクロは、（定番商品とセットで行われる）中間マージンの排除だけでなく、大量生産による規模の経済、人件費の安い海外での生産といったコスト引き下げ要因（ドライバー）を積み重ねて、圧倒的なコスト競争力を実現したのである。

2．1つに全力投球の一兎戦略

第3章の冒頭でも述べるように、トレードオフ関係にある2つの目的を同時に追求しようとして失敗することは、競争戦略論では「スタック・イン・ザ・ミドル」と呼ばれる。

マイケル・E・ポーターが提案する競争の基本戦略には、競争手段の違いに応じて、コストリーダーシップと差別化があるが、コストと差別化の2つの価値を追求しようとすると、「スタック・イン・ザ・ミドル」に陥り、うまくいかない。なぜなら、戦略遂行に必要な資源、組織体制、人々の意識が、2つの基本戦略では異なるからである。ゆえにポーターは、「スタック・イン・ザ・ミドル」に陥らないように、どちらか一方に全力投球すべしと主張する。

コスト対品ぞろえ（ファッション性）という2つの目的の場合でも、「スタック・イン・ザ・ミドル」という現象が起こるのであれば、ユニクロのようにどちらか1つ（ユニクロの場合はコスト）を全力で追求する一兎戦略が有効であろう。いずれか一方に全力投球することで、トレードオフをうまく対処できた事例は少なくない。古典的な例ではあるが、ポーターがしばしば言及するサウスウエスト航空もその１つである。

日本の国内線でも、２０１０年代に入ってから、ピーチ・アビエーション、ジェットスター・ジャパン、エアアジア・ジャパンといったロー・コスト・キャリア（ＬＣＣ）が就航して話題となったが、サウスウエスト航空は低価格を訴求した航空会社のはしりで、現在のＬＣＣのモデルであるといえよう。

少なくとも初期のサウスウエスト航空は、機内食やフリークエント・フライヤー・プログラム、乗継時の手荷物預かりといった乗客サービスを行わない。インターネットや自動券売機でチケットを販売するので、代理店に手数料を払わなくて済む。パイロットや客室乗務員が搭乗券のチェックや客室の清掃を行う。混雑する大空港を拠点とせず、中都市・第二空港間の短距離直行ルートを専門とする。ゆえに、機体を特定の型に統一でき、整備効率が高い。ゲートでの滞留時間が短いので、多頻度のピストン輸送が可能となる。サウスウエスト航空は、乗客サービスを限定し、飛行稼働率を高く維持することで、格安運賃を提供しているのである。

サウスウエスト航空は、このようにもっぱらコスト削減、低価格を追求しているが、競争戦略の観点からは、次の3点が強調されるべきであろう。

1つは、複数のコストドライバー（コスト引き下げ要因）を積み重ねることによって、「ダントツの強み」を生み出していることである。

高い稼働率、経験効果、範囲の経済、サプライヤーとの関係といったコストドライバーがいくつも積み重ねられているので、強力なコスト競争力を身につけている。これは、ユニクロが、大量生産による規模の経済、人件費の安い海外での生産、ＳＰＡによる中間マージンの排除といった複数のコストドライバーを駆使して、ダントツのコスト競争力を築いたのと同様である。

2つめは、サウスウエスト航空がコストリーダーシップ戦略を徹底的に追求することで、ライバルをスタック・イン・ザ・ミドルの状況に陥らせてしまうということである。

コスト低下と顧客サービスとはトレードオフであるが、従来ほとんどの航空会社は、一定の顧客サービスを提供し、それを前提にコスト低減に努力していた。既存のサービスに慣れ親しんでいる顧客や乗務員を抱えているので、他の航空会社は、サウスウエスト航空のようにサービスをほとんど提供しないというやり方をとることが簡単にはできない。サウスウエスト航空が徹底してコスト削減を追求すると、既存の航空会社はコスト削減と差別化（サービスの向上）の両方を中途半端に追求していくことになってしまうのである。

3つめは、単に個々のドライバーのコスト削減効果が積み上がるだけでなく、ある活動が他の活動に影響を及ぼし、より大きなコスト削減効果を生んでいるということである。

例えば、限定的な乗客サービスは、それに要するコストを削減するだけでなく、混雑したハブ空港を使用しないことと併せて、空港での滞留時間を短縮し、飛行稼働率を高める。中都市空港を使えば、中都市間のルートが増え、それに合った機体に統一することができ、整備効率が高まる。

このように、すべての活動がコスト削減に向かってシステマティックに組み合わされていると同時に、相互にコスト削減効果を高め合っている。こうすることで、「戦略フィット」や「活動のシステム」と呼ばれる隔離メカニズムが形成されるのである。[8]

一兎戦略は、両方の目標を追求して中途半端になってしまうこと、すなわちスタック・イン・ザ・

ミドルに陥ることを回避するだけでない。一兎戦略は、先の3つのポイントがあるために、競争上きわめて有効な戦略になりうるのである。

リスク抑制、売上増大、低価格などそれぞれの目的を追求する場合、その方法は企業によって異なるであろう。どの方法をとるか、換言すればどのような戦略をとるかは、経営者の選択であるが、経営者が特定の戦略を選択する理由の1つは、それぞれの達成方法、戦略に適した能力、資源があるからであろう。

例えばコスト低下を追求する場合、規模の経済を効かせるのか、無駄を省いて節約するのかといった異なる達成方法がある。資本力がある企業ならば、巨大で効率的な生産設備に投資して規模の経済を効かせる方法を選び、節約志向の風土がある企業は無駄を省く方法を選ぶと考えられるのである。

さらに、AとBの2つの戦略があるとき、Aという戦略を選んだ企業は、その行動に投資をしたり、その行動から学習したりする。その結果、当該企業は、A戦略に適した能力や経営資源をさらに蓄積していくことがある。その結果、いったんA戦略をとった企業はA戦略をとり続けることになる。逆に、B戦略をとった企業は、A戦略には変えにくくなり、B戦略を追求し続けることになるのである。

3. その後のユニクロ

ユニクロに話を戻そう。最近、ユニクロは、ファッション性のある商品も含めて品ぞろえを増やす

8　隔離メカニズムについては、例えば淺羽（2023）を参照されたい。

と同時に、売れ残りリスクを抑えて低コストを実現するという二兎戦略に乗り出している。[9] ２０１６年に有明に巨大倉庫を稼働させたことにともない、有明プロジェクトが始まった。このプロジェクトは、情報製造小売業を標榜し、来店した客の行動から得られる情報、ＳＮＳ上で発信される情報をもとに消費者の本音を探り、客の望む商品を企画し、必要なタイミングで必要な分だけつくり、運び、素早く売り切ることを目指した全社改革である。

また、２０１６年にファーストリテイリングは、ニット機大手の島精機製作所とイノベーションファクトリーという合弁会社をつくった。

島精機は、糸とデザインプログラムをセットすれば、縫い合わせ不要で、ニット服を1着丸ごと全自動で編み上げることができるホールガーメント・コンピュータ横編み機を開発した。この編み機を使えば、シンプルなセーターが1枚30分で編み上がる。製造コストは大幅に下がり、工程のリードタイムが短縮される。ファーストリテイリングは２０１８年に島精機との戦略的パートナーシップを強化し、オンデマンドの量産システムも視野に入れると言及した。これも、客が買いたいものを買いたいときにすぐに届けることを視野に入れているのである。

これらの取り組みは、売れ残りリスクを抑えて価格を抑えるというファストファッションの二兎戦略と同様だが、ファストファッションのように品質を犠牲にして、多品種少量生産をするわけではない。情報技術、製造技術を用いて、オンデマンドの多品種少量生産を志向している。技術を用いた二兎戦略については、ここでは触れるだけにとどめ、後のいくつかの章で詳しく議論する。

9　有明プロジェクトについては、「会社とは何か　服を通じて探る責務」『日経ビジネス』２０２１年1月18日号、PP.42-45を参考にした。島精機との取り組みについては、「ユニクロも惚れ込んだ独自技術　ホールガーメントで世界に挑む『島精機製作所』」『gemba』２０１９年1月10日（https://connect.panasonic.com/jp-ja/gemba/article/00182793）を参考にした。

第2章

価格 vs. サービス
――技術による小売りの二兎戦略

第1章では、第3の軸を見つけることによって、コストと品ぞろえのトレードオフに対処しているアパレル小売りの事例を検討した。本章では、技術によってさまざまなトレードオフに対処している小売業の事例を見てみよう。そのもっとも顕著な成功例の1つが、アマゾンである。

アマゾンの創始者ジェフ・ベゾスは、自著『果てなき野望』のなかで、小売店は2種類に分かれると述べている。どうしたら値段を高くできるのかを考える店と、どうしたら値段を下げられるのかを考える店である。

小売店に限らずいかなる企業も、価格以外に、製品の質、サービス、品ぞろえ、ブランド・イメージといった提供価値を考慮して経営を行う。これらの非価格価値を一括してサービスと呼べば、価格とサービスはしばしばトレードオフである。ゆえに、それぞれの小売店は一兎戦略をとろうとする。その結果、ベゾスがいうように小売店（あるいは一般的に企業）は2種類に分かれるのである。

例えばノードストロームは、顧客の要望に「絶対にノーと言わない」ことで知られており、コストを度外視してまで顧客第一主義、顧客サービスを徹底しているといわれている。逆にウォルマートは、広告を出すことなくエブリデイ・ロー・プライスを実現しているし、コストコは、品ぞろえはそれほど豊富ではないが、１つの商品を大量に仕入れることで低価格を実現している。

ところがアマゾンは、低価格と豊富な品ぞろえの両方を達成している。創業当初の書籍販売において、アマゾンの販売の4分の1は、上位10万タイトル以外の本が生み出していたという。つまり、品ぞろえがきわめて豊富であり、ロングテールをビジネスにしていたのである。また、顧客ごとにパーソナライズされた高度なサービスを提供していると同時に、エブリデイ・ロー・プライスでもあった。

アマゾンは、ノードストロームとウォルマートやコストコのいいとこ取りをしていたのである。それを可能にしたのは、インターネットという技術の活用である。以下で、アマゾンが技術によって小売りの常識を破り、二兎戦略を実現したプロセスを振り返ってみよう。[1]

1．インターネット技術によるトレードオフの解消

小売店の夢＝エブリシング・ストア

ベゾスは、1995年にオンライン書店としてのサービスを開始した。社名は、アマゾン川のように世界最大になるという野望からつけられた。当初から、初めてオンライン購入をする人にとっても

1　以下のアマゾンの事例については、Anderson（2006）、Stone（2013）、ハーバードビジネススクールのケース（"Amazon.com, 2021," 9-716-402）を参考にした。

図2－1　米国のEコマースのマーケットシェアの推移

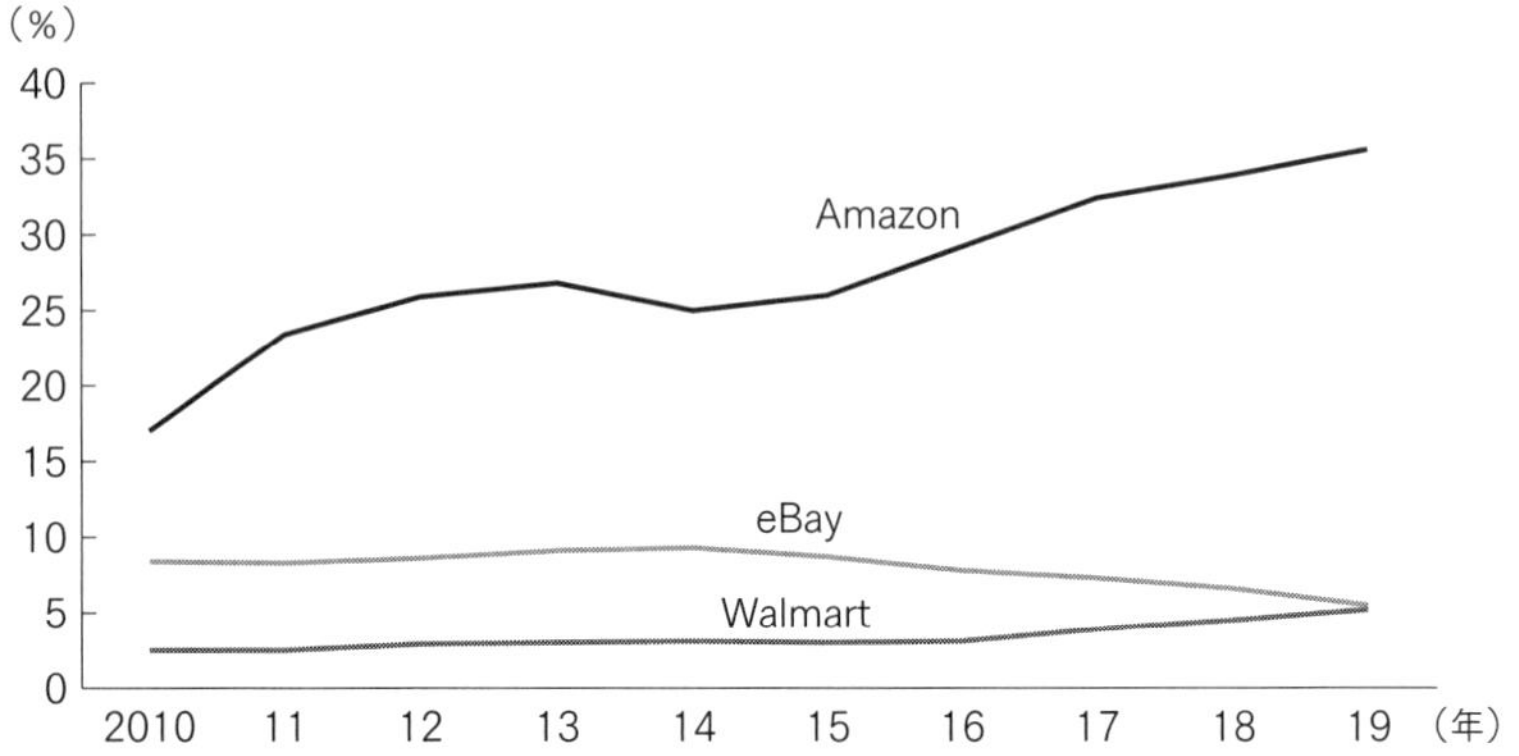

出所：ハーバードビジネススクールのケース、"Amazon.com, 2021," 9-716-402、Exhibit 6bをもとに筆者作成

魅力的で安全で簡単なEコマース（electric commerce、以下EC）をつくることに重点を置いていた。

アマゾンが最初に取り扱う商品を書籍にしたもっとも重要な理由は、世の中に書籍が300万点以上も存在していたということである。当時もっとも品ぞろえが豊富であったバーンズ&ノーブルやボーダーズでさえ、すべての書籍を在庫として持つことは不可能であった。これほど多様な商品が世の中に存在するならば、ないものなどないといえるほど品ぞろえを豊富にできるのはオンライン販売だけだし、そんなオンライン書店ができれば、顧客は品ぞろえの豊富さを高く評価してくれるはずだとベゾスは考えたのである。

また、当時、書店は非常に細分化され、在庫や返品の問題に悩まされていた。すでに数千万冊の書籍が出版されており、毎年数百万冊が追加されていた。何十億もの読者と彼らが楽しむ本をマッチングさせることは、きわめて難しかった。

当時の書籍小売市場は全国規模のチェーン店と独立した書店から構成されていた。主要なチェーン店は、バーンズ&ノーブルやボーダーズであった。これらのチェーンは全米で2000を超える店舗を持ち、人気のある本を10~30%割引で提供していた。他方、全米には5500の独立した書店があり、7000の店舗を運営していた。小さな書店は、地元の顧客に合わせてさまざまな本をそろえ、なにを読むべきかアドバイスをしていた。しかし、チェーン店との価格競争の影響で減少傾向にあった。

ベゾスがオンライン書店を始めると、予想通り消費者から歓迎され、アマゾンは右肩上がりで成長していった。ただし、アマゾンにとって常に課題となっていたのは、物流であった。そこで1998年にウォルマートの物流担当のバイスプレジデントを引き抜き、大規模物流システムの構築を始めた。翌年には、倉庫の新設、既存倉庫の改装・改造を行い、極限まで自動化された倉庫ができ上がった。

アマゾンは、その後も配送センターや他のロジスティック関連施設に投資を続け、2019年10月までに20カ国に342の配送センターをつくり、さらに58のセンターの建設を計画した。また、配送センター以外に、457の施設が稼働していた。最大の取り組みの1つはインドで、52の配送センター、18の仕分けセンター、250の配送ステーションが運営されていた。

ベゾスは、インターネット上の棚スペースは無限なので、あらゆる商品が並ぶエブリシング・ストアをつくるという夢が実現可能であると考えた。ベゾスは、在庫が可能で、リアル店舗では見つかりにくく、配送しやすい製品カテゴリーを探し出すように指示した。豊富な品ぞろえができるインターネットの力を、最大限に引き出すことができる製品カテゴリーである。

その結果、まず音楽、次にDVDがターゲットとなった。さらには、家電、玩具へと拡大していった。ウェブサイトに掲げられたスローガンも、「地球最大の書店」から「地球上で最大級の品ぞろえ」に変わった。つまりエブリシング・ストアである。

われわれはアンストアである

ベゾスは、「われわれはアンストアである」と書かれた資料を持っている。「アンストアである」とは、小売業の常識に縛られる必要がないことを意味する。アマゾンは、無限な棚スペースを持っているのに加え、顧客一人ひとりに合わせたサービスを提供している。初期から、100万を超えるタイトルをそろえ、ベストセラーは定価の40％引き、その他の本も10％引きで販売していた。アマゾンとは、それまでの小売業の常識を覆し、エブリデイ・ロー・プライスと素晴らしい顧客サービスを両立させているのである。

さらに小売業としてのアマゾンは、3つの方向に発展していった。

1つは、事業パートナーに、商品をアマゾンに出品・販売させるという、店先貸しサービスである。最初は、アマゾン・ドット・コムのなかにコーナーをつくって、トイザらスやターゲットといった大型小売業者に商品を販売させた。この事業は、2000年1月に開始された「マーケットプレイス」事業に発展し、事業パートナーは大型小売業者だけでなく、小型の小売業者や専門店、製造業者、流通業者へと拡大し、個人までもが出品するようになった。

アマゾンのマーケットプレイスでは、商品は国中に散らばっている事業パートナーの倉庫に在庫として保管されている。それが、まとめてカタログ化され、アマゾンのウェブサイト1カ所で販売される。注文が入れば、売り手が保管する商品を梱包し、顧客に配送する。事業パートナーが増えるたびに、アマゾンで購入できる商品の品ぞろえは急増していった。2004年には、マーケットプレイスにおける売り手は10万人を超え、事業パートナーによる売上はアマゾンの総売上の約40％を占めた。

2つめの方向は、物理的な商品ではなく、電子的な商品を扱うということである。電子的な商品であれば、保管コストはほぼゼロであり、無限に品ぞろえを増やすことができる。アマゾンが２００７年に始めた電子書籍サービス「キンドル」が、この方向性に沿った事業である。

アマゾンは最初、本をデジタル・ファイルで保管し、注文が来るとレーザープリンタで印刷して販売するというオンデマンド印刷を行っていた。後に、電子書籍リーダー、再生専用アプリ、クラウドサービスといった技術が整えられると、印刷した本を送付するのではなく、電子ファイルを購入者のライブラリに配信する方法に変わった。２０１０年には、キンドル版の書籍の売上が、ハードカバーの書籍のそれを上回った。

物理的な商品から電子的な商品への転換ということでいえば、書籍に次いでＤＶＤでもオンデマンド製作が行われた。さらに、今では、アマゾンプライム・ビデオで動画配信、アマゾンミュージックで音楽配信が行われている。

３つめの方向は、生鮮食品を実店舗で販売することである。２００７年、アマゾンは食品配送であるアマゾン・フレッシュを米国シアトルで始めた。２０１７年には、アマゾンは自然食品小売りのホールフーズを買収し、翌年にはホールフーズから食品を2時間で無料配送するサービスを開始した。２０２０年9月には、実店舗の食品スーパー、アマゾン・フレッシュを始め、22年5月には30店舗がオープンした。

アマゾンがそれまで取り扱ってきた書籍、音楽、家電製品などとは異なり、生鮮食品は売れ残ると腐ってしまうので、在庫として持ち続けることができず、廃棄せざるを得なくなる。一般的に、品ぞろえを増やすと売れ残りのリスクが生じてコスト増となるが、生鮮食品は売れ残ったら廃棄されて残存価値がなくなるので、さらにコストがかさむ。ゆえに、コストと品ぞろえのトレードオフが一層厳

**図2－2　米国カリフォルニア州サウザンド・オークスに
2022年8月にオープンしたアマゾン・フレッシュ**

出所：筆者撮影

しくなるのである。

さらに、生鮮食品であるがゆえに、配送に何日もかかってはまずいし、配送の時間指定ができることが望ましい。しかし、品ぞろえが増えると、ピッキングや梱包作業に時間がかかり、配送ミスも起こりやすくなる。ゆえに、品ぞろえと配送の質のトレードオフも生じる。

アマゾンは、書籍、音楽、家電製品と、取扱商品を増やす過程で、需要予測、商品調達、物流といった能力を高め、コストと品ぞろえのトレードオフを解消する力を高めた。また、フルフィルメントセンターを高度化することで、品ぞろえと配送の質のトレードオフを解消する力も蓄積した。加えて、ホールフーズを買収することによって生鮮食品小売りのノウハウも獲得した。これらの努力によって、アマゾン・フレッシュを始めることができたのであろう。

以上で見てきたように、アマゾンは、トレードオフ関係にある価格とサービスという2つの価値を、インターネットを用いることによって、同時追求して急成長した。さらに、新しい技術を開発・活用することによって、二兎戦略を高度化しているのである。

2. SaaSによるECサイト構築支援

ミラクル——アマゾン独走への挑戦

アマゾンは、新しい技術を使うことによって、圧倒的な品ぞろえと配送力を実現し、世界のECのリーダーに君臨してきた。それに対して最近、技術を活用して、アマゾンの牙城に挑む企業が登場しつつある。上で述べたアマゾンの成長に向けた3つの方向性のうち、本節ではマーケットプレイス事業における挑戦を、次節では生鮮食品小売りにおける挑戦を、それぞれ見ていこう。

3つの方向性のうち、動画配信（アマゾンプライム・ビデオ）や音楽配信（アマゾンミュージック）については、ネットフリックスやディズニー＋と激しい競争が繰り広げられているが、マーケットプレイス事業については、これまでアマゾンの独り勝ちのような状況が続いていた。

アマゾンは、いち早くマーケットプレイス事業を始め、多くの事業パートナーを呼び込み、品ぞろえを急増させた。BtoC、BtoBの企業の多くは、自社のECサイトを立ち上げてEC事業を拡大しようと試みる。しかし、アマゾン（マーケットプレイス）の圧倒的な品ぞろえによる集客力に太刀打ちできない。その結果、アマゾンのマーケットプレイスに出品するのが最善な対応となり、ますますアマゾンの独走をもたらしていた。

ところが最近、第3の道が開かれるようになった。直近の例でいえば、2024年2月、家具量販店のニトリが発表した「ニトリマーケットプレイス」がこれにあたる。[2] これは、ニトリのECサイトである「ニトリネット」で、他の企業が自分たちの製品を販売できるようにしている。自社のECサイトにマーケットプレイスを組み込んでいるのである。

このようなことが可能なのは、ニトリがフランスのミラクル（Mirakl）社の支援を受けているからである。ミラクルは、2012年に創業して以来、世界40カ国以上で、400社以上のECサイトの構築支援を手がけている。フランスのカルフール、米国のノードストローム、オーストラリアのCatch、スウェーデンのH&Mなどが、ミラクルのシステムを組み込んでいる。[3]

ミラクルの支援を受けている主要なマーケットプレイスは、450以上を数える。そのマーケットプレイスにおける年間取引額（2023年）は、8・6億ドルを超えている。2022年の受注数は5000万件以上で、年間販売商品数は2億3000万以上である。[4]

ミラクルは、SaaS（Software as a Service）によって、顧客のECサイトの構築支援をする。ミラクルが提供するサービスはいくつかあるが、例えばミラクルプラットフォームは、小売りやB to B事業者が、在庫リスクなしにより広い品ぞろえを実現するためのサービスである。柔軟な技術による短期間のサイトの立ち上げ、AIによる迅速かつ正確な商品カタログの統合、扱いやすいKPI管理や注文処理、パフォーマンス（売上や出荷状況など）のリアルタイムなトラッキングといった要素から構成されている。

販売事業者数拡大の仕組み

また、マーケットプレイスの売上拡大には、販売事業者の数を増やすことがなにより重要であるが、ワンクリックで数千の販売事業者や有名ブランドを検索し、自分のサイトに誘致することができるようにしているのが、ミラクルコネクトである。生成ＡＩを活用した新機能「Catalog Transformer」によって、従来であれば手作業で３カ月以上かかっていた販売事業者の商品情報のアップロードや統合が、わずか1日でできるようになった。[5]

ミラクルのサービスを導入したオーストラリアの小売り、Catchのマネージング・ディレクターは、「Catchのマーケットプレイスの成長には目を見張るものがあります。3年前にはゼロだったもの（サードパーティ商品）が、今では売上の50%を占めるまでになりました。そのおかげで新しいカテゴリーや新しい分野の商品にも参入することができました」と述べている。[6]

ニトリがミラクルと組んでマーケットプレイスを展開するのも、同様な理由である。[7] ニトリは、２０２３年3月期に９１１億円であった国内ＥＣ売上高を、２０３２年には６０００億円まで高める

2　「ニトリのＥＣ、他社も出品」『日本経済新聞』２０２４年2月6日付朝刊。

3　「ニトリも頼る仏ミラクルの実力」『日経ビジネス』２０２４年7月1日号、PP.112-113、「お客様事例：Nordstromはどのようにマーケットプレイス・モデルを活用し、マーチャンダイジング戦略を変革しているのか？」（https://www.mirakl.com/ja-JP/blog/how-nordstrom-is-using-a-marketplace-2024）

4　https://www.mirakl.com/ja-JP/why-mirakl/expertise

5　https://www.mirakl.com/ja-JP/products/mirakl-marketplace-platform、「Mirakl、生成ＡＩを活用した新機能を発表　ワンクリックでマーケットプレイスへの出品を実現」（https://eczine.jp/news/detail/14889）

計画を立てた。ニトリのECは、家具やインテリア用品など約5万点を扱っているが、自社製造の低価格帯の商品が主であり、高級なデザイン家具などは手薄である。そこで、その手薄なところを他社の製品で埋めて品ぞろえを充実させるために、ECサイトを外部に開放することにしたのである。

マーケットプレイスを自社開発することも検討されたが、スピードアップのためにミラクルのシステムが採用された。ニトリホールディングス常務執行役員の武井直氏は、「今からでは既存の大手ECサイトにかなわない。（中略）Mirakl はEC刷新とマーケットプレイス導入にあたって、唯一の選択肢」と語っている。

このように、ミラクルのSaaSによって、多くの企業が自社ECにマーケットプレイスを組み入れている。そうすることによって、価格（コスト）とサービス（品ぞろえ）のトレードオフを解消し、アマゾンに対抗しているのである。

3. ロボットやAIによる食品スーパーの挑戦

オカドの戦略

アマゾンをはじめとするECは、インターネットを利用することによって無店舗展開をし、価格（コスト）とサービス（品ぞろえ）のトレードオフを解消している。ただし、インターネット技術を使えば、無店舗にすれば、トレードオフを解消できて成功するというほど問題は単純ではない。

とりわけ長期間在庫するわけにはいかない生鮮食品を扱う場合、コストとサービス（品ぞろえ）のトレードオフは厳しい。アマゾンも、これまで需要予測、商品調達、物流といった能力を高め、生鮮食品についてもこのトレードオフを解消し、アマゾン・フレッシュを立ち上げることができた。

このように能力を蓄積していったアマゾンに対して、既存の食品スーパーはなかなか対抗できなかった。ところが最近、ロボットやＡＩといった新技術によってこのトレードオフを解消しようとする企業が現れた。英国のネットスーパー、オカド（Ocado）である。[8]

オカドは２０００年に設立され、02年からスーパーマーケットのウェイトローズ（Waitrose）と提携し、本格的に配送事業を開始した。ハットフィールドに中央集約型の倉庫を保有し、開始時点で10万世帯であった配達対象は、同年内に２２０万世帯に拡大、２００５年に１０００万世帯を突破した。

オカドは、事業の拡大にともない、２０１３年以降中央集約型倉庫の増設を続けている。倉庫内部は数千台のロボットによって自動化されている。商品の入出荷を自動化した最新鋭の倉庫では、注文を受けてから出荷するまでの時間は15分程度で、競合他社の５分の１である。

倉庫の設備投資だけでなく、最先端のＡＩ技術によって、会員の注文履歴などのデータを分析し、需要を予測している。その結果、通常のスーパーの廃棄率が２～３％であるのに対して同社のそれは０・５％程度に抑えられている。さらに、効率的な配送ルートをＡＩで分析しているので、１時間刻みで配達時間を指定でき、99％が時間通りに配達される。

6　https://www.mirakl.com/ja-JP/customers/b2c-marketplace-customers

7　「ニトリのＥＣ、他社も出品」『日本経済新聞』２０２４年２月６日付朝刊、https://japan.zdnet.com/article/35215564/

8　オカドについては、ウィキペディア、「英オカド、イオンが羨む利益率　アマゾン対応はなお遠く」『日本経済新聞電子版』２０２２年1月31日にもとづいている。

図2－3　オカドのロボットによる自動倉庫

出所：イオンネクスト社提供

ネットスーパーの運営と並行して、グループ企業のオカド・ソリューションズが、国内外の小売企業を対象としたソリューション・ビジネスを行っている。米国のクローガー、英国のモリソンズ、フランスのカジノグループ、スウェーデンのＩＣＡなどが、オカドソリューションと技術提携をしている。ネットスーパーがなかなか成功しない日本でも、２０１９年、イオンが日本国内における独占パートナーシップ契約を締結した。[9]

イオンネクストの新展開

２０１９年12月にイオンが１００％出資によって設立したイオンネクストは、ＡＩを活用したエンド・ツー・エンドのソフトウエア、ロボットを搭載した独自のフルフィルメントセンター、最適化されたラストワンマイル・ソリューションなど、オカド・ソリューションズの最新技術を活用し、Green Beans という新しいネットスーパーを23年7月よりスタートした。

スタート時には、Green Beans の配送エリアは、東京都の新宿区、渋谷区、千代田区、中央区、大田区、千葉県の千葉市、船橋市、習志野市に限定され、会員も1万人強であった。その後、徐々に配送エリアを拡大し、2024年7月末で、東京都は16の区、千葉県は8つの市に拡大、神奈川県も川崎市を配送エリアとし、会員数も23万人に増大している。

イオンネクストは、最新のデジタル技術と機能を活用し、オンラインで顧客から幅広い生活必需品の注文を受け、商品を宅配する。それを実現するために、千葉県の誉田にイオン初の大型温度管理物流センターであるCFC（Customer Fulfillment Center）を建設し、そこをハブとして、首都圏に中継地点（スポーク）を設けて配送を行っている。この独自のハブ・アンド・スポーク・モデルによって、鮮度を保つためのコールドサプライチェーンを維持しながら、豊富な商品を広域に配送している。

誉田CFCの効率性

誉田CFCは、延床面積5万1584㎡、3階建ての建物である。そこに、商品が運び込まれ、倉庫に格納され、注文に応じて仕分けされて、配送される。2024年7月末で、誉田CFCでは、400人くらいの従業員が登録されており、4勤3休のシフトの24時間体制で働いている。この人たちが、ロボットを効果的に使いながら、3万SKU（ストック・キーピング・ユニット）以上の商品

9　以下のイオンネクストの事例は、2024年6月18日に誉田CFCを見学した際に聞いた説明のほか、イオンネクスト社のウェブページ（https://www.aeonnext.co.jp/）、Green Beans のウェブページ（https://service.greenbeans.com/media/feature/brand/）、その他オンライン記事、「イオングループのデジタルシフトを象徴する物流拠点『誉田CFC』は何がすごいのか」（https://monoist.itmedia.co.jp/mn/articles/2307/11/news073.html）を参考にした。

図2－4　誉田CFC全景

出所：イオンネクスト社提供

を扱っているのである。

誉田CFCに入荷された商品は、AGV（無人搬送車）によって、入荷ステーションへ搬送される。入荷ステーションでは、作業者が商品登録を行い、専用コンテナに移し替え、倉庫に送り出す。倉庫は、常温、冷蔵、冷凍の3つの温度帯に分かれている。常温と冷蔵は自動倉庫である。

自動倉庫では、一番上側にある格子状の走行用レールをロボットが移動し、各格子の下方に専用コンテナを格納する。注文が入ると、ロボットが各格子の下方にある該当商品の入った専用コンテナを取り出し、ピッキング・ステーションに送る。常温エリアには最大600台、冷蔵エリアには最大400台のロボットが配備され、秒速4mの速さで目まぐるしく動いている。

先入先出でコンテナを取り出すので、一番下にあるコンテナを取り出すために、その上に積み重なっているコンテナを取り出して他の格子の下に入れ替える。頻繁に注文の入る商品は複

図2－5　ロボットによるコンテナの取り出し

出所：イオンネクスト社提供

図2－6　トラックバースのトラック

出所：イオンネクスト社提供

数のコンテナに入れられる。そのコンテナは、同じ格子に格納されるのではなく、異なる場所に分散して格納される。人気商品は頻繁に取り出さなければならないので、同じ格子にまとめて格納されていると、ロボットがそこに集まり、混雑し、作業効率が落ちてしまうからである。

取り出されたコンテナはピッキング・ステーションに送られ、そこでディスプレイに表示されている注文に応じて、人の手で商品が取り出され、配送用コンテナ（デリバリートート）内に取り付けられた3つのポリ袋に仕分けされる。仮に、人が商品を取りに行く店舗出荷型のネットスーパーで、誉田CFCと同程度の規模の作業をすると、10倍以上の時間を要するといわれている。

商品の仕分けが完了した配送用コンテナは、Green Beans専用トラックが待つ出荷エリアに送られる。コンテナを搭載した台車は、トラックバースに停車しているトラックの後部から荷室にそのまま搭載することができる。

配送のルート計算は、1秒間で1400万通りのルート計算を行うオカドのAI技術によって最適に選択されている。その結果、指定された配達時間に遅れることはほとんどない。また、「この家の周囲には駐車スペースが少なく、○○駐車場に停めるとよい」とか、「この家には乳児が寝ているので、非対面での商品お渡しを希望される」といった配送時の詳細情報が蓄積されるようになっている。

Green Beans の強み

Green Beansでは、注文の最低金額は4000円で、時間などによって110円から550円の配送料がかかるが、お買い得価格で商品を購入することができる。一般的な食品スーパーのネットスーパーの品ぞろえが1万5000点くらいからであるのに対し、Green Beansは最大5万点以上の商品をそろえている。産地から倉庫、届け先まで、温度管理を徹底している「鮮度＋」という野菜であれば、低温配送と野菜が呼吸する鮮度長持ちパッケージなどによって、1週間の鮮度保証をしている。注文時にAIがおすすめを購入履歴にもとづいて瞬時にカートに提示してくれる、「スマートカート」という機能もある。当日の朝7時から夜の23時まで、1時間単位で配送時間を選べる。注文締め切りまで何度でも変更可能だし、リアルタイムで配送状況の通知が届く。英国のオカドと同様に、購買履歴の分析から、リコメンデーションが送られる。需要予測の精度も上がるので、生鮮食品の廃棄率も減少している。イオンネクストでは、価格とサービスのトレードオフを解消しているが、それは、ロボットの運用、最速の配送ルートの決定、購買履歴の分析など、AIを用いたオカドの技術によって可能となっているのである。[10]

図2－7
Green Beansの注文の携帯画面

出所：イオンネクスト社提供

10　アマゾンの最初の事業である書籍小売りでも、オカドと同様に、AIを使って需要予測を高める取り組みを行っている書籍小売業者がある。カルチュア・コンビニエンス・クラブ（CCC）は、AIの需要予測（Tポイント会員の属性や購買履歴、店舗の立地、過去の新刊本の納品・返品数などを用いる）にもとづく自動発注システムを直営・フランチャイズチェーンに導入して、返品率の低減を試みている。2021年から実施してきた直営書店「TSUTAYAブックストア」などでの実証実験では、返品率が13％まで下がったといわれている（国内平均は3割程度）。この事例は、「CCC、返本減へ自動発注」『日本経済新聞』2022年6月3日付朝刊にもとづいている。

4. まとめ――技術の活用による二兎戦略

小売業者にとって、価格とサービス（品ぞろえ）は顧客に提供する代表的な2つの価値であるが、しばしばこの2つはトレードオフ関係にある。多様なニーズを有する消費者にとって、豊富な品ぞろえは自分のニーズにぴったり合う商品が見つかる可能性が高いことを意味し、価値がある。しかし、豊富な品ぞろえを誇る小売りでは、ほとんどの商品が頻繁には、あるいは大量には売れない。大量に仕入れて規模の経済を働かせることができないし、長い間在庫として抱えなければならないのでコストがかかる。ゆえに、価格は高くならざるを得ない。

それに対して、本章で見たアマゾンなどのECは、インターネットを用いることで、価格（コスト）を抑えながらロングテールの商品を取りそろえている。ただし、このトレードオフの解決の根本的な考え方は、インターネットの登場のはるか前から用いられていた。それは、19世紀後半に登場した、集中管理型の巨大倉庫と鉄道網を活用することで生まれたビジネスモデルであった。

後の百貨店シアーズになる通信販売業シアーズ・ローバックを設立したリチャード・シアーズとアルヴァ・C・ローバックは、カタログを使って地方の農民に郵送で腕時計を販売した。当時、農民は、地元の商店で腕時計を高い価格で購入していたので、シアーズ・ローバックが全国の農民の需要をかき集め、大量仕入れによって時計を安く調達し、全国の農民に低価格で販売した。鉄道と郵便によって時計を配達すると、大変喜ばれた。

シアーズ・ローバックは、腕時計だけでなく、地方の家庭や会社が必要とするあらゆる商品を扱う

図2−8　シアーズ・ローバックのカタログ

出所：https://ar139kamakura.jp/editorial/20210319-1229/

ようになった。それらを掲載した通販カタログ（「ウィッシュ・ブック」）をつくり、全国に週一度の郵便配達で届けた。１８９７年の通販カタログは、電話帳のような厚さで、20万点の商品とそのバリエーションが掲載されていた。地方にいる人にとっては、地元の店の１００倍もの商品がそろっており、送料を入れても半額で購入できたので、このカタログ通販の登場は衝撃的な出来事であった。

シアーズ・ローバックは、シカゴの本社ビルで注文に応じた。配送される商品は、シアーズの倉庫にある在庫とメーカーの工場からの直送との組み合わせであった。シアーズの配送担当者は、個々の注文に発送日時を割り当てるシステムをつくった。

集中管理型の巨大倉庫には、作業を効率的に行うために、木製パレットの並ぶ倉庫から梱包室へはベルトコンベアやシュートが組み合わさった運搬装置が設置されていて、注文が入った商品は素早く発送された。カタログ通販、大量仕入れ、効率的な巨大倉庫、鉄道・郵便網を用いて、シアーズ・ローバックは、低価格と豊富な品ぞろえの両方を提供する二兎戦略を実現したのである。

シアーズ・ローバックのカタログ通販とインターネットを用いたアマゾンのＥＣは、同じような考え方で二兎戦略を実現していたといえるであろう。また、店先貸しサービスであるマーケットプレイスも、シアーズ・ローバックのカタログにメーカーの工場から直送される商品が掲載・販売されていたのと同様である。もちろん、その後のアマゾンは、ＡＩやロボットなどの新技術を活用することで、さらに事業を高度化して展開している。

小売りが直面する価格とサービスという２つの価値のトレードオフは、バラバラに散らばっている需要、物理的な商品の保管（在庫コスト、スペース）といったことから生まれる。ただし、それがトレードオフであるのは、ある技術条件を所与とした場合である。新しい技術が生まれると、そのトレードオフの条件が変わる。新技術を活用することによって、品ぞろえとコストの間にある制約条件をシフトさせることができ、旧技術を前提にしていた場合に比べて、２つの価値を両方高めて提供することができるのである。つまり、本章で見た企業は、すべて技術を活用することによって二兎戦略を実現しているといえるのである。

第3章 コストリーダーシップ vs. 差別化
——スタック・イン・ザ・ミドルに陥らない二兎戦略

業界は同じでも、企業によって戦い方はさまざまである。この戦い方を競争戦略といえば、その基本的類型は、コストを下げて価格競争を仕掛けるか、自社の製品を他社の製品から差別化することによって価格競争に巻き込まれないようにするかに分かれる。第1章でも触れた、マイケル・E・ポーターが提唱する競争戦略の基本戦略（generic strategy）のうちの2つ、コストリーダーシップ戦略と差別化戦略である。[1]

この異なる競争戦略は、さまざまな業界において観察される。例えばホテル業界であれば、コストリーダーシップ戦略を追求するビジネスホテルと、高級化によって差別化戦略を追求する高級ホテル

1 ポーターは、集中戦略という第3の基本戦略を挙げている。ただし、これは市場全体ではなくなんらかのセグメントを対象に絞って競争する戦略であり、競争の手段の違いであるコストリーダーシップ戦略や差別化戦略とは異なる点での分類なので、ここでは省いている。

が考えられる。外食産業であれば、低価格を売り物にする牛丼チェーンや居酒屋に対して、高価な料理や行き届いたサービスを提供する高級レストランがすぐに頭に浮かぶ。

この2つの競争の基本戦略は、トレードオフであると考えられる。なぜなら、それぞれの戦略を追求するためには、異なる資源、行動様式、組織風土が必要だからである。ゆえに、ポーターは、コストリーダーシップ戦略と差別化戦略の2つの戦略を同時に追求すると、どっちつかずの中途半端になってしまうと警鐘を鳴らした。すなわち、「スタック・イン・ザ・ミドル」である。スタック・イン・ザ・ミドルに陥ってしまうと、競争に負けてしまうので、両方を追求するのではなく、いずれか一方の戦略に絞るべきだと主張される。本書の用語でいえば、一兎戦略が推奨されるのである。

ところが、いくつかの業界では、2つの基本戦略を同時に追求して成功している企業が存在する。そこで本章では、そのような企業はなぜスタック・イン・ザ・ミドルに陥らないのか、どのような場合に二兎戦略がうまくいくのかを考える。

1.「四つ星ホテル」を目指すカンデオホテルズ[2]

3Bの充実とコスト抑制

多くの企業がポーターの教えに従って、コストリーダーシップか差別化のいずれか1つの基本戦略を追求する一兎戦略をとって競争しているが、両方を同時に追求して成功している企業もある。例えば、ホテル業界のカンデオホテルズである。

カンデオホテルズは、シティホテルよりは低価格、ビジネスホテルよりは価格は高いけれども施設・

サービスの質が高い。高品質でリーズナブルな料金のビジネスホテルとして成長しており、『日経ビジネス』がビジネスパーソン5000人に対して行った満足度調査では、ビジネスホテル編で2012年、17年と2回連続して1位になっている。[3]

カンデオ・ホスピタリティ・マネジメントの穂積輝明社長によれば、カンデオホテルズは普通のビジネスホテルよりもデザイン性が高くて独自のサービスを提供するが、高級ホテルよりも気軽に泊まれるホテル、つまり「四つ星ホテル」を目指している。カンデオの平均客室単価は1万1000円、ビジネスホテルのドーミーインは9300円、シティホテルのプリンスホテルは1万3000円なので、カンデオはビジネスホテルとシティホテルの間の料金帯に価格を設定している。

穂積社長は、世界の2500軒以上のホテルを訪れ、快適と感じた部屋の広さや気持ちの良いデザインなどをチェックし、カンデオに生かしてきた。客室は20平方メートル台が中心で、一般的なビジ

2　この節の事例は、主に以下の資料に依拠した。「ホテル、高品質・値ごろ両立」『日経産業新聞』2017年8月4日付、「ビジネスパーソンに聞く　後悔しない航空&ホテル」『日経ビジネス』2017年10月23日号、PP.20-41、「カンデオホテルズ、稼働率8割の奥義　家族客途絶えず」『日経産業新聞』2022年5月2日付、「カンデオ、採用は学歴・職歴不問」『日経産業新聞』2022年5月2日付、「リーズナブルでリッチな気分～新感覚！豪華四つ星ホテル：読んで分かる『カンブリア宮殿』」(https://www.rv-tokyo.co.jp/plus/business/entry/2022/026086.html)

3　日経ビジネスは2022年には同種の調査をしていないが、23年に顧客推奨度をもとにビジネスホテルのランク付けをしている。それによると、1位はドーミーインであり、2位がカンデオホテルズであった。ドーミーインは、JCSI（日本版顧客満足度指数）で、調査をしなかった2020年度をはさんで19年から22年まで3回連続で首位になっている（https://service.nikkei-r.co.jp/report/cscx_id159）。

ネスホテルよりも広めにしている。窓を可能な限り大きく、ソファやベッドなどの家具は低めにし、柱部分に鏡を張って外の景色を映り込ませることによって、実際の広さ以上の解放感を出している。

また、カンデオホテルズは3Bの充実を標榜している。3Bとは、バス、ベッド、ブレックファストの頭文字である。最上階に展望露天風呂を配し、女湯にはミストサウナ、男湯にはドライサウナを完備、「サウナシュラン2020」で特別賞を獲得した。ベッドは、高級ホテル御用達の「シモンズ」を採用している。朝食は60品目以上のビュッフェを売りにしている。ホテル内に調理場を設けてつくりたてを提供、地域にちなんだメニューを用意することもある。一般のビジネスホテルで朝食を利用する人は3割程度といわれるなか、カンデオは5割を超えているので、客単価が高くなる。

他方、コストを抑制する工夫も組み込まれている。ホテルの運営方法は、土地や建物を所有して運営する直営型、土地や建物のオーナーに賃料を払って運営するリース型など4つに大別される。

カンデオは、リース型であり、しかも売上に応じて賃料が変わる変動賃料型ではなく、オーナーに毎月一定の賃料を支払う固定賃料制である。もちろん固定賃料制だと、コロナ禍のようなショックがあって稼働率が落ち込むと収益が悪化する懸念があるが、支払額が変動するリスクを嫌うオーナーからの引き合いが増え、賃料が相対的に抑えられると推察される。

また建材や家具の一部をオーナーに負担してもらう場合もあるという。これもコスト抑制につながる。また、質の向上のために配した展望露天風呂も、各部屋のユニットバスを利用してもらうよりも水道光熱費や清掃費が少なくなり、ホテルにとってコスト削減につながる。

「唯一無二の四つ星ホテル」

穂積社長は、「日本にはただ寝るだけのビジネスホテルと、高いけど使いにくい高級ホテルしかない」と、日ごろから日本のホテルに対して不満を感じていた。そこで、ビジネスホテルと高級シティホテルとの間のちょうどいいホテル、「唯一無二の四つ星ホテル」を謳い、カンデオホテルズを創業したという。しかし、2007年に1号店を開業したときには、「ビジネスホテルのわりに価格が高い」とか、「シティホテルかと思ったらレストランの種類が少ない」などの意見が寄せられたという。スタック・イン・ザ・ミドルに陥りかねなかったとも解釈できる。

ところが2010年ぐらいから、出張で利用したところ、一般のビジネスホテルでは味わえないサービスを体験し、家族旅行でも使おうとする人が増えた。また、東京の六本木では、カンデオにはまった女性が、同僚を連れて泊まりのホテル女子会に使うという例も出てきた。

当初は出張時の利用を想定していたが、出張時以外のこのような需要が増えてきたこともあり、カンデオホテルズは新型コロナウイルスの感染拡大が収束しないなかでも、集客することができた。全国のビジネスホテルやシティホテルの稼働率が30～40％にとどまっていた2021年、カンデオホテルズは60％台に回復した。2022年4月は80％台、東京に限れば90％と、コロナ前とほぼ変わらない稼働率を達成した。

カンデオは、2024年夏までに、現在より5棟、約500室増やす計画だといわれている。ビジネスホテルとシティホテルの中間の「四つ星ホテル」の国内市場規模は10万室程度と見られており、将来的にはその1割に相当する1万室まで増やそうとしている。ただし、「あくまでカンデオは四つ星ホテル。五つ星は目指さない」と穂積社長は話す。

2．低価格と高級化の両方を追求する「俺の株式会社」

多様な展開

飲食業界には、低価格を売りにする居酒屋、牛丼、ファミレスのチェーンがある一方、高価格ではあるが高級な料理を、素晴らしい内外装のお店で、行き届いたサービスとともに提供する高級レストランもある。ところが、2010年代に、コストリーダーシップ（低価格）と差別化（高級化）とを両方追求するような企業が現れ、人気を博した。「俺のイタリアン」などを展開する俺の株式会社（以下「俺の」）である。「俺の」は、なぜスタック・イン・ザ・ミドルに陥ることなくコストリーダーシップ（低価格）戦略と差別化（高級化）戦略の両方を追求することができたのかを考えよう。[4]

「俺の」は、ブックオフの創業者である坂本孝氏が設立した会社で、「俺のイタリアン」や「俺のフレンチ」を運営する。[5] 2011年9月に「俺のイタリアン」の1号店を新橋に出店して以来、行列の絶えない店として名をはせ、わずか2年ちょっとで銀座を中心に約20店舗を展開した。

その後、一時期の勢いは衰えたが、イタリアン、フレンチ以外に、焼肉、焼き鳥、割烹、だし（おでん）、だし（そば）、うなぎ、スパニッシュ、天ぷらといったさまざまな料理を提供する業態を展開したり、ベーカリーやデリカテッセンを出店したりした。出店地域も、銀座だけでなく、東京都内の一等地のほか、神奈川、大阪、福岡、新潟、愛媛といった府県、さらに上海にまで広がっている。坂本氏は2022年1月に亡くなったが、その後も「俺のイタリアン BeerTerrace 恵比寿ガーデンプレイス」や「俺の天ぷらバル」を出店している。

高級食材で一流料理人をくどく

このように、現在でも、「俺の」はさまざまなレストランを出店しているが、その戦略がとくに興味深いのは、２０１０年代前半に次々と出店をしていたころである。「俺のイタリアン」「俺のフレンチ」が話題になって人気を博したのは、まず、高級料理を、度肝を抜く価格で提供することにある。ミシュランガイドの星付きレストランなどで修業を積んだ一流料理人をスカウトし、彼らがトリュフやフォアグラ、オマール海老といった高級食材をふんだんに使った料理を提供する。にもかかわらず、１品の料金は５００円から１５００円であり、平均客単価は３０００円にすぎなかった。

「俺のイタリアン」の1号店がオープンしたころは、企業の接待需要が激減し、高価格帯レストランの経営が厳しくなっていた。それゆえ、新たな出店はほとんどなくなった。既存店でも、利益捻出のために食材の仕入れ値が抑えられた。料理人からすれば、新店がないのでなかなかナンバーツーのポ

4　「俺の」は、1号店をオープンしてから10年以上たった現在では、かつてほど流行っていないし、店舗の形態や運営方法も変わってしまった。しかし、ここでこの事例を取り上げるのは、飲食店のビジネスモデルとして成否を評価したり、その原因を検討したりするためではなく、開業当初の「俺の」の競争の仕方が、スタック・イン・ザ・ミドルに陥らないように二兎戦略を追求する方法を議論するのにうってつけだからである。

5　俺の株式会社の事例は、坂本（2013）のほか、次の記事を参考にした。「社長の学校　坂本孝氏　第1回」『日経トップリーダー』２０１４年1月号。「ヒットの軌跡　俺のイタリアン／俺のフレンチ」『日経トレンディ』２０１３年2月号。坂本氏は、証券会社出身の安田道男氏、自身が料理人で飲食業の経験が豊富な森野忠則氏とともに、２００９年にＶＡＬＵＥ ＣＲＥＡＴＥを設立し、飲食業界に参入した。２０１１年に新橋に「俺のイタリアン」、蒲田に「俺の焼肉」、12年に銀座に「俺のフレンチ」をオープンし、その後この事業を12年に設立した「俺の」に移管した。

ジションから上に行けない、食材が制限されてつくりたい料理がつくれないといった不満がくすぶっていた。

そこで坂本氏は、「店をどんどん出します」「高級食材をじゃぶじゃぶ使ってください」と一流料理人をくどいて移籍させた。一般的な飲食店のフード原価率は25~30%のところ、「俺のイタリアン」の平均のフード原価率は各店とも40%を超え、「俺のフレンチ」では60%を超えるところもあったという。つまり、一流料理人にとって「俺の」は、自分の腕を存分に振るいたいという欲求を満たせる場だったのである。

「俺の」がつく店名もユニークであるが、これは創業者の坂本氏が、「とかくイタリアン・レストランはイタリア語の店名をつけたがる。かっこはいいが、意味がわからない。とにかくわかりやすい店名にしたい」とリクエストした結果、生まれた店名であった。宣伝広告費は徹底的にカットしたが、店名がユニークなので人々の記憶に残る。広告を出す代わりに、店舗の外にその店のシェフの大きな写真を張り出し、大々的にアピールをした。口コミ、行列、店頭の写真によって集客をしていたのである。

高い客回転率とスケール・メリット

上述したように、出店地域は拡大しているが、「俺の」は当初、銀座8丁目に集中的に出店していた。銀座は栄枯盛衰の激しい場所であり、「銀座を制するものは日本を制する」ともいわれる。ゆえに、坂本氏らは、その銀座にドミナント出店し、激烈な自社内競争を促し、自社の店をどんどん良くしたいと考えていたという。

表3－1　創業期に坂本氏が作成した試算表

形式	席数	回転数	客単価（円）	売上（円）	経常利益（円）	フード・ドリンク平均原価率（％）	損益分岐点フード原価率（％）
立ち	50	1.00	3,000	3,600,000	▲1,879,023	45	0未満
	50	1.50	3,000	5,400,000	▲985,367	45	18
	50	2.00	3,000	7,200,000	▲176,400	45	50
	50	2.50	3,000	9,000,000	603,427	45	68
	50	3.00	3,000	10,800,000	1,171,532	45	76
	50	3.50	3,000	12,600,000	1,803,154	45	83
	50	4.00	3,000	14,400,000	2,434,775	45	88
座り	22	0.75	8,000	3,168,000	▲20,322	18	17
	22	1.00	3,000	1,584,000	▲1,515,083	20	0未満
	22	2.50	3,000	3,960,000	102,716	20	24

注：売上、経常利益は月次。1か月24日営業と想定。フード・ドリンク原価以外に、固定費である店舗の家賃と売上に応じて多少変動する光熱費、人件費、支払い利息などを想定して経常利益を計算
出所：「立ち食いフレンチと高級レストランはどちらが儲かる?会計力で読み解く」DIAMOND ONLINE、2018年8月7日

現在ではお店の大きさはさまざまで、全席着席になっているが、2010年代半ばごろまでのほとんどの店舗は、立ち飲み主体で、面積50～100㎡程度の小規模店であった。立ち飲みは、着席に比べれば同じ店舗面積でも多くの客を入れることができるので、収容人数は40人程度であった。

しかも、立ち飲みはくつろげないので長居しにくい。必然的に、店での滞在時間が短くなる。ゆえに、客回転率が高くなるのである。多くの高級店が、夜のみの営業で客回転率は1回であるのに対し、「俺の○○○」は、夜だけで3回転以上という高い客回転率を実現していた。なかには、4、5回転する店もあったという。

こうして売上が増えると、高い食材でも、スケール・メリットによって仕入れ値が下がる。例えば生ハムは、小さな店でも1日に1本使い切る。そうすると、徐々に価格を下げてくれる業者が出てくる。高い客回転率とスケール・メリットを効かせた仕入れによって、フード原価率が高くても十分に利益を出すことができたのである（表3-1参照）。

3. 中途半端になる二者追求と中途半端にならない二者追求

異なるニッチで異なる戦略

前の2つの節でカンデオホテルズと「俺の」は、コストリーダーシップ（低価格）戦略と差別化（高級化）戦略を同時に追求していると述べたが、市場はいくつかのニッチに分かれていて、異なる相手に対して異なる戦略をとって競争していると解釈できるかもしれない。カンデオホテルズは、シティホテルに対しては低価格、ビジネスホテルに対しては高級化で競争している。「俺の」は、高級レストランと比べれば明らかに低価格路線で際立っており、居酒屋チェーンと比べれば明らかに高級路線をとっているという解釈である。

いくつかのニッチから構成される市場での競争に関しては補論2で議論するが、この解釈をとると、カンデオも「俺の」も2つの異なるニッチで同時に競争していることになる。しかし、それぞれのニッチには、そこを専門にしている多くの企業が激しい競争を展開しているので、カンデオや「俺の」はどっちつかずになってしまい、苦戦するのではないだろうか。つまり、2つのニッチの間にはまってしまうという意味で、スタック・イン・ザ・ミドルに陥ってしまうのではないかと考えられるのである。

ところが、カンデオホテルズや「俺の」は、低価格化と高級化の同時追求という二兎戦略によって巧みに競争していると考えられる。とすれば、どのように低価格化と高級化とを追求するかによって、中途半端になる場合とならない場合があると考えられる。両社はどのように2つの戦略を追求したか、それがなぜ中途半端にならなかったのかを考えてみよう。

3つの飲食店を比較する

話はちょっとそれるが、レストランの格付けとしては、ミシュランガイドが世界的に有名である。調査員がお忍びで訪れ、料理、おもてなし、調度品などを判定し、星をつける。われわれは結果を知ることはできるが、それぞれがどのような評価だったのかはわからない。

それに対して1979年にニューヨークのレストラン案内書として始められた「ザガット・サーベイ（Zagat Survey）」は、レストランの一般利用者による評価を集計したものである。一般利用者は、Food（料理）、Decor（内装）、Service（サービス）の3項目をそれぞれ30点満点で採点する。ガイドには、採点を集計した3項目と総合の評価およびディナーと飲み物1杯分の平均価格とアンケートの回答を引用した紹介文が付される。つまり、ザガットでは飲食店の料理のおいしさや価格だけでなく、お店の内装やスタッフのサービスといった項目ごとの評価がわかるのである。[6]

6　食べログでも、項目ごとにスコア化されることはないが、店舗情報には空間・設備やサービスについての記述があるし、写真で料理、ドリンクだけでなく内観、外観も見ることができる。

表3－2　3つの飲食店の4P

店	Product（料理・サービス）	Price（価格）	Promotion（広告宣伝・販売促進）	Place（店舗）	その他
俺の○○○	高級食材使用 星付き店の 料理人			銀座など 一等地	ユニークな 店名
		客単価 3,000円	宣伝しない 店頭にシェフ の写真	小規模店 立派でない 内装	立ち飲み→ 高回転率 大量仕入れ
三つ星和食店	高級食材利用 ホスピタリティ	基本コース 40,000円	宣伝しない	神楽坂、 小さいが高 級感	
マクドナルド	ハンバーガー	セット 700円くらい	テレビ広告、 キャンペーン	駅前一等地	

出所：筆者作成

また、企業のマーケティングの手段として、4つのP（Product、Price、Promotion、Place）が有名であるが、これを飲食店に適用すれば、料理やスタッフのサービスがProduct、価格がPrice、広告宣伝や販売促進がPromotion、お店の立地や内外装等がPlaceとみなすことができ、この4つのPすべてで飲食店が評価されると考えることができる。このように考えれば、「ザガット・サーベイ」の3項目は4つのPに含まれることになる。

そこで、「俺の」、コストリーダーシップ戦略を追求していると考えられるマクドナルド、差別化（高級化）戦略を追求していると思われるミシュランの三つ星レストランのある和食店の3つを、4つのPについて比較してみた。結果が表3－2にまとめられている。[7]

この表を見ると、4つのPすべてにおいて、マクドナルドはコスト低減に向けて取り組み、和食店は差別化（高級化）に向けて取り組んでいることがわかる。

マクドナルドでいえば、料理はハンバーガー、値段もセットで700円と手軽な食べ物である。他方、テレビ広告やキャンペーンを行い、ハンバーガーチェーンのなかでは比較的大きな店舗で、駅前の一等地に立地しているので、多額の販売促進費や出店費用をかけていて、コスト削減とは逆をいっているように見える。しかし、人通りが多い立地に大きな店を用意し、広告やキャンペーンで大量集客をすることによって、固定費の分散、規模の経済を働かせて平均費用を激減させているので、コストリーダーシップ戦略の打ち手である。

和食店は、料理・サービス、価格、店舗は、差別化、高級化を追求した打ち手をとっている。広告宣伝はしばしば差別化の手段と考えられるので、宣伝をしないのは差別化と逆行しているように思われるが、口コミによる評判、「知る人ぞ知る」的なイメージが、むしろ高級感を醸し出しているといえる。

それに対して「俺の」は、高級食材を使い、星付き店の料理人がつくった料理という高級化を追求しながら、価格、販売促進はコスト削減を追求している。店舗の立地は一等地ではあるが、豪華な内外装ではない小規模店なので、コスト削減を追求しようとしているといえる。つまり、「俺の」は、コストリーダーシップ戦略と差別（高級）化戦略とを組み合わせているのである。

7　マクドナルドについては、淺羽・山田（2003）を参照されたい。和食店は、店名は出さないが、『ミシュランガイド東京2022』で三つ星を獲得したレストランのなかで筆者が唯一行ったことのある店を念頭に置いている。

スタック・イン・ザ・ミドルの要因分析

なぜコストリーダーシップ戦略と差別化戦略を同時に追求しているにもかかわらず、「俺の」はスタック・イン・ザ・ミドルに陥らなかったのだろうか？　ここでは、陥らなかったかどうかを検証するのではなく、もし陥らなかったとすればそれはなぜかを説明する仮説を考えてみよう。

そもそも2つの異なる基本戦略を同時に追求すると、なぜスタック・イン・ザ・ミドルに陥って失敗するといわれるのであろうか。それは、2つの基本戦略を遂行するのに必要な資源、能力、組織が異なるからで、2つを同時に追求するとどっちつかずの中途半端になってしまうからだと説明される。

図3-1を見ていただきたい。マーケティングの4つのPのような、企業が競争する際に努力を傾け、工夫を凝らすポイントを競争のサブファクターと呼ぶとして、図には4つのサブファクターが描かれている。

コスト低減のための施策をとっている場合は白色、高級化・差別化を図っている場合は黒色で、それぞれの競争のサブファクターが塗られている。ゆえに、一兎戦略、つまり純粋なコストリーダーシップ（CL）戦略では4つのサブファクターがすべて白く塗られており、純粋な差別化（D）戦略ではすべてが黒く塗られている。

それに対して、コスト削減（低価格）と差別化（高級化）のどちらかの極を狙うのではなく、2つの極（あるいは両極の中間）を狙う場合には2つのやり方が考えられる。

2つの極を狙うやり方の1つは、それぞれの競争のサブファクターにおいて、中間的な水準を達成するという方法である。2段目の戦略で、4つのサブファクターすべてが灰色で塗られているのはそれを意味している。

図3－1　組み合わせによる二兎戦略

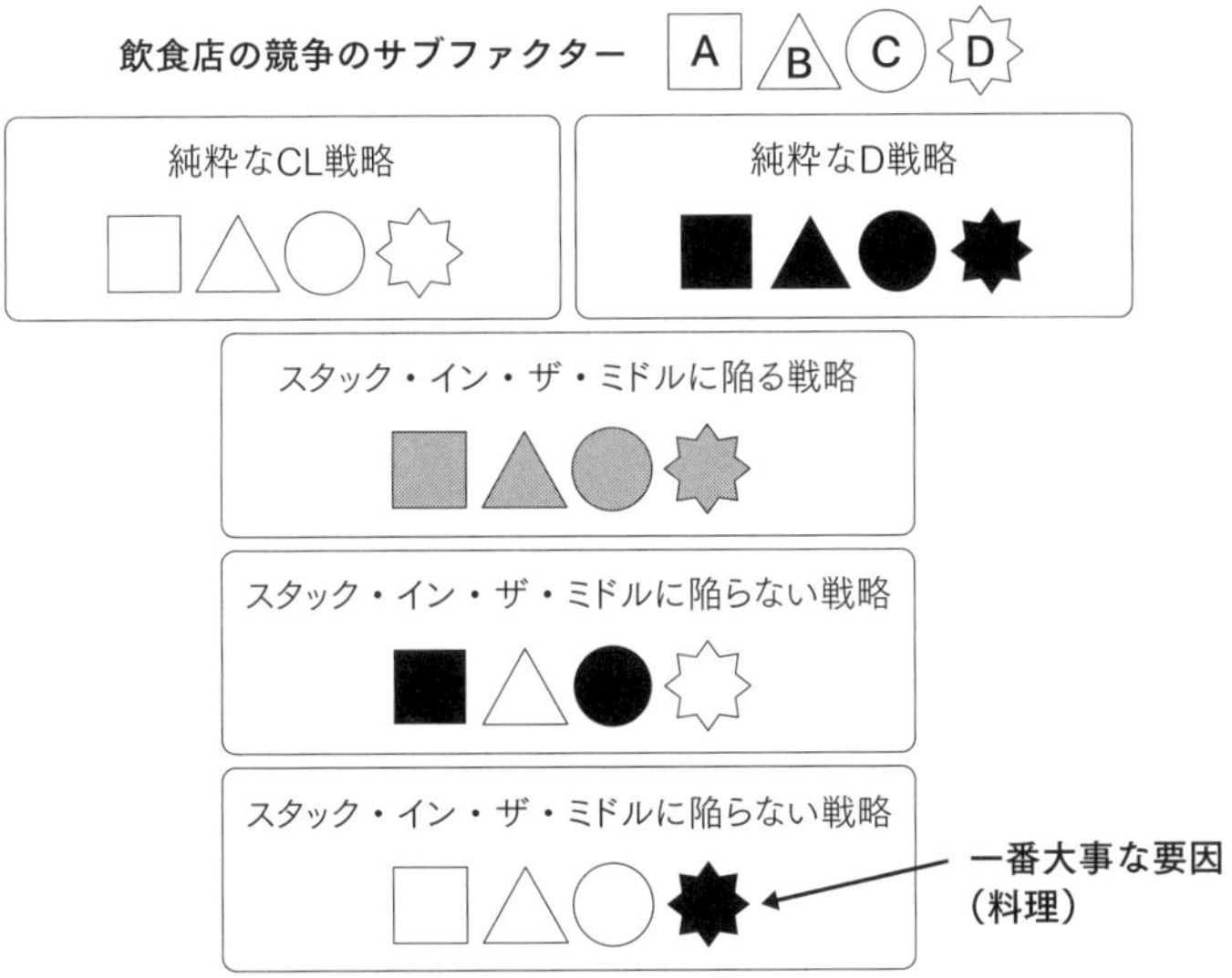

出所：筆者作成

もう1つは、あるサブファクターでは低コスト、別のサブファクターでは高級化をそれぞれ追求し、それを組み合わせるという方法である。3段目の戦略で、2つのサブファクターは白色、他の2つのサブファクターは黒色で塗られているのはそれを表している。

前者の方法は、どの競争のサブファクターについても特徴のない、中途半端なものになってしまう危険性がある。後者の方法は、1つのレストランのなかで個々の活動、取り組みが整合的ではなく、矛盾を生んでしまうという危険性はあるかもしれないが、中途半端とはいえないであろう。

「俺の」の選択

では、「俺の」はどちらの方法をとっているのだろうか。「俺の」は、コスト低減（低価格化）を追求した競争のサブファクター（価格、販売促進、立地）と差別化（高級化）を追求した競争のサブファクター（料理）とを組み合わせているが、それぞれのサブファクターでコスト低減と差別化を両方追求しているのではない。3段目のパターンである。つまり、それぞれのサブファクターについて見れば、中途半端ではなく、高級化とコスト低下のどちらかをもっぱら追求しているのである。

しかも、「俺の」は、単に低コストと高級化という異質な目標を追求する競争のサブファクターをなんとなく組み合わせているのではなく、顧客がもっとも本質的な価値だと感じる競争のサブファクター、すなわち料理で特徴を出している。料理を良くするために、有名シェフを雇い、高級食材を「じゃぶじゃぶ」使うなど、とりわけ（高級化の方向で）特徴を際立たせている。4段目の戦略である。ゆえに、矛盾が深刻な問題にならないのではないだろうか。

それに対して、もしお店の内外装を高級化するが、安い素材を使った料理を提供してコストを節約するレストランがあったとしたらどうだろうか。おそらく人気が出ないであろう。「俺の」は、「低価格だが料理は高級」だから人気を博しているのであって、これが「低価格だけれども内装が素晴らしい」というのであれば、一時的には話題になるかもしれないが、とうてい長続きはしないであろう。

さらに、「俺の」では、差別化された高級料理を低価格で提供するために、細かな活動がシステマティックに組み上げられている。すなわち、フード原価率は圧倒的に高いが、客の回転率を高めることで、低価格でも売上を伸ばし、損益分岐点をクリアする。

表3-1に示されているように、4回転できれば、フード原価率88％でも赤字にならない計算である。客の回転率が高く、売上が大きければ、たとえ高級食材であっても大量調達によってコストを下げることができる。さらに、客の回転を速くするために、着席で落ち着いて食事をするのではなく、立ち

席で客が長居できないようになっている。

換言すれば、「俺の」の場合、コストドライバー（コスト削減手段）と差別化ドライバー（差別化・高級化手段）が相互に干渉して力を発揮できなくなるわけではない。差別化ドライバーは料理の素材が高級であり、それを「じゃぶじゃぶ」使うこと、一流のシェフが料理することであるが、コストドライバーは客の回転率を引き上げることであり、回転率が高いがゆえにお店が小さく広告宣伝費をかけなくても客数が増え、売上を大きくして平均費用を下げることができている。

コストドライバーが差別化・高級化を邪魔しないので、個々の活動、取り組みが矛盾を生まない。それに対し、もし安い素材を使用して材料の調達コストを下げたり、熟練料理人を使わないようにして人件費を引き下げたりしているのであれば、このコスト引き下げ方法は高級化を阻害するので、個々の活動、取り組みが整合的ではなく、矛盾を生んでしまうであろう。

4．まとめ——適切に要素を分け組み合わせる二兎戦略

「俺の」は、料理では高級化・差別化を追求し、価格、販売促進、立地ではコスト低減を追求するというように、競争のサブファクターの組み合わせによって異なる2つの価値（低コストと高級化）を同時に追求していた。この二兎戦略は、カンデオホテルズにも当てはまるようである。

カンデオホテルは、癒やし、睡眠、朝食が（ビジネス）ホテルの顧客にとって重要なことであると考え、3B（バス、ベッド、ブレックファスト）を充実させたのであろう。他方、それ以外のサービス、例えば宴会場、併設レストランやバー、スタッフのサービス、アメニティなどは相対的に重要で

はないと考え、保有しなかったり簡素化したりして、コスト低下を追求している。つまり、「俺の」と同様に、図3-1の4段目の戦略をとっているのである。

「俺の」もカンデオホテルズも、（競争のサブファクターという）要素の組み合わせによって、異なる2つの価値を同時に追求するという二兎戦略をとっているとまとめられる。この要素の組み合わせによる二兎戦略は、組織学習の2つの異なるやり方を同時追求する方法と似ている。

Gupta et al.（2006）は、ルーターを中心としたネットワーク機器の開発企業であるシスコシステムズを調査し、技術変化が激しく探索（exploration）が必要であるとともに、既存技術の強化・効率性の向上によって市場競争に勝ち抜くために深化（exploitation）も必要である同社は、研究開発では探索を行い、製造・販売・サービスでは深化を行っていると指摘した。

研究開発、製造、販売、サービスといった機能を（競争の）サブファクターと考えれば、まさしくシスコは、探索を追求するサブファクター（機能）と深化を追求するサブファクター（機能）とを組み合わせることによって、2つの異なる学習方法を同時に追求する二兎戦略をとっていると考えられるのである。

Gupta et al.（2006）は、このような異なる2つの組織学習を同時に行うことができる条件として、全体システムがいくつかの相互に干渉しないサブ・システム、独立ユニットになっていて、ユニットAが探索、ユニットBが深化を追求することができるということを指摘している。これも、先に指摘した、コストドライバーと差別化ドライバーが相互に邪魔をしないという条件と類似している。

コストリーダーシップ戦略と差別化戦略の2つの基本戦略（あるいは低価格と高級という2つの価値）を同時に追求してもスタック・イン・ザ・ミドルに陥らないためには、あるいは探索と深化といった2つの組織学習のやり方など相反する2つの目的を同時に追求してもどっちつかずの中途半端にならないためには、各要素（あるいはサブファクター・ユニット）でトレードオフである2つの価値（目的）を中途半端に追求するのではなく、各要素でいずれかの価値（目的）を徹底して追求し、それを組み合わすことによって、2つの価値（目的）の適切なバランスを達成することが肝要であると考えられる。

そのときに注意すべきは、もっとも重要である要素で、自社の特徴を際立たせることかもしれない。さらに、ある要素で一方の価値を際立たせるからといって、それがもう一方の価値を極端に低下させないように、さまざまな活動を組み合わせて工夫することも必要であろう。そのためには、2つの価値を追求する活動が相互に邪魔をしないように、各要素が独立していることが望ましい。このように適切に異なる要素に分け、それらをうまく組み合わせることが、成功する二兎戦略の1つのパターンであると考えられるのである。

［補論2］激しい競争が中間に空白を生む

第3章では、カンデオホテルズや「俺の」が、4つのPのような競争のサブファクターごとに、コスト低下もしくは差別化・高級化をもっぱら追求し、その要素を組み合わせて二兎戦略を実行していると述べた。

ただし、この要素の組み合わせ以外にも、スタック・イン・ザ・ミドルに陥ることなく、2つの価値を同時に追求できる理由があると思われる。それは、第3章3節の冒頭で指摘した市場の構造、つまりホテルや外食といった市場がいくつかのニッチ市場に分かれ、それぞれに異なる競争相手がいるということと関係する。[8]

カンデオが1号店を出した2007年ごろ、ビジネスホテルにしては高いし、シティホテルほどは高級でないということで、この中間地帯を攻めるという戦略に対して否定的な意見もあった。ところが、その後、この批判は、「シティホテルより安く、ビジネスホテルよりは高品質である」という肯定的な意見に変わった。この変化をもたらした1つの要因は、ホテル業界の激しい競争にあるのではないかと考えられる。

ビジネスホテルは、時代とともに新しいモデルが登場し、成長してきた。1980年代には、ルートインや東横インなどの大手チェーンが登場し、全国に店舗網を築くことで、出張時の宿泊需要をとらえた。バブル経済崩壊後の1990年代には、低価格を武器にアパグループやスーパーホテルなどが人気を集めた。とくにアパホテルなどの低価格を売りにするホテルは、標準的なビジネスホテルよりも部屋が狭く、エアコンの集中制御、節水タイプのシャワー栓の導入など、コスト削減を徹底していた。

他方、シティホテルや高級ホテルは、2000年代前半までは、日系の老舗ホテルが競い合っていた。ところが、2005年にコンラッド東京、07年にザ・リッツ・カールトン東京、ザ・ペニンシュラ東京といった外資系ラグジュアリー・ホテルが開業すると、高級化競争が激化した。

つまり、2000年代を通じて、一般的なビジネスホテルが低価格を激しく競っていたのに対し、高級シティホテルは熾烈《しれつ》な高級化競争を繰り広げていた。その結果、ビジネスホテルとシティホテルの間の中間地帯（そこそこの価格でそこそこの高級化のゾーン）が拡大していったと考えられるのである。そのため、この中間の空白地帯を狙ったカンデオホテルズも、当初の否定的意見を払拭《ふっしょく》し、成功することができたのではないだろうか。

ホテル業界は、ある業態（戦略）で激しい競争が行われると、新しい業態（戦略）が生み出され、今度はその新しい業態で再び競争が激しくなるというように、競争と新業態の創出が繰り返されるダ

8　企業は、自分が属するニッチ市場のなかの類似の企業と競争しているのに対し、他のニッチ市場の企業とは競争していないと考えられる。これは、戦略グループの議論と同じである。戦略グループについては、例えばCaves and Porter (1977) を参照されたい。

図3－2　ホテル業界の競争激化と中間地帯の拡大

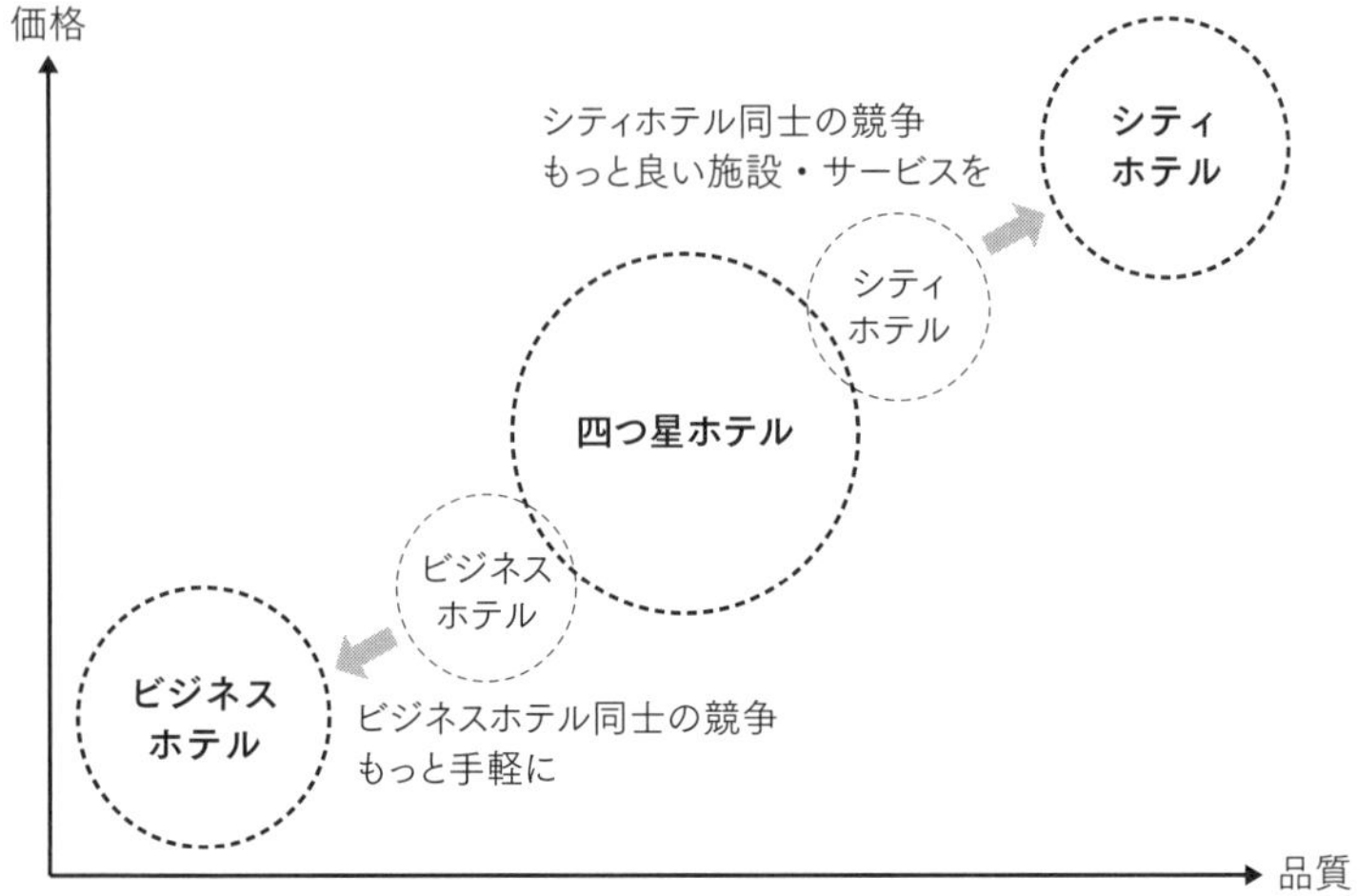

出所：筆者作成

イナミズムを経験してきたという指摘がある。個人旅行者をターゲットにした独立系ラグジュアリー・ホテルの集合体、ザ・リーディングホテルズ・オブ・ザ・ワールドの元ＣＥＯであるセオドール・テンは、ホテル市場の変遷を以下のように説明した（テン、2011）。

ホテル産業は20世紀、いくつかの大きな節目を経て進化してきた。もともとは独立系ホテルが中心だったが、ヒルトンやホリデイ・インがサービスの標準化とチェーン展開を持ち込み、大成功した。

ところが、その結果、標準化が定着すると、人々は標準化されたものとは異なる独自性を求めるようになる。富裕層が増加した１９７０年代から80年代にかけて、フォーシーズンズやザ・リッツ・カールトンなどのラグジュアリー・ホテルがチェーン展開を始めた。

しかし、今度はラグジュアリー・ホテルのチェーンが標準化し、マス・マーケットに近づいていった。世の中のホテルがマス・マーケティングへ傾斜すればするほど、個人旅行者を顧客とするホテルの存在価値が、再び高まってきている。

この指摘は、ホテル業界には、標準化（コスト）と独自性（高級サービス）のトレードオフがあることを示唆している。かつては、独立系ホテルが独自性を追求していた。それに対して、ヒルトンやホリデイ・インは、標準化を追求するようになった。つまり、独立系ホテルとチェーン展開するホテルは、トレードオフの片方の価値をそれぞれ追求する一兎戦略をとって成長してきたのである。

しかし、両者がおのおのの目的を追求すればするほど、激しい競争をすればするほど、高級サービスを提供しながらチェーン化するラグジュアリー・ホテル・チェーンの存在価値が高まった。つまり、ある市場でライバルが2つの戦略グループに分かれ、各々の戦略グループがトレードオフにある2つの価値の一方を追求する一兎戦略をとる。すると、戦略グループ内で激しい競争が繰り広げられ、それぞれのグループが追求する価値が高まっていく。この競争が進めば進むほど、2つの戦略グループ間の広がり、2つの価値をバランスさせた組み合わせに対する需要が出現・拡大するのである。

第3章で紹介した「俺の」についても、同様なことがいえる。当初、「俺の」は、銀座に店舗を集中的に展開していた。銀座には、さまざまな料理を提供する高級レストランがひしめいている。それらは、それぞれ高級化を追求して、激しい競争を繰り広げている。他方、銀座あるいは隣接する新橋には、チェーンの居酒屋もたくさん存在し、熾烈な低価格競争をしている。その結果、高級化と低価格化の間、2つの価値の適度な組み合わせに対するゾーンが出現・拡大し、そこに「俺の」がちょうど当てはまったと考えられるのである。

このように、激しい競争ゆえに中間地帯に空白が生まれ、そこを狙って参入が起きる例は、ホテルや外食といったサービス産業だけではなく、製品市場でもよく見られる。例えば、スマートフォン端末の市場を見てみよう。ハイエンド機では、iPhoneやGalaxyが差別化戦略で激しい競争をしている。ローエンド機では、中国系メーカーが激しい価格引き下げ競争をしている。そのようななか、GoogleのPixelは、Pixel 3でハイエンド・カテゴリーを狙ったが、iPhoneやGalaxyの牙城を崩せなかった。

しかし、ハイエンド機、ローエンド機それぞれで激しい競争が繰り広げられた結果、中間地帯に空白が生まれた。そこでGoogleは、中核的な競争のサブファクターであるカメラで特徴を出し、Pixel 5や3aでこの空白地帯を狙ったといわれている。[9]

この補論で議論したことは、一兎戦略をとっている企業の間の競争が市場（の需要側）にある種の構造上の変化を生み出すことを示唆している。企業が提供する2つの価値をそれぞれ直交する軸にとったときの平面で市場を表すと、ある価値を追求する一兎戦略をとっている企業群は、より高い価値を提供するようになり、競争の中心が右上に移動する。他の価値を追求する一兎戦略をとっている企業群は、競争の結果より高い価値を提供するようになり、競争の中心が左下に移動する。

一兎戦略をとっている企業の競争が激しければ激しいほど、左下と右上を両極とする中間地点に空白地帯が生じる。そのとき2つの価値を組み合わせた二兎戦略をとる企業は、攻め入る中間地点が空白地帯で競合がいないので、成功すると考えられるのである。

9　これは、2021年度の早稲田大学ビジネススクールの授業（トレードオフ・マネジメント）を履修した吉村光平氏のレポートを参考にした。

第4章

コスト vs. 多品種
――新技術による生産現場の二兎戦略

第1章では、アパレル小売りが直面するコストと品ぞろえのトレードオフについて議論したが、生産の現場でも生産コストを下げることと多種類の製品を生産することは相容れないと考えられる。多品種生産をすると、頻繁に段取り替えを行わざるを得ず、費用がかさむからである。加えて、品種当たりの生産量が小さくなるので、規模の経済や学習効果が十分に発揮されなくなり、コストが下がらないという理由もある。

ところが、生産におけるコストと多品種というトレードオフを解消しているいくつかの事例がある。そこに共通するのは、新しい（生産）技術の活用である。本章では、新技術によって、生産における二兎戦略を追求する方法について議論する。

図4－1　モデルTの価格（1958年のドル換算）の推移（1909-23年）

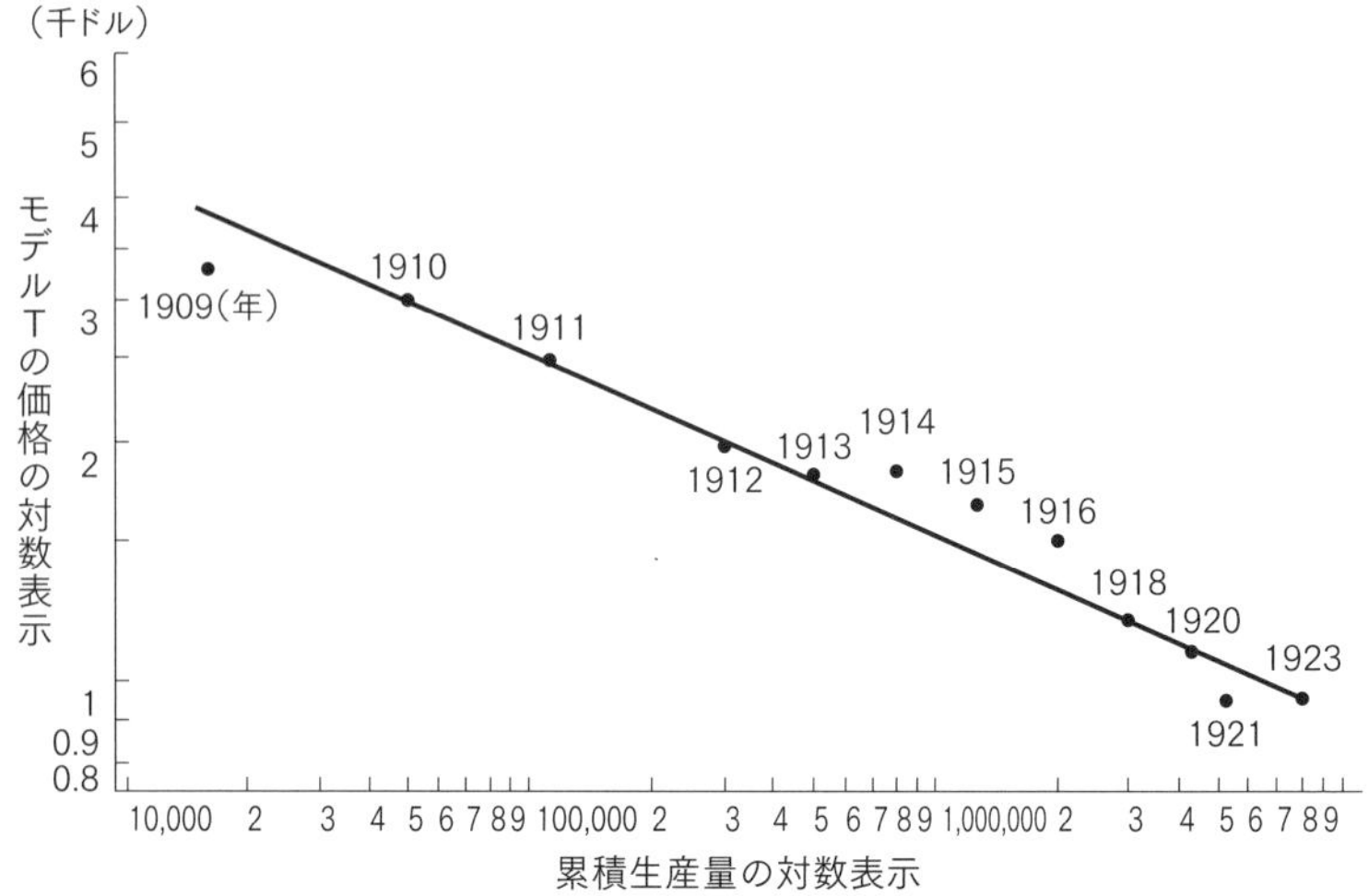

出所：Abernathy and Wayne（1974）

1．モデルTを支えた垂直統合型部品工場

コストと多品種がトレードオフであると伝統的に考えられていた有名な事例から始めよう。1900年代初頭、フォード・モーター社を設立したヘンリー・フォードは、富裕層だけでなく労働者や農民も自動車を購入できるようにしたいと考え、1908年10月にモデルTを発売した。当時、同クラスの車の価格が1000ドル以上だったのに対し、モデルTは850ドルで売られたので、1909年には1万台以上が生産され、当時では桁外れのベストセラーとなった。

フォードは、さらに安い価格で車を提供するために、他のモデルの生産をやめ、モデルTだけを大量生産することにした。また、従来3つの色から選択できたボディ塗色を、黒１色に絞り込んだ。黒は塗装の乾きがもっとも早く、作業効率が良かったからだといわれている。その結果、ヘンリー・フォードは、「顧客の望む色はどんな色でも売ります。それが黒である限り」という有名な言葉を残した。

当時の主力工場であったハイランドパーク工場では、治具・工具の標準化、工作機械の専用化が行われ、移動組み立てが手押しからベルトコンベアになり、生産効率が向上した。１９１９年には、ミシガン州ディアボーンにリバー・ルージュ工場が建てられた。この工場は、モデルＴに用いられる部品を大量に安く生産するために、製鉄所やガラス工場も併設されている、極度に垂直的に統合された部品工場であった。その結果、モデルＴの価格は、図４-１に示されるように、急激に低下した。

低価格で販売されたモデルＴは大量に売れたが、モデルＴを購入した人は、その後モデルＴ以外の車に買い換えたいと考えるようになった。初めて車を購入する人も、他の人（モデルＴの所有者であることが多い）とは違った車種や色を欲しがった。この要求に応えたのは、フォードではなく、ゼネラル・モーターズ（ＧＭ）であった。ＧＭは、フルライン政策をとり、定期的なモデルチェンジを行うことで、フォードから自動車のトップメーカーの座を奪ったのである。

2．現代のリバー・ルージュ工場――ヴァルカンフォームズ[1]

3Dプリンタを駆使した成長

フォードのように、製品の種類を絞り、段取り替えを少なくし、部品から最終製品まですべてを自社生産するやり方は、低価格で製品を提供するための典型的な生産システムの１つで、垂直統合型生産システムと呼ばれる。

しかし、製品が少品種であれば、消費者はじきに飽きてしまう。多品種生産をしようにも、垂直統合された工場は柔軟性に欠けるので、ものすごいコストがかかってしまい、多品種生産には向いていない。その結果、多くの車種を生産するようになった自動車産業では、あるいは多品種生産が行われる他の産業でも、リバー・ルージュのような垂直統合された工場が主流になることはそれ以降なかった。

ところが、最近、3Dプリンタを中核とした付加製造（additive manufacturing、以下AM）技術をより広範な産業の部品製造に用いて成長し、複数の業界にまたがる「リバー・ルージュ工場」と評される企業が登場した。2015年に、マサチューセッツ州ボストンの郊外に設立されたヴァルカンフォームズ（VulcanForms）である。[2]

2013年、MITでマニュファクチャリング・プログラムの授業を教えていたジョン・ハートは、AM技術を新しいトピックとして授業に取り入れた。そのときMITの大学院に進んだマーティン・フェルドマンは、その授業を受講した。フェルドマンは、学位を取った後も研究員として大学に残り、ハートとAM技術について議論を続けた。

高い品質の製品を安定的に産出できないことが、AM技術の産業化を難しくしていると考えたハートとフェルドマンは、高品質を保ちながら大量生産するため、多数のレーザーを同時に操作することが可能なレーザー粉末床溶融結合法（LPBF：laser powder bed fusion）による金属3Dプリンタを開発した。2015年、2人はヴァルカンフォームズを設立し、同時に最初の特許申請を行った。

2017年、ヴァルカンフォームズは、カリフォルニア州パロアルトのベンチャーキャピタルであるエクリプスベンチャーズからシードファンドを受け、最初の産業用AM技術のシステムを開発した。

2019年にはシリーズAの資金調達をして、マサチューセッツ州バーリントンに本社を構え、生産機械を備え、ソフトウエア、素材、自動化などの専門チームを組織した。[3]

2021年には、最初の生産工場をボストン郊外に建て、スーパーコンピュータ・メーカーからプロセッサーの冷却部品の設計と生産を請け負った。現在では、革新的なデザインの膝や股関節用のインプラントなどの医療用器具、もっとも要求水準の高い防衛機器用の部品、複雑な冷却装置やヒートシンクなどの半導体・エレクトロニクス・メーカー向けの機器、航空機用部品、エネルギー機器用部品、産業用ツールなど、多様な産業の部品を製造している。

存在しない生産ライン

ヴァルカンフォームズの工場には、騒々しい音を立てる機械が並んだ生産ラインはない。[4] それどころか生産ラインそのものが存在しない。代わりにあるのは、データセンターのサーバーのように鳴り響く、一列に並んだ背の高い白い機械である。機械のなかでは、ガントリー（発射台）が素早く横に

1　この節のタイトルは、日本経済新聞に掲載された以下のコラムに触発されてつけた。ラナ・フォルーハー「始まった新産業革命」『日本経済新聞』2023年4月7日付朝刊。

2　ヴァルカンフォームズの設立の経緯については、同社のウェブサイトの沿革（https://www.vulcanforms.com/about-us）を参考にした。

3　スタートアップが投資家から資金調達をするとき、そのタイミングによって、シードとかシリーズAといった投資ラウンドで呼ばれる。シードラウンドとは、創業間もないときであり、シリーズAはシードラウンドの次の投資ラウンドである。

移動し、その下にある金属粉末の床の上にレーザービームが照射される。粉末は解けて固まり、人の髪の毛ほどの厚みの層を形成する。時間の経過とともに、プレートに載った驚くほど複雑な部品が形成されるのである。

ヴァルカンフォームズは、通常の3Dプリンタよりもはるかに強力なマシンを構築した。多くの産業用マシンでは1つか2つのレーザーしか使用されていないのに対し、ヴァルカンフォームズの3Dプリンタの現行モデルには150のレーザーが使用されている。1つの層に数百の溶融ラインがあり、そこをレーザービームが同期して移動する。

精密に並んだ数十のレーザー発振器は、全体として最大100kwとなり、従来の3Dプリンタでは達成できないような、複雑で高精度の製品を大量生産することができる。ヴァルカンフォームズは、このレーザーのパワーを生かして、骨がより容易に結合できる複雑な格子構造を持つ膝や股関節のインプラント部品や、複雑な航空機用の部品を製造できるのである。

同社の工場には、CNC（コンピュータ数値制御）マシンやロボット、後処理設備、モニタが備わっている。独自に開発したソフトウエア・スタックにより、3Dプリンタと周辺設備とがデジタルに連携して、一体的に統合されたデジタル生産システムが構築されている。また、以前は各マシンに配置された作業員が部品の形成過程をビデオで監視していたが、現在はすべてのデータが中央制御室に集約され、より効率的に監視できるようになっている。

ヴァルカンフォームズの3Dプリンタは、ミサイルエンジンの部品も、チタンの膝のインプラントの部品もつくりだす。一晩のうちに、兵器から医療器具へと生産を切り替えることができる。実際、生産する製品を取り替えるのはきわめて簡単である。ハートは言う、「私たちは、ただ指示を変えればいいだけです。コードを変えるだけでいいんです」。

ヴァルカンフォームズは、ジェットエンジン向けに数万点の部品を生産しているときでも、数時間で医療用インプラントや家電製品の部品の生産に切り替えることができるという。

同社には以前、スーパーコンピュータ向けプロセッサーの冷却部品の製造依頼が送られてきた。それは数十の微細なトンネルがあるチタン部品であり、積層造形でなければつくれないほど複雑であったが、同社はわずか２日後にその部品を実際に造形した。

同社は、チタンやスーパーアロイなどを用いた医療用インプラントや工業用工具、タイヤ金型、航空防衛産業の部品といった多様な製品を、設計から製造まで数日でやり終えることができるのである。

4　ヴァルカンフォームズの工場、３Dプリンタやその他の技術については、以下の記事を参考にした。「ＭＩＴ発ベンチャー、複雑な金属部品を大量生産する３Dプリントシステムを開発」『fabcross』２０２３年１月19日(https://engineer.fabcross.jp/archeive/230119_industrializing-3d-printing.html)、"Industrializing 3D printing." MIT News, November 28, 2022. (https://news.mit.edu/2022/vulcanforms-printing-manufacturing-1128)、"VulcanForms eyes a radical transformation of manufacturing." The Boston Globe, June 1, 2023. (https://www.bostonglobe.com/2023/06/01/opinion/vulcanforms-3-d-printing-additive-manufacturing/)

3. 日本の現代版リバー・ルージュ工場

――NTTデータザムテクノロジーズ[5]

要は付加製造技術

規模や技術の面でヴァルカンフォームズには多少劣るが、日本にもレーザー粉末床溶融結合法による金属3Dプリンタを用いて、精密な金属加工製品の効率的な多品種少量生産を実現している企業がある。NTTデータザムテクノロジーズである。

大阪市西淀川区の淀川の北側には金属加工工場が立ち並んでいるが、その一角にザムテクノロジーズの付加製造（AM）にかかわる事業の最新拠点であるデジタルマニュファクチャリングセンター（DMC）がある。建物の2階には、ドイツのEOS（Electro Optical Systems）社製の金属3Dプリンタが15台ほど並んでいる。

ザムテクノロジーズの前身は、1977年に設立された、日立造船の子会社である日立造船情報システム株式会社。日本で初めてCAD（Computer-aided design）・CAM（Computer-aided Manufacturing）を販売した会社である。日立造船情報システムは、CAD・CAMの技術を使った新事業を模索し、3Dプリンタに目をつけた。いろいろな3Dプリンタを評価した結果、ドイツのEOS社の3Dプリンタが最適であるという結論に至り、1993年に総代理店契約を結び、97年には技術面での販売支援をするために、テクニカルセンターを設立した。

図4−2　ザムテクノロジーズ

出所：https://www.nttdata-xam.com/dmc/

図4−3　ザムテクノロジーの3Dプリンタ

出所：https://www.nttdata-xam.com/dmc/

図4−4　レーザー焼結型AMシステムの仕組み

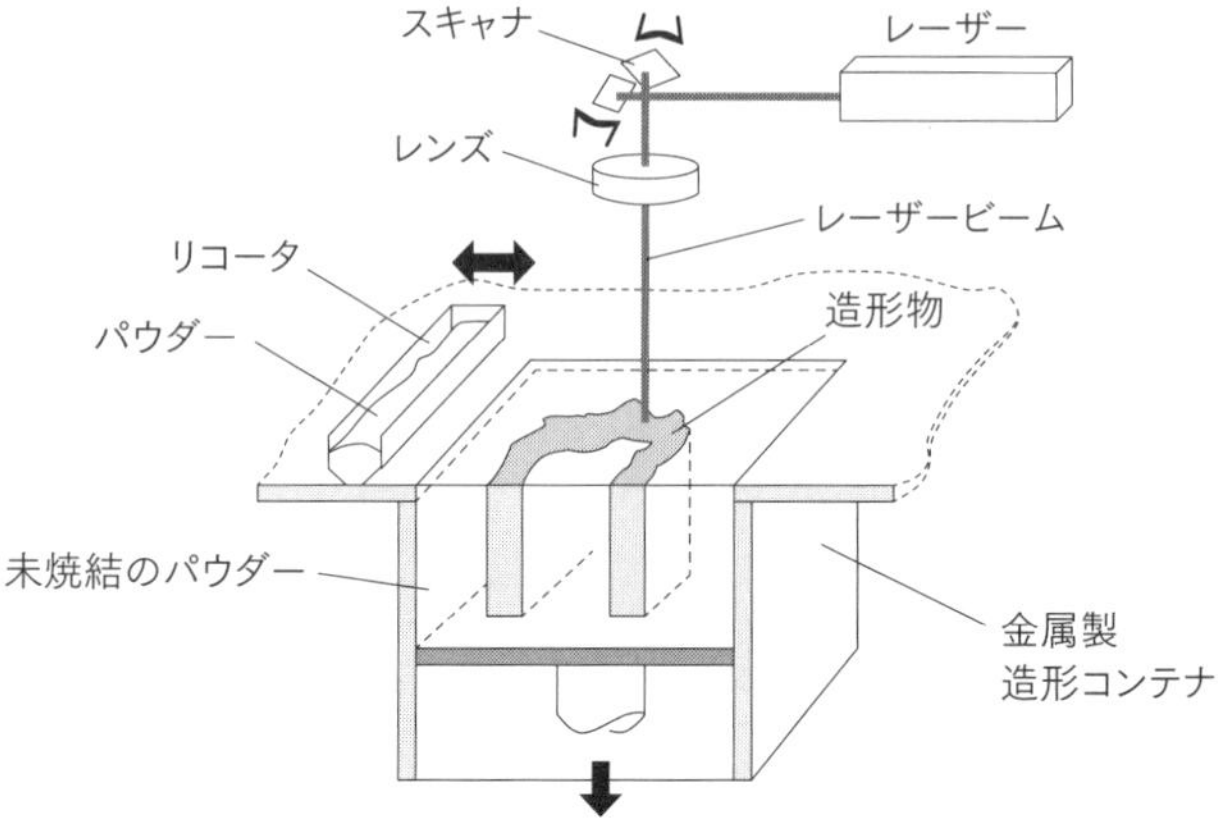

出所：酒井（2013）

図4−5　レーザー光照射による金属材料の溶融・固化

出所：https://www.youtube.com/watch?v=zmROjgdw8jQ

２００６年にＮＴＴデータの傘下に入り、07年には、ファイバーレーザーを用いたＭ２７０をＥＯＳ社からテクニカルセンターへ導入した。その後、ＡＭ技術の事業の拡大を考慮して、テクニカルセンターを拡大、ＡＭデザインラボに改称した。２０１７年には、銅合金の造形プロセス開発を成功させて特許を申請するなど、設計、製造、材料、試験、後処理、品質管理といったＡＭ技術を蓄積した。２０２０年にＡＭソリューション専業の事業会社として分社化し、ＮＴＴデータザムテクノロジーズが設立された。

現在、ザムテクノロジーズでは、大型機を含む15台もの金属３Ｄプリンタを有し、造形サービス事業（Ambition）を行っている。それ以外に、熱処理炉などの加工機10台、洗浄機、研磨機などの後処理を行う機器15台、硬度や表面の粗さを測定する測定器などの計測機器12台、レーザー顕微鏡や粉末流動度分析装置などの分析機器15台を駆使し、50名のエンジニアが設計、材料・プロセス開発、製造・検査・品質保証といった３Ｄプリンタを導入する顧客に対する支援を行っている。

ザムテクノロジーズの３Ｄプリンタは、材料パケット、造形ステージ、余剰分ボックスの３つの部分から構成されている。金属材料が貯蔵されている材料パケットから、造形ステージに金属材料を移動させ、多すぎた分は余剰分ボックスに収められる。必要な量の金属材料が造形ステージに敷かれる

5　以下の記述は、ザムテクノロジーズを見学した際にいただいた酒井仁史ＣＴＯ技術開発統括部長の説明、以下のオンライン記事による。「粉末床溶融結合法／ＰＢＦ（Powder Bed Fusion）を解説！ＳＬＳ方式、ＳＬＭ方式と何が違う?」『ShareLab』２０２１年12月24日（https://news.sharelab.jp/study/am-pbf/）、「徹底した品質の作りこみをデジタルで実装！ＮＴＴデータ ザムテクノロジーズ（ＸＡＭ）の大阪ＡＭセンターに日本の製造業の未来を見た」『ShareLab』２０２２年11月２日（https://news.sharelab.jp/interviews/xam-factory-tour-221102/）。

図4－6　寛骨臼インプラント

出所：酒井（2013）

と、設計情報に合わせてレーザー光が照射され、金属材料が溶融、固化される。一層分の造形が終わったら、造形ステージが少し下がり、再度金属材料が敷かれ、レーザー光が照射され、金属材料が溶融、固化される。このプロセスが繰り返され、設計通りの形状が完成したら、固化していない部分の金属粉を除去して完成である。

ＡＭは試作型が不要なので、少量を生産する場合には、鋳造などに比べてコストが安く済む。したがって、金属製品の試作品や、航空機の部品、金型の製作などに活用されることが多い。実際ザムテクノロジーズは、医療用器具、航空機、防衛、自動車の部品を受託製造している。国産Ｈ３ロケットの開発において、５００個の部品を１つに集約して再設計し、金属３Ｄプリンタで一体造形することに成功したこともある。

ＡＭは大きく次のようなプロセスからなる。設計、材料選定、プロセス開発（ＡＭのシミュレーションやパラメータ開発などの造形準備）、製造、

図4−7　サポート材（設計データ〔左〕と造形物〔右〕）

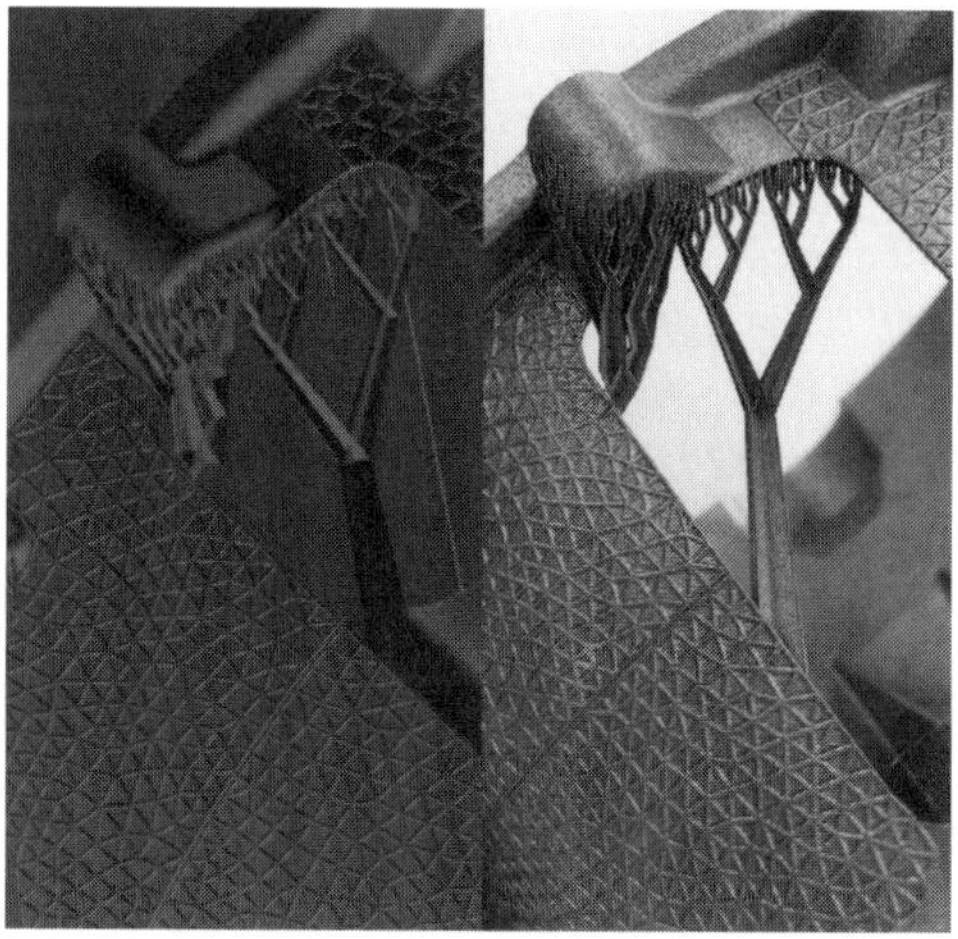

出所：NTTザムテクノロジーズ

後処理、検査、品質保証である。ＡＭは金属材料を溶融、固化した層を積み重ねて造形するので、従来の設計を一変させる。従来の工法ではつくることができなかったデザインもつくることができる。換言すれば、マニュファクチャリング・ドリブン・デザインからデザイン・ドリブン・マニュファクチャリングへ転換されるのである。

それゆえ、複雑な形状を設計するには、ＡＭの設計ルールを熟知しなければならない。金属材料のなかには高価なものもあるので、材料の効率的使用は重要な課題である。バリを小さくするための設計はもちろん、造形物の足場で造形後に切り取るサポートの設計にも工夫がいる。サポートには造形物の変形を抑制するという機能もあるので、その機能を果たしながら必要最小限のものを設計しなければならない。

さまざまな工夫

ザムテクノロジーズには、ＡＭプロセス全体を理解した専門家がいるが、彼らでさえ、設計、試し造形を何回も繰り返すただし、設計をやり直す場合でも、スクラッチからではなく、ソフトウエア上でパラメータだけ変えればよいので効率が良い。

顧客の要求を満たすための材料の選定、開発も重要である。適切な材料を選ぶためには、プロセス全体の理解に加えて、冶金学の知識が必要とされる。例えば、焼結、固化すると固くなりすぎてしまう材料を使う場合、造形物の構造を変えて密度を減らすことによって、適切な硬度を実現するといったことが行われる。使用できる材料の種類を増やせばAMが使われる範囲が広がると考え、材料の自社開発が35件以上行われている。

AMの難しさは、同じ材料、同じ装置でつくっても、品質にばらつきが出てしまうことである。ゆえに、プロセス開発において、シミュレーションを繰り返し、造形条件を詰め、レシピと呼ばれるパラメータを決定していく。シミュレーションの結果をもとに、微修正していくので、経験とノウハウの蓄積が重要となる。

造形プロセスそのものはもちろん重要であるが、AM技術によって造形された金属部品には表面が粗いという課題があるので、造形後の処理もきわめて重要である。電解研磨は、表面を磨くための優れた技術であるが、薬品を使用するので、環境問題や作業者の安全性の問題があった。そこで、ザムテクノロジーズでは、薬品を使わない乾式電解研磨技術の適用を研究・実践している。

AMは、造形の段階で材料の物性が変化するので、材料メーカーによって保証された材料を投入しても、造形物に鬆《す》（内部空洞）ができるなど、造形物の品質にばらつきが生じる場合がある。そのため、造形物の検査もきわめて重要である。

ザムテクノロジーズでは、航空宇宙業界での品質保証の考え方であるプロセス保証を基盤としている。プロセス保証とは、プロセスが正しく遂行されれば品質も保証できるという考え方である。そのため、各プロセスは可視化され、デジタル化して記録され、厳密に管理されている。

4．3Dプリンタによる多様性とコストのトレードオフの解消

多様性とコスト

上述の自動車産業の簡単な歴史で見たように、生産コストを下げるためには、フォードのモデルTのように、1種類の製品を大量につくり続ける方法が伝統的にとられてきた。1品種当たりの生産量が大きくなれば、経験効果や規模の経済を働かせることができるし、つくるモノを変えずに1つのモノをつくり続ければ、取り付ける部品の変更、生産設備、工具などの取り替えがなくなり、そのための準備や調整のためのコスト、つまり段取り替えのコストを節約できるからである。

他方、製品の種類が少ないと、多様なニーズを有する顧客を満足させることはできない。顧客の多様なニーズに応えるためには、GMのように製品の多様性を増やさなければならない。しかし、製品の多様性を増すと、上記とは逆のことが起こり、コストが増大していく。つまり、生産現場において、製品の多様性とコストとは典型的なトレードオフなのである。

このトレードオフを克服しようとする試みは以前からいろいろと行われてきた。昔でいえばフレキシブル・マニュファクチャリング・システム（FMS）がそれであろう。FMSは、数値制御（NC：numerical control）工作機やマシニングセンターといったフレキシブルな工作機、自動工具交換・搬送装置、フレキシブルなワーク搬送システム、仕掛品貯蔵エリア、コンピュータ・コントロールシステ

図4−8　3Dプリンタのコスト競争力

付加製造装置による造形と金型による成形のコスト比較

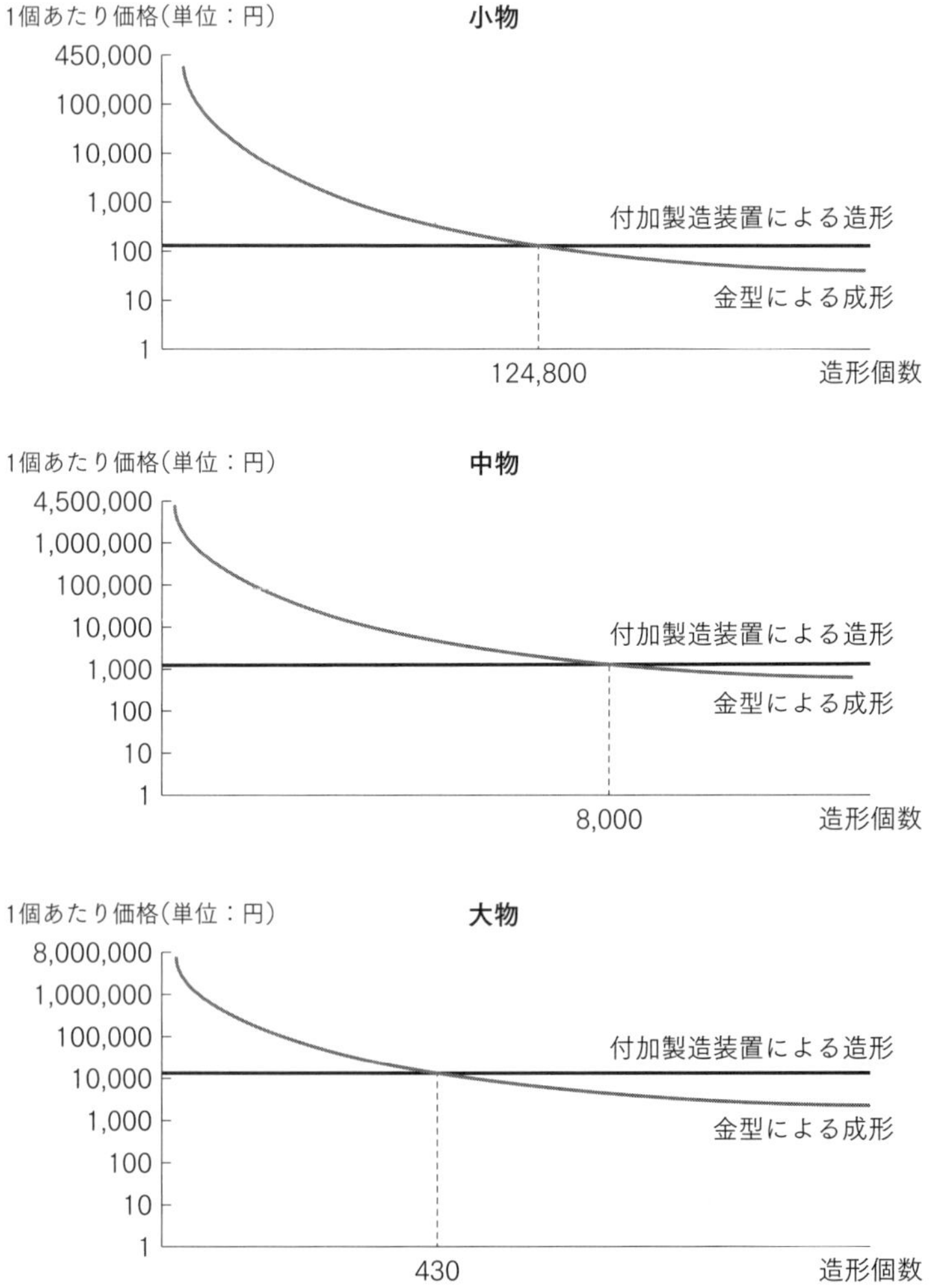

出所：経済産業省「新ものづくり研究会報告書」2014年2月、P.13

ムなどからなり、多品種少量生産を目的とした生産システムである（藤本、2001a）。ヴァルカンフォームズが発展させた３Ｄプリンタ（ＡＭ技術）は、比較的最近になってさまざまな産業で導入され始めた。多大なコストをかけなくても多様な製品を生産することができ、究極のカスタマイゼーションを可能にする生産技術である。

従来さまざまな部品は、金型によって成形されていた。この場合、量産段階ではコストが下がるが、製造ロットが少量の場合にはコストが高い。それに対して、ＡＭ装置を用いて部品を成形すると、コストは造形個数によらず一定なので、製造ロットが少量の場合には、従来の金型による生産に対してコスト優位となるのである。

歯科矯正でのトレードオフ解消

われわれの生活において３Ｄプリンタのフレキシブルな生産がもっとも効果的に活用されている例の１つは、アライン・テクノロジー社が開発したインビザライン・システムという歯科矯正法かもしれない。[6] 従来、歯科矯正はブラケットのワイヤーを長期間装着することで行われてきたが、アライン・テクノロジー社は、口のなかをスキャンして得た三次元画像データをもとに、３Ｄプリンタで作成したマウスピースをはめる方法を開発した。

6　歯科の分野における３Ｄプリンタの活用事例については、「歯列矯正を変えた３Ｄプリント技術、『破壊力』に投資家も注目」Forbes JAPAN（オンライン）２０１９年７月21日を参考にした（https://forbesjapan.com/articles/detail/28577/2/1/1）。

矯正プログラムに則り、少しずつ形状を変えたマウスピースをつくり、約2週間ごとに交換していく。マウスピースは人によって異なるし、同じ人でも矯正期間何週目かによって異なる。したがって究極のカスタマイズ、一品生産であるが、デジタル製造技術の活用によって、製作期間が短く、毎回型をとる必要もないのでコスト増が抑えられるのである。

歯科における3Dプリンタの活用は、インビザライン・システムにとどまらない。義歯をつくる場合も、少なくとも6回くらいは医院に通い、レントゲン写真を撮ったり、型をとったり、修正したりしなければならなかったが、3Dプリント技術を用いれば、型をとる必要もなく、通院せずに義歯をつくることが可能である。

従来の3Dプリンタは、高度に複雑で精密な製品をつくることは難しかったし、製品が複雑になればなるほどその生産性は低くならざるを得なかった。ゆえに、従来のAM技術では、要求の厳しい医療、防衛、航空といった産業用の機器、部品を大量に速く生産することはできなかった。それを可能にしたのが、第2、3節で登場したヴァルカンフォームズであり、ザムテクノロジーズなのである。

ヴァルカンフォームズは、多数のレーザーを同時に操作するレーザー粉末床溶融結合法（LPBF）による金属3Dプリンタを開発し、CNC（コンピュータ数値制御）マシンや後処理設備と合わせて、複雑な金属部品を大量に、正確に、短時間で製造することに成功したのである。それより少し小規模ではあるが、ザムテクノロジーズも同様である。もちろん、3Dプリンタへの指示のコードを変えるだけで、製造する製品を変えることができる。ヴァルカンフォームズとザムテクノロジーズは、3Dプリンタによって、製品の多様性とコストのトレードオフを解消した最先端の事例なのである。

5．データ分析によって熟練者の制約を超える
――杜氏がいない旭酒造

杜氏に頼らない酒造り

生産現場では、製品の種類とコストとの関係だけでなく、製品の品質と生産量（の拡大で規模の経済による低コスト）との間にも、トレードオフの関係があるといわれる。日本酒造りは、このトレードオフが現れる典型的な生産現場の１つである。

伝統的に日本酒は、杜氏の経験と勘を頼りにつくられてきた。１人の杜氏が、自分の経験と勘を最大限活用してつくることのできる高品質の日本酒の量は限られる。また、高品質の日本酒をつくることができる優れた杜氏の数も限られている。ゆえに、日本酒の品質を高めようとすれば生産量を抑えざるを得ないと考えられてきたのである。

ところが、日本を代表する日本酒として高い人気を誇り、売上も急増している獺祭は少し事情が違う。獺祭をつくっている旭酒造は、データにもとづく科学的な生産管理を取り入れ、杜氏に頼らない、社員全員による酒造りを実現している。結果として杜氏に依存することなく、高品質な日本酒をつくることができるようになった。つまり、旭酒造は、データ分析技術を活用することによって、高品質と大量生産というトレードオフを解消しているのである。[7]

もっともこれは、経営危機に陥ったときに杜氏に逃げられ、やむにやまれぬ事情から生み出されたた

酒造りの方法であった。しかし、旭酒造の桜井一宏社長は、酒造りのノウハウが杜氏の頭のなかだけにあり、共有・活用されないことに以前から疑問を抱いていた。

通常は、酒蔵とは独立した杜氏が、冬の間だけ来て酒をつくる。杜氏は、その年にできた酒の出来栄えに一喜一憂するばかりで、原因を分析して翌年以降の酒造りに生かそうとはしない。だから、早くからデータを持ち込みたかった桜井社長は、杜氏に逃げられたときに、自分たち（社長と社員）だけで、データ収集・解析を通じた酒造りをしようと考えたのである。

山口県岩国市の山間の集落に、地上59ｍの高層の建物がそびえ立っている。これは、旭酒造の酒蔵であり、数々の改革が進められた現場である。もろみから生酒をつくる「上槽」作業に日本で初めて遠心分離機が導入された。冬場だけでなく小さなタンクを使って年間３０００回以上仕込みが行われる。年間を通じて温度が一定に保たれるように空調管理を行い、１６０人もの蔵人の分業によるライン生産方式がとられた。

生産量は30年前の約70倍

このように、旭酒造の製造工程は、一般的な製造業となにも変わらない。結果として、生産量は30年前の約70倍に達している。

日本酒造りには、水と温度の管理がとても重要である。もろみ（発酵中の液体）をつくるには、０・1度単位での温度調整や秒レベルの時間調整が必要で、麴菌と酵母菌にとって最適な状態を保つには、データが必要不可欠である。

データ分析による高品質な酒の大量生産の象徴が、検査室である。毎日３００本以上のもろみのサンプルを採取、酒造りの全工程で詳細なデータをとり、検査室のＰＣに蓄積して分析することで、酒造りの最適解を見つけ出してきた。検査室には、仕込みごとの測定数値の推移表が印刷され、壁にびっしりと貼り付けられている。

具体的には、各工程は以下のように行われている。日本酒造りにおいて、精米後に蔵で行う最初の工程は、米ぬかを洗い落とした米を水につける吸水作業である。１日５トンほどの洗米を機械で行うが、吸水作業は15kgずつ手で行う。吸水量は厳密な精度で管理しなければならないので、米を小分けにした方が吸水量の調整がしやすく、品質を高めることができるからである。このように、データをとって適正値に調整する作業には、人手をかけている。

その後の米を蒸す工程では、釜を使って蒸すと１日２トン弱しか生産できない。しかし、大型の連続式蒸し器を使うことによって、１時間で１・５トン処理でき、品質にも問題は生じない。旭酒造は、可能なところは機械化によって効率化を進めているのである。

次は、味を決める麹づくりである。麹づくりでは温度と湿度の管理が重要である。空調で常に一定

7　以下の旭酒造の事例は、以下のオンライン記事に依拠している。
「『獺祭』はこうして造られる！　データを活用しつつ人の感覚も生かす21世紀の酒蔵」(https://josys-navi.hiblead.co.jp/)、「最高の酒に杜氏はいらない　『獺祭』支えるＩＴの技」(https://www.nikkei.com/article/DGXMZO83592100U5A220C1000000/)、「３倍以上の人手で実現する『獺祭』の品質と製造量――山口県・旭酒造（獺祭）」(https://sakestreet.com/ja/media/sakagura-asahi-shuzo-yamaguchi)、「『幻の日本酒』が安定供給できた裏にデータ活用あり」(https://business.ntt-east.co.jp/bizdrive/column/dr00041-013.html)、「データ活用で伝統産業を変えた『獺祭』の旭酒造『明日を知る唯一の術は、昨日今日を正確に把握すること』」(https://type.jp/et/feature/4980/)

の温度を保ち、台にはかりの機能をつけて常に湿度をデジタル表示している。ただし、1つの台の上でも乾燥の具合は異なるので、最終的には4人の担当者が手で触って湿度を管理する。

その次の工程は、蒸米と米麹をタンクに入れて発酵させる仕込みである。仕込みは、5度から12度までのきめ細かい温度管理が必要なので、タンクに温度計をつけ、無線LANで事務所のPCに情報を飛ばして管理している。ただし、タンクの冷却はコンピュータ制御では難しいので、まだ手作業で行っている。

仕込みが終わると、次は酒と酒粕を分ける搾り工程である。旭酒造では、原酒をフィルターに落とし、空気圧で圧搾して酒と酒粕を分ける大型圧搾機を用いる方法と、フィルターを通さずに遠心分離機で分ける方法とがとられている。遠心分離機を用いると、フィルターを通さないので、酒の味に影響を及ぼすことがないが、1日に300リットルしか処理できないので、残りは大型圧搾機を用いている。

このように旭酒造では、杜氏の経験と勘に頼らずに品質を保つ方法を考案している。洗米工程では、米を小分けにしてデータをとって調整することで、吸水量を厳密な精度で管理している。温度と湿度の管理が重要である麹づくりでも、空調を効かせて温度をコントロールし、センサーで湿度データを測定して調整している。ただし、どうしても十分なデータをとれない部分は、複数人で手分けして行っている。

他方、品質に影響を及ぼさない作業は、機械化やデータ管理によって効率化する。このように、可能なところは技術で熟練を置き換えることによって、高品質でありながら大量生産を可能にしているのである。

データ分析によって、高品質なお酒の再現性が高まり、大量につくっても品質にブレがなくなった。また、誰もがデータを見ることができ、いかなる判断で温度調節をしたり、搾りを行ったりするのかを知ることができるようになった。つまり、酒造りのノウハウが、かつては杜氏だけが有していた暗黙知であったが、今では形式知に変わり、全員に共有されているのである。

6. まとめ——技術によって制約を超える

しばしば生産現場において、コストと多様性は負の相関をしている、あるいはトレードオフの関係にあるといわれる。このトレードオフは、効率性対柔軟性と考えてもよい。

しかし、先に見た金属3Dプリンタは、2つのトレードオフの価値の制約を高いレベルに移動させた。つまり、同じレベルのコストを保ちながらより多様な製品を生産できる、あるいは同程度の多様な製品をより低コストで生産できるようにした。つまり、高いレベルで効率的かつフレキシブルな生産を可能にしたのである。

また、高品質な製品をつくるためにはノウハウの蓄積が必要であるが、熟練者だけがそのノウハウを蓄積していると、熟練者の数が限られているので、高品質な製品を大量（低コスト）につくることはできない。ゆえに、資源（熟練者）の制約のために、高品質と大量（低コスト）生産はトレードオフになっている生産現場もしばしば見られる。

前述の旭酒造では、データ収集と分析によって、未熟練者でも熟練者と同様に高品質製品をつくることができるようにした。すると、未熟練者が熟練者と同じ能力を有することになるので、資源＝熟

図4－9　技術によるトレードオフの解消

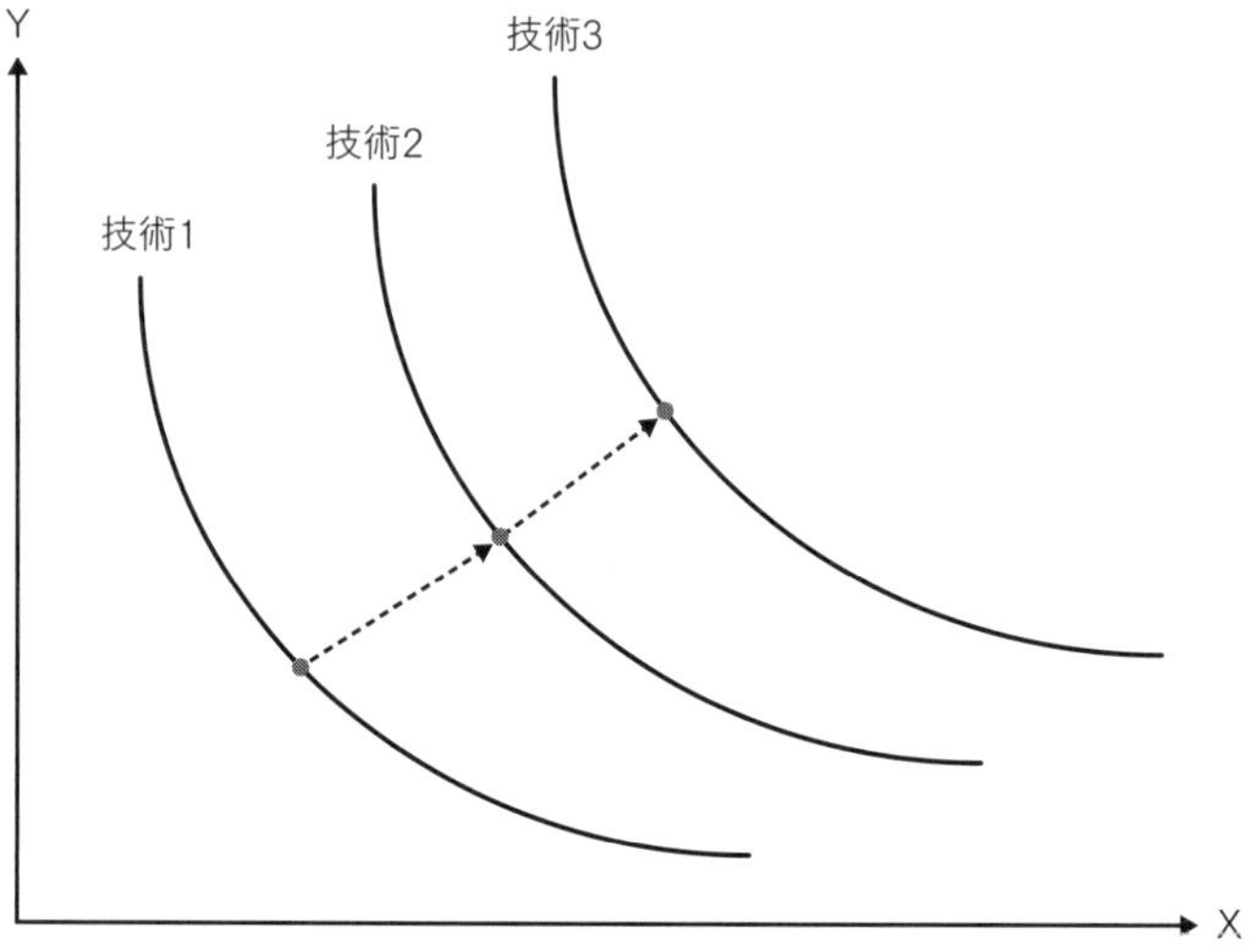

出所：筆者作成

練者の制約が緩む。その結果、トレードオフが解消されるのである。

まとめれば、本章で議論した事例は、技術によって（あるいはそれによって資源の制約が緩み）、トレードオフを表す２つの価値、XとYの実現可能なフロンティアが上方（より高いレベル）にシフトすることを示している（図4-9）。フロンティアが上方にシフトすれば、XとY、２つの価値が同時に高まる。つまり、技術によって、二兎戦略を実現させていたといえるのである。

第5章

コストvs.多品種

――生産・製品開発プロセスの革新

前の章の冒頭で述べたように、市場ニーズの多様化に対応して、企業はさまざまな品種の製品を生産するようになる。総生産量が変わらなければ、1品種当たりの生産量が減り、多品種少量生産を余儀なくされる。すると、規模の経済を働かすことができないし、多くの部品を組み合わせて最終製品をつくるために頻繁に緊密な擦り合わせが必要となるので、コストが高くならざるを得ない。つまり、コストと多品種はトレードオフなのである。

第4章では、3Dプリンタといった新しい製造機械、新技術を用いることによって、このトレードオフを解消する方法を議論した。それに対して本章では、コストと多品種のトレードオフにかかわる組織上の問題について議論する。そして、新技術の活用ではなく、製品開発・生産の方法やその組織・体制に工夫を凝らすことによって、トレードオフを解消する方法を考える。

1. フォルクスワーゲンのMQB
——生産方式によるトレードオフの解消[1]

新たな設計戦略

2022年6月、フォルクスワーゲン本社は、同社のさまざまな車種に共通するプラットフォームのベース、MQBが10周年を迎えたと発表した。MQBは、ドイツ語でモジュラー・クエリビルダー・キットを表す Modulare Quer Baukasten の頭文字をとったもので、英語では Modular Transverse Matrix と呼ばれる。

MQBは、プラットフォームをはじめ、いくつかのモジュールや基幹部品を異なる車種間で共通にし、それらをブロック玩具のように組み合わせることによって、短期間で多様な車種を低コストで開発することを可能にする設計戦略である。フォルクスワーゲンの最初のMQBプラットフォームの車両は、2012年10月にウォルフスブルク工場で生産されたゴルフ7であった。フォルクスワーゲン・グループとしての最初のMQBモデルは、その数カ月前に市場に導入された3代目のアウディA3であった。

その後、フォルクスワーゲンは、ブランドの枠を超えて、横置きエンジンの車種すべてにこの設計戦略を導入した（今井、2015）。MQBは、さまざまなモデルに共通するプラットフォームのベースとなり、2022年の発表では、グループ全体でこのプラットフォームをベースにした車両は

３２００万台以上に達したとされる。これにより、フォルクスワーゲンは、開発期間を短縮し、開発費を削減することができた。

さらに、ＭＱＢという考え方は、電気自動車の世界へと移植され、ＭＥＢ（Modular Electric Drive Matrix）に結実した。フォルクスワーゲンの電気自動車のＳＵＶモデルであるＩＤモデルは、このＭＥＢをベースにしている。

ＭＱＢは、モジュール化やマス・カスタマイゼーションと呼ばれる方式と軌を一にし、他の自動車メーカーでも同様の設計戦略、開発・生産方式が採用された。日産自動車のＣＭＦ（Common Module Family）戦略、トヨタ自動車のＴＮＧＡ（Toyota New Global Architecture）戦略などがそれにあたる。

なぜＭＱＢが導入されたのか

では、なぜこのような設計戦略が、２０１０年代初頭にフォルクスワーゲンをはじめとする世界の自動車メーカーに取り入れられたのであろうか。２０１０年前後、自動車の主たる販売市場が、米国、西欧、日本といった先進国から、中国、インド、東南アジアといった新興国に移った。２０１０年代に入ると、中国を筆頭とした新興国での新車販売が急増した。

1　この節は、ウィキペディアの「フォルクスワーゲン・ＭＱＢ」の項目のほか、以下のオンライン記事に拠っている。「10周年を迎えたフォルクスワーゲンのプラットフォーム『ＭＱＢ』徹底解説」(https://autoprove.net/imported-car/vw/209433/)、「成功の秘訣としてのモジュラー ツールキット戦略：ＭＱＢが10周年を迎える」(https://prtimes.jp/main/html/rd/p/000000043.000058804.html)、「ＶＷのＭＱＢやトヨタのＴＮＧＡなど現在クルマのモジュール化を進める理由とは」(https://www.webcartop.jp/2018/03/217192/)

これに応えるためには、新興国市場向けの多様な車種の開発が必要であったが、他方、自動車のコストは急増していた。新しい車種には、排ガス規制に対応するためのエンジンや排気システムの改良、衝撃吸収に優れたボディの開発、カメラや赤外線センサーなどの電子機器の搭載が不可欠であり、これらがコストを押し上げていたのである。

つまり、当時の自動車メーカーは、コストを抑えながら、多様な自動車を開発・生産しなければならなかった。そのために、設計思想から使用部品までを共通とするモジュール化が必要となったのである。

従来、自動車の骨格であるプラットフォームは、セグメントごと、つまり販売国別やモデル別に開発・生産されていた。それに対してMQBは、セグメントの枠を超えて、共通部品を増やし、生産コストの抑制を目指した。当時フォルクスワーゲンは、自動車需要が急増していた中国市場に多様な車種を導入することによって、急速に成長していたが、その急成長のカギはMQBであるといわれている。

車の進化をさらに民主化

MQBは、複数セグメントに投入される車種を一括して企画し、先行開発の段階で車両システム全体をエンジンやシャーシ、ボディ、電子制御などの部分ごとに細分化した。そして、各部分の設計の共通要素と変動要素、および各設計要素の組み合わせ方を定義することによって、多様な車種を少ない工数でつくることを可能にした。

例えばMQBにおけるすべてのエンジンは、車体サイズが変わっても同じ位置に搭載される。また、

図5−1　従来の開発戦略とMQBの比較

プラットフォーム戦略	モジュール戦略	モジュラーマトリックス戦略（MQB）

1つのクラス内でしか部品共用ができない	複数のクラスにわたって部分的に部品共用が可能	すべてのクラスにわたって部品共用が可能
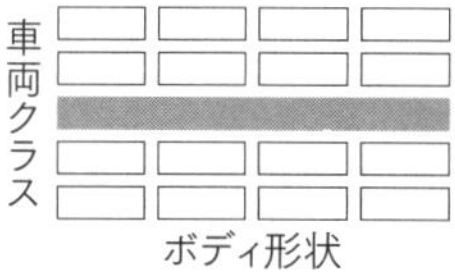	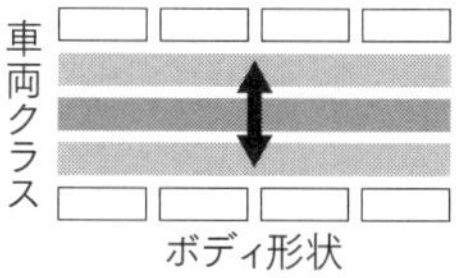	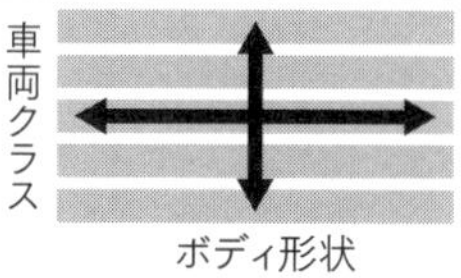
1990年代初め以降、多数の異なるモデルが共通のプラットフォームで生産されてきた。この戦略は、車両をホワイト ボディとプラットフォームに分割することで成り立っている。したがって、各プラットフォーム コンポーネントの技術特徴は実質的に同じである	2000年になって、モジュール手法が導入されるに伴い、この戦略は変更を受ける。基本的な機能と設計が共通であるモジュールという手法が、多様なモデルに導入された	2007年以降、モジュール手法が車両全体に広く採用され、すべてのクラスに導入されるに至っている。2012年以降、モジュラー戦略に沿った共通のモジュールが、グループ全体の各モデルに採用される予定である

出所：https://autoprove.net/imported-car/vw/209433/

天然ガス、ハイブリッド、EVのいずれにおいても、それらのユニットを内燃エンジンと同じ位置に搭載することが可能である。これによって、エンジンやギアボックスの種類が約90％削減された。また、車両のフロントエンドに搭載される大型コンポーネントであるヒーター、エアコンディショナー・ユニットも、種類が102から28にまで減少したといわれている。

　すべてのMQBベースの車両は標準化されているため、グローバル展開している生産工場で効率的に生産することができ、モデル切り替えも以前よりははるかに速くできるようになった。2019年に、ウォルフスブルクのフォルクスワーゲン工場がゴルフ8の生産を開始したとき、ボディ組み立て工程では既存設備の約80%を引き続き使用することができた。

他方、MQBは高度なフレキシビリティも備えている。MQBでは、前輪からアクセルペダルまでの間隔が固定されているが、それ以外のすべての寸法は自由に変えることができる。トレッド、ホイールベース、ホイールサイズ、シートとステアリングホイールの位置などのパラメータは、それぞれのモデルのポジショニングと車両クラスに応じて、市場および顧客の要件と要望を満たすために個別に調整することができる。MQBは、同じ生産ラインで、異なるホイールベースやトレッドの車両、異なるブランドのモデルを組み立てることも可能であった。

MQBは、異なる車種に共通する部品の増大によって、部品の開発・生産において大きなスケールメリットを生み出す。その結果、例えば運転支援システムといった高度な機能、革新的なテクノロジーも、低コストで用いることができ、ボリューム・セグメントを狙った相対的に安い車にも導入できるようになった。

MQBは、コスト抑制だけでなく、主要技術の共有、最高水準の強度の確保を実現させることも目指している。換言すれば、車の進化をさらに民主化できるようにすることが、MQBのもう1つの狙いなのである。

2. 製品開発における開発リードタイムと開発工数のトレードオフ

さまざまな因果関係

コストと多品種のトレードオフは、生産よりも開発において顕著かもしれない。通常、開発する品種の多様性が増すほど、開発コストは増大する。「例えば自動車の場合、ボディ・タイプの数がただ1つのモデルを開発するプロジェクトと、ボディ・タイプが2つのプロジェクトでは、開発工数は2倍にはならないが、1・2〜1・5倍ぐらいには増加する」（藤本、2001b, PP.232-233）といわれている。また Clark and Fujimoto（1991）は、他の条件が一定のとき、ボディ・タイプが1つ増えると工数は30〜50％増加すると推定している（表5-1参照）。

製品開発においては、開発工数あるいはコストとボディ・タイプ（品種）の数のトレードオフに関連して、開発リードタイムと開発工数という別のトレードオフが古くから指摘されてきた。開発人員を大量に投入すれば、時間がかかっていた作業を分割し、並行処理することによって、開発リードタイムを短縮できると考えられてきた。この考え方に立てば、開発リードタイムと開発人員数（あるいは工数）は負の相関を示すことになる。

ところが、Brooks Jr.（1995）は、ソフトウエア開発においてこの想定が間違いである場合をいくつか指摘している。開発工数（人）と開発リードタイム（月）の間に負の相関があるということは、開

表5－1　開発工数にかかわる回帰分析結果

	EH7	EH8	EH9	EH10
	従属変数：ln（開発工数）			
定数	1,675	2,041	2,565	0.094
米国のメーカー	0.678** (0.289)	0.486* (0.250)	1.088*** (0.368)	
欧州のメーカー	0.706** (0.277)	0.531** (0.239)	0.871*** (0.276)	
小売価格	0.459** (0.219)	0.514** (0.185)	0.397** (0.181)	0.730*** (0.175)
ボディ・タイプの数	0.329* (0.102)	0.428*** (0.091)	0.357*** (0.095)	0.509*** (0.098)
先端的部品	0.292 (0.246)	0.310 (0.206)	0.403* (0.198)	0.459* (0.225)
主要な車体の改良	0.459** (0.214)	0.343* (0.183)	0.292 (0.173)	0.381* (0.197)
新規設計部品使用率			1.247*** (0.317)	1.077*** (0.365)
社内開発依存率			0.148 (0.489)	1.241*** (0.404)
プロジェクトの守備範囲指数		1.857*** (0.582)		
観測数	29	29	29	29
修正済みR^2	0.59	0.71	0.74	0.64

出所：Clark and Fujimoto（1991）邦訳P.427の付表5を筆者修正

図5－2　開発リードタイムと開発生産性（開発人員投入量）との関係

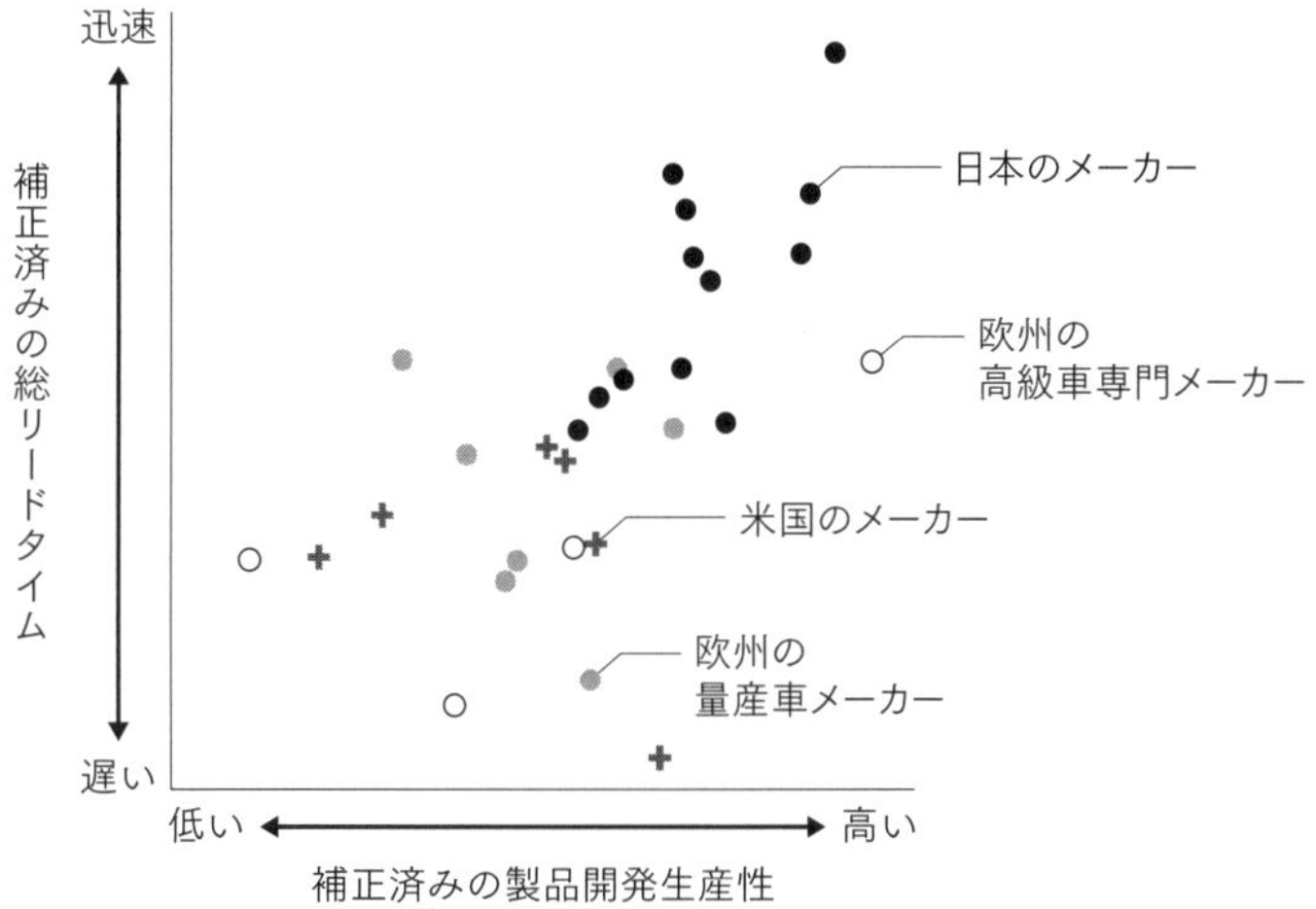

注：開発人員が増えると作業を分割することができるので、開発工数が増えて開発生産性は低下する。横軸は、右に行くほど生産性が高くなる、つまり開発人員が少なくなるように描かれている。したがって、とくに日本のメーカーでは、生産性が高いほど、つまり開発人員の投入量が少ないほど、リードタイムが短くなるという関係が成り立っているように見える。つまり黒丸は右上がりの線に沿っており、開発人員投入量とリードタイムとは正の相関を有するように示されているのである
出所：Clark and Fujimoto（1991）邦訳P.115の図4－6

発者の人数と開発に要する月数が交換可能であることを意味する。ただし、人数と月数とが交換可能なのは、作業者の間でコミュニケーション（意思疎通）をとって調整を図らなくても、開発ができる場合に限られる。

　開発するために作業者の間で調整しなければならないのであれば、人を増やすにつれて調整コストが増大する。調整しなければならない場面は、人がn人いれば、n(n－1)/2となるので、調整コストも人の増加以上に増えていく。結果として、人数と月数の間には負の相関が見られなくなる。ときには正の相関が観察されることさえある。

　実際、図5-2に示されているように開発工数と開発期間の正の相関は、自動車の製品開発でも観察された(Clark and Fujimoto, 1991)。藤本（20

01a）は、その原因として、以下の3つの仮説を示している。

1つは、Brooks Jr.（1995）が述べているように、開発の人員を増やしたが、タスクが細分化されてしまうので調整が必要となる。すると、調整に時間がかかり、開発期間も長期化する。「過剰専門化（overspecialization）」説と呼ばれる仮説である。

2つめは、「フロントローディング」説である。早期に問題を解決する能力を備えた企業は、設計を早期に熟成できること、開発の後半における設計変更を削減することにより、開発期間を短縮させながら工数を減らすことができると考えられるのである。

3つめは、開発期間に引きずられて開発工数が決まるという仮説である。技術者は完全主義者なので、開発期限がなんらかの理由で延期されると、各自の作業をその分延長して設計の熟成を図りがちである。その結果、開発工数が増加してしまう。

このうち、「過剰専門化」説と「フロントローディング」説とは、組織的要因が開発期間と開発生産性の両方に、同じ方向で影響するという考え方である。つまり、ある組織的要因（調整の必要性、組織の問題解決能力）が、開発工数を増やす方向に働くと同時に、リードタイムを長くする方向にも働くのである。

開発期間短縮の方法①——個々の活動の短縮化

では、開発期間を短縮するには、どのような方法が考えられるのであろうか。1つめの方法は、個々の活動の短縮化である。その代表的方法の1つが、三次元ＣＡＤ（Computer-aided design）・ＣＡＥ（Computer-aided engineering）によって、製品設計、試作、実験、工程設計、工程製作などの作業を部分的に自動化することである。しかし、これは第4章で議論された生産現場におけるコンピュータ支援技術の活用と同じなので、ここではこれ以上議論しない。以下では、先に述べたように、従来からの根強い考え方である、人員の追加投入とそれにかかわる問題について議論する。

例えば、のべ100人・日が必要なプロジェクトがあるとしよう。このプロジェクトは、1人でやれば100日かかるが、100人でやれば1日で終えることができる計算になる（図5-3のA）。

これは極端な場合であり、人員と時間との完全な代替はほとんどありえないが、人員の投入を増やせば開発期間を短縮することができるという考え方は、開発管理担当者の間では根強い。これが成立するのは、プロジェクトを構成する活動が、

A　いかようにでも細分可能である

図5−3　投入人員数と開発期間

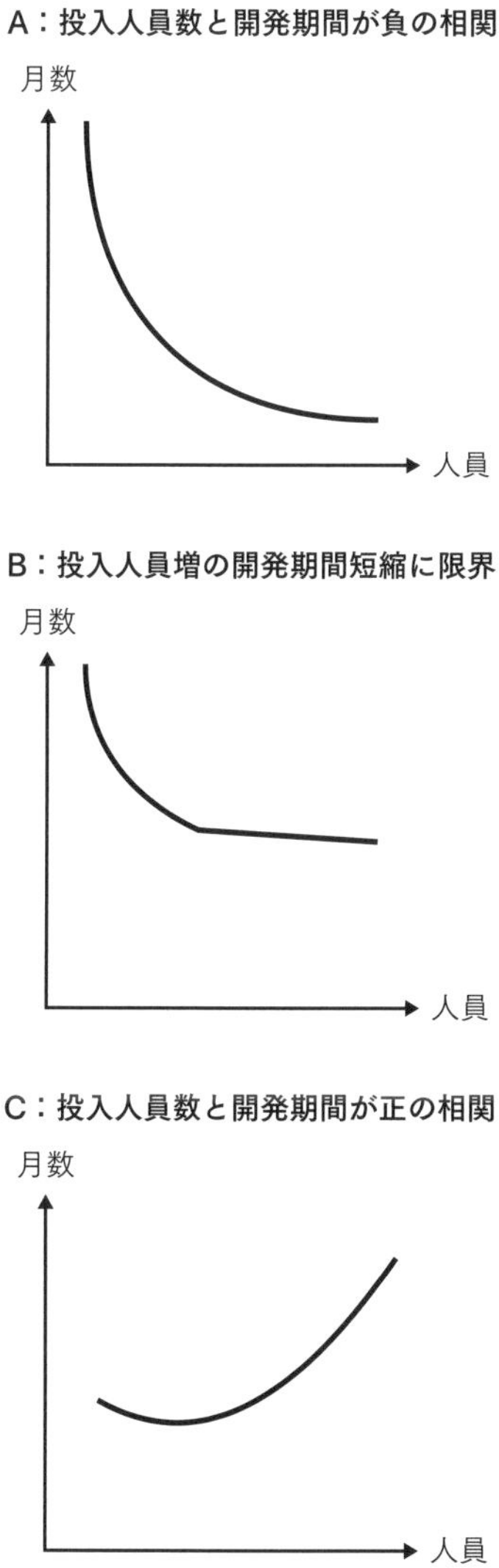

出所：藤本（2001b）図14.8を参考に筆者作成

B　互いに独立的に（連携する必要なく）遂行可能である

という条件が必要である。

しかし、開発プロジェクトにおいては、これらの条件はほとんど成立しない。Brooks Jr.（1995）が指摘した通り、とくに、プロジェクトを構成する活動は緊密に連携していることが多いので、人員を増やしていっても、ある程度を超えると開発期間は短縮できなくなる（図5-3のB）。短縮化に限界が生じるどころか、人員を増やしすぎると、かえって開発期間が長くなってしまうことさえある（図5-3のC）。

開発期間短縮の方法②——タスクの並べ方を工夫

開発期間短縮の2つめの方法は、タスクの並べ方に工夫を凝らす方法である。タスクの並べ方の1つの典型的な方法は、「段階的プロジェクト計画法（PPP：Phased Project Planning）」と呼ばれる手法である。

PPPは、「1960年代中に人間を月に到達させる」というアポロ計画を実現させるため、NASAが採用したエンジニアリング手法である。[2] アポロ宇宙船を打ち上げるサターンVロケットの開発を率いたウェルナー・フォン・ブラウンに、「米国が月に人間を運ぶことができたのは、ロケット技術でもコンピュータ技術でもない。システムエンジニアリングだ」と言わしめたほど、この手法が効果的であったといわれている。

あるプロジェクトがいくつかのタスク（フェーズ）に分かれる場合、1つのタスクのアウトプットがその後のタスクのインプットとなっている場合がある。このような場合、タスクが直列につながっているといい、基本的には、前のタスクが確定しないと後のタスクに着手できない。宇宙開発のような大規模システム開発プロジェクトでは、開発の後戻りは大幅な開発期間の延長、大きなコスト増加をともなう。ゆえに、そのリスクを抑えるために、初期の計画段階から要求を明確にする必要がある。そこで考え出されたのがＰＰＰなのである。

ＰＰＰは、開発の過程をいくつかのフェーズに分け、各フェーズで実施する作業内容を明確にする。宇宙開発の場合、概念設計、予備設計、詳細設計、製造・試験、運用・維持設計、廃棄というフェーズに分かれる。各フェーズの完了時にその成果を審査し、次のフェーズに移行できるか否かを判断する。こうすることで、先のフェーズに進んでから誤りが判明し後戻りすることが防がれるのである。

開発期間短縮の方法③――オーバーラップ方式

これに対して、本来直列の複数のタスクを期間的に重複させることにより、全体の開発期間を短縮するという方法がある。これが第3の方法で、オーバーラップ方式あるいは（刺身は魚の柵を斜めに切ることから）刺身状開発と呼ばれる。

Clark and Fujimoto（1991）によれば、日本の自動車メーカーは、欧米の自動車メーカーに比べて、オーバーラップ方式を得意にしているという。日本の自動車メーカーは、ボディ設計などの製品エン

2　アポロ計画とＰＰＰについては「アポロ計画を成功に導いた段階的プロジェクト計画法【ＰＰＰ】」（https://team.hatenablog.jp/entry/2014/07/22/114923）、「宇宙機の開発フロー」（https://www.stellamech.com/blog/process/）を参考にした。

図5−4　段階的プロジェクト計画法（PPP）とオーバーラップ方式

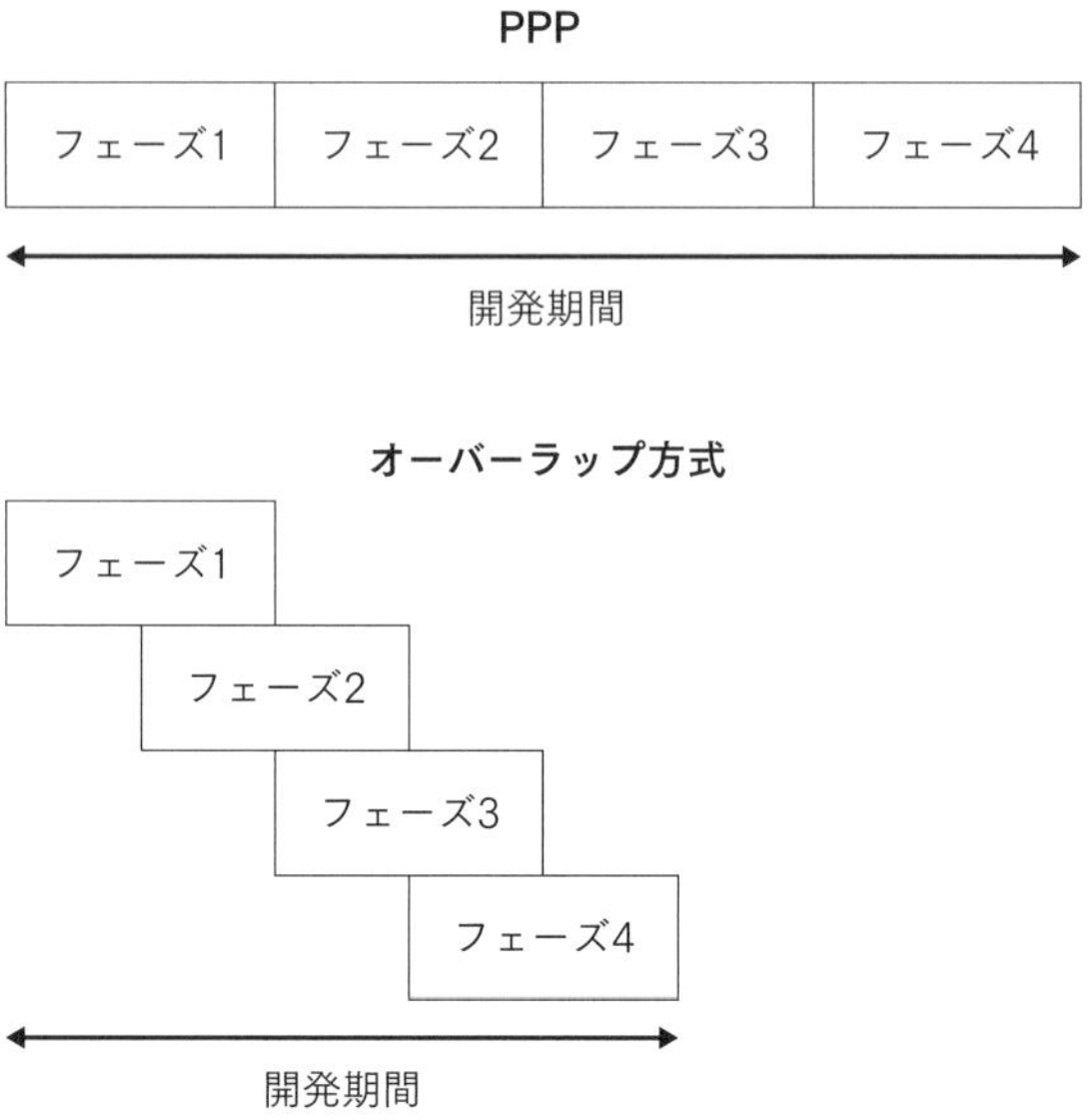

出所：筆者作成

ジニアリング（上流）と金型設計などの工程エンジニアリング（下流）とをオーバーラップさせることによって、欧米企業よりも開発期間を短縮させていることが指摘されている。

　ただし、なんでもかんでもフェーズをオーバーラップさせればいいというわけではない。オーバーラップ方式では、前のタスクが終わらないうちに後のタスクを始めるので、工程設計（後のタスク）の最中に、前提となる製品設計（前のタスク）が変更されてしまうリスクがある。すると、せっかく設計した生産工程を捨てて設計し直すといった混乱が生じる。

　オーバーラップ方式をうまく行うためには、どのような条件が必要なのだろうか。藤本（2001b）は、組織の問題処理能力や部門間で目標を共有する組織風土の他に、緊密な連携調整とコミュニケーションを挙げている。つまり、前のフェーズは、未完成の情報を早期に小出しに流す。後のフェーズは、あいまいな情報にもとづき徐々に仕事を進め、生まれた情報を小出しに出す。お互いに、早期に不完全な情報を頻繁にやり取りすることによって、その情報を手掛かりに相手の動きを予測して適応することで、開発プロセスの混乱を最小限に抑えるのである。

また、頻繁なコミュニケーションのメリットは、前のフェーズの部門が情報を頻繁に出すことによって、後のフェーズの前提の変更の可能性が、不確実ではあるが少しずつ後の部門に知らされ、混乱が未然に防がれるだけではない。製品設計（前のタスク）が完了してから、その製品設計を工程設計（後のタスク）の部門に渡すと、それをもとに工程設計をするうちに、製品設計を変更した方がよいことがわかり、製品設計そのものをやり直すという大きな後戻りが生じてしまうことがある。

それに対してオーバーラップ方式の場合、後のフェーズの部門から前のフェーズの部門へも頻繁に情報が伝えられる。ゆえに、生産工程の設計（後のタスク）をしているときに、製品のある部分の設計を変更した方が生産効率を高めることがわかった場合、その情報が製品設計（前のタスク）の部門に伝えられる。すると、前の部門では、製品設計を完了する前に、小さな後戻りで製品設計を変更することができるのである[3]。

3. 製品開発におけるその他の誤解

誤解①──バッチ・サイズを大きくすると費用対効果が向上する

異なる市場に適した製品を供給するために多様な車種を展開しなければならない場合、１車種当た

図5－5　最適なバッチ・サイズ

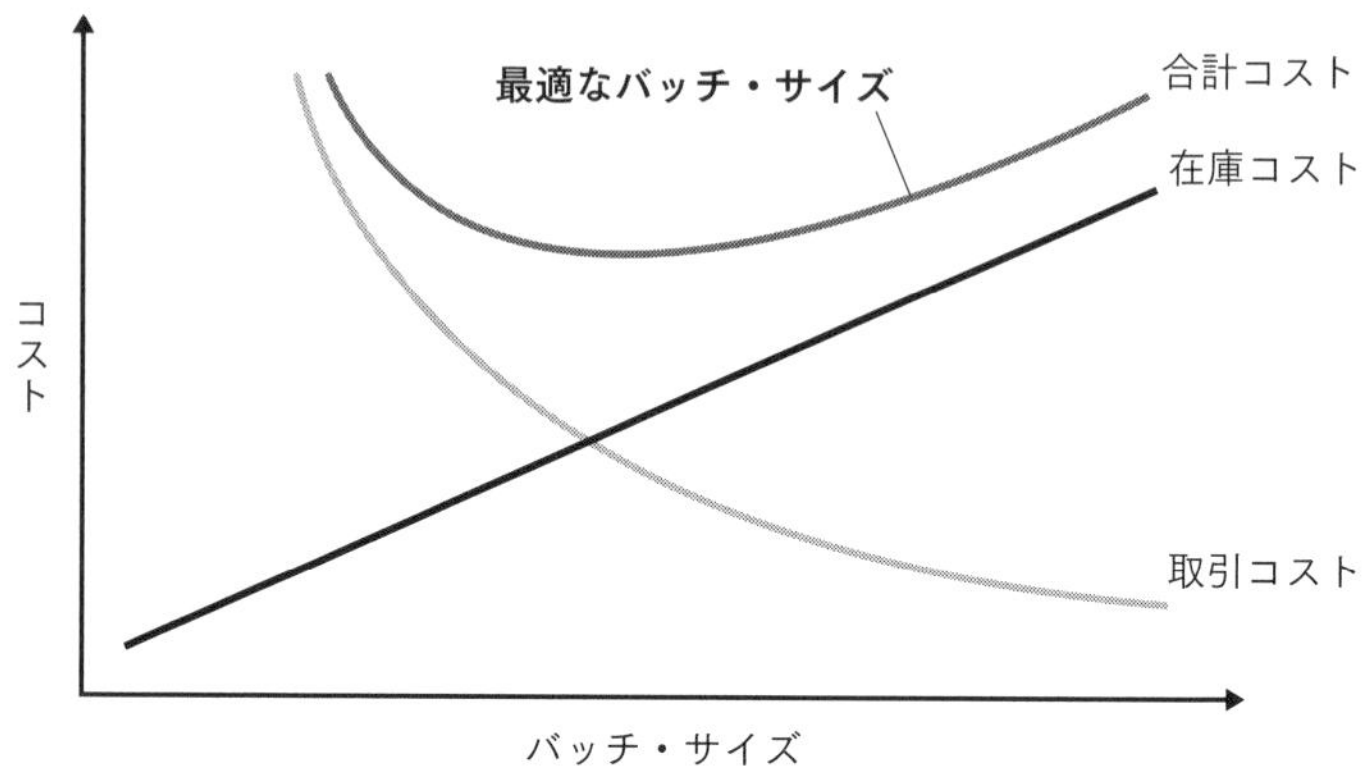

出所：Thomke and Reinertsen（2012）邦訳P.82

りの生産量が小さく（多品種少量生産に）なるので、自動車メーカーはコストと多品種のトレードオフに直面する。設計の方法によってこのトレードオフを解消しようとする試みが、MQBであったことは第1節で述べた。MQBは、部品を共通化し、共通部品の生産量を大きくして規模の経済を効かせようとする試みである。同様に、製品開発においても、バッチ・サイズを大きくし、規模の経済を効かせようとすることがある。

しかし、ハーバードビジネススクール教授のステファン・トムクとコンサルティング会社社長のドナルド・ライナーセンは、「バッチ・サイズを大きくすると費用対効果が向上する」というのは誤解であると指摘する（Thomke and Reinertsen, 2012）[4]。逆にバッチ・サイズが小さいと、仕掛品の数が減り、即座にフィードバックが得られるので、サイクルタイムの短縮、品質と効率の向上につながるというのである。

例えばある新製品が200種類の部品で構成され

るとき、２００種類すべてを設計・製造した後で試験に取り掛かるよりも、まずは20種類だけを用意して試験工程に入れば、バッチ・サイズを90％も抑えられる。平均の試験待ち時間はバッチ・サイズに比例するので、後者の方法の方が試験の待ち時間を大幅に減らせるのである。

大事なことは、在庫コストと取引コストを同じに保つことである。例えていえば、卵を買う場合、大量にまとめ買いすれば取引コストは抑えられるが、大多数の卵は腐ってしまうので在庫コストは増大する。その日に使う分だけ買うようにすると、無駄（在庫コスト）は減るが取引コストは増大する。ゆえに、在庫コストと取引コストとが等しくなるような水準にバッチ・サイズを決めるのが最適と考えられるのである。

実際、あるコンピュータ周辺機器メーカーは、大量のプログラムコードをまとめて試験するのではなく、小さいバッチ・サイズで何度も試験するやり方をとった。すると、ソフトウエア試験のサイクルタイムが95％も短縮し、効率が２２０％アップし、欠陥が33％減少したという。

3　これ以外に、フロントローディングによる開発期間の短縮という方法もある。フロントローディングとは、後半での設計変更の回数を減らすために、開発の初期の段階でより多くの問題解決サイクルを回しておくということである。フロントローディングには、過去のプロジェクトで生み出された解を今回のプロジェクトに活用することと、コンピュータ支援エンジニアリング・シミュレーションを活用することの２つが重要であると藤本（2001b）は指摘している。本文で指摘したオーバーラップ方式の２つめの利点は、後の工程設計の部門から出される情報が前の製品設計の部門の問題解決を回し、製品設計を早期にやり直すことで、工程設計の変更を未然に防ぐことであり、フロントローディングに似た意味を持っているともいえる。

4　彼らは、本節で議論する２つの誤解の他に、４つの誤解を指摘している。

図5－6　リソース稼働率と処理待ち時間の関係

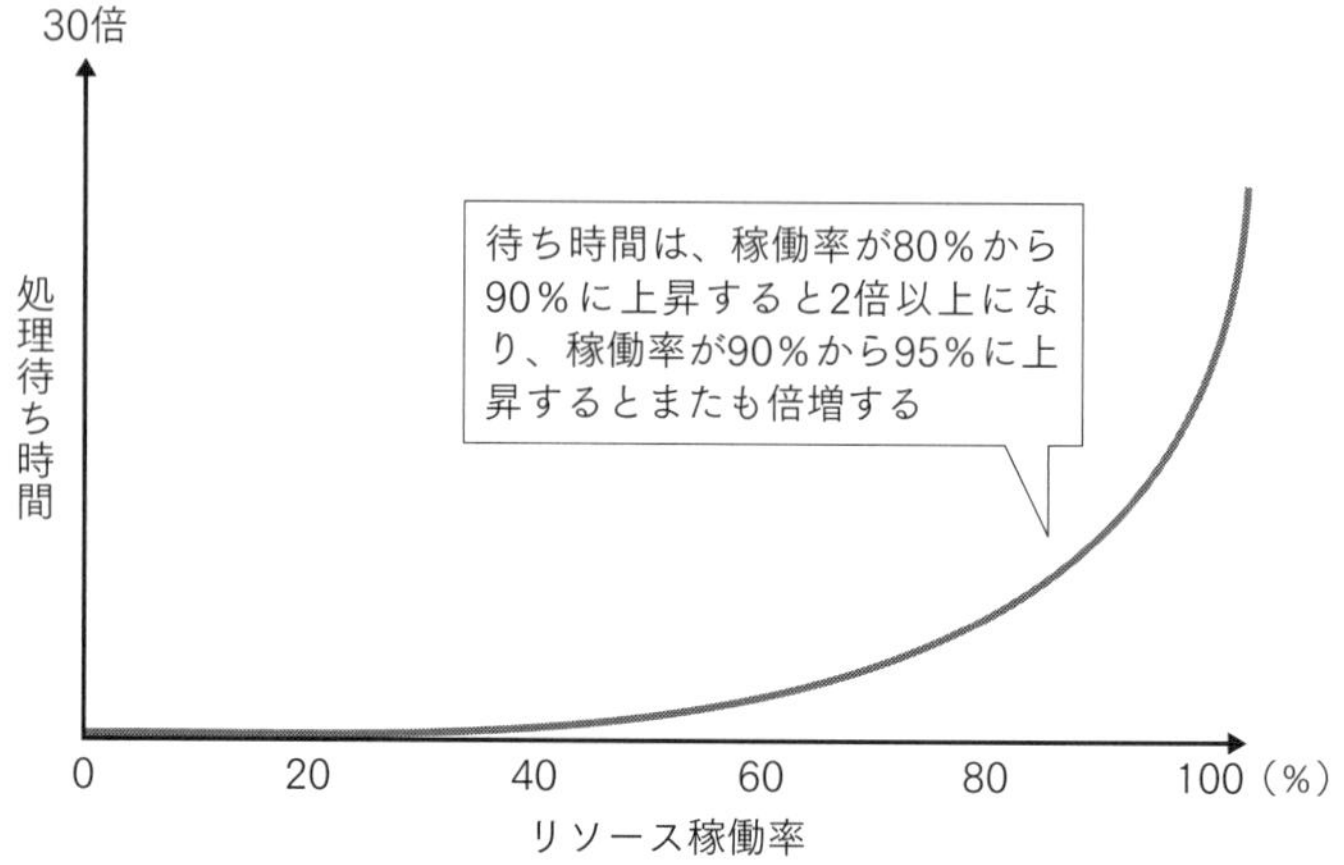
30倍
処理待ち時間
待ち時間は、稼働率が80％から
90％に上昇すると2倍以上にな
り、稼働率が90％から95％に上
昇するとまたも倍増する
0
20
40
60
80
100（％）
リソース稼働率

出所：Thomke and Reinertsen（2012）邦訳P.79

誤解②――リソースの稼働率を上げれば成果が上がる

トムクとライナーセンは、開発におけるもう1つ別の誤解も指摘している。それは、「リソースの稼働率を上げれば成果が上がる」という誤解である。

彼らによれば、大多数の企業は製品開発のリソースを少しも遊ばせまいと躍起になり、製品開発マネジャーは一般に、リソース稼働率を98％超に保っているという。それは、「開発要員がフル稼働しなければプロジェクトが長引く」という理屈があるからだと考えられる。

しかし、稼働率をぎりぎりまで高めて製品開発要員を手いっぱいの状態にすると、開発のスピードと効率、成果物の品質が落ちるという副作用が生じることがある。製造とは異なり、製品開発は非定型の業務プロセスなので、稼働率が向上するにつれて、所要時間が劇的に伸びてしまうのである。

リソース稼働率を高めると、処理待ち案件が生まれるので、作業が未完成のまま放置されてプロジェクト全体が長引く。この処理待ち案件は、フィードバックの遅れにもつながり、非生産的な時間が増えていくので、変化する市場ニーズに対応したり、製品の問題を事前に見つけたりすることも難しくなる。ゆえに、リソースの稼働の率を上げると、処理待ち案件が生まれ、プロジェクト全体が長引くとともに、フィードバックが遅れて問題対応が遅くなり、成果が下がってしまうのである。

このような問題を解決するには、非定型な業務プロセスの稼働にゆとりを持たせることが有効である。例えば3Mでは、以前より、製品開発者の稼働率を85%に抑えている。Googleでは、技術者が週に1日は好きなことに業務時間を使ってもよいとする「20%ルール」を設けている。これらは、この問題解決方法をとっている企業の例である。

4. まとめ――部分の切り分けと組み合わせの妙でトレードオフを解消

第1節で議論したMQBは、生産において品種とコストのトレードオフを解消するため、異なる車種の間でプラットフォームを共通にするという方法であった。一般的にいえば、異なる品種の間で部品を共通化すると、共通部品を組み合わせることによって、多様な製品をつくることができる。最終製品の1品種当たりの生産量は小さくても、多くの最終製品に共通の部品が使われるので、当該共通部品の生産において規模の経済が働き、コストを下げることができる。マス・カスタマイゼーションとも呼ばれる方法である。

共通部品を組み合わせて多様な製品を生産するためには、部品のインターフェースが統一されていて、調整することなく部品を組み合わせることができなければならない（藤本、2001a）。部品が機能単位や周辺の部品単位でくくられてモジュール化されていると、なお望ましい。モジュールを組み合わせて多品種化を実現すると同時に、注文から納品までのリードタイムを短縮することで、コストも低下する。こうして顧客のニーズを満足させながら、生産コストを下げることが可能になる。ゆえに、この方法はモジュール生産方式とも呼ばれる。

一方、第2節では、開発における開発人員数と開発期間のトレードオフについて議論した。従来は、開発人員を増やせば開発期間は短縮すると考えられてきたが、必ずしもそうはならない。ときには、開発人員数と開発期間が正の相関を有する場合もある。

開発期間を短縮するには、開発人員数を増やす以外に、タスクの並べ方を工夫するという方法があった。とくに開発生産性と開発期間とが正の相関を有する日本の自動車メーカーでは、前のタスクが終わらないうちに後のタスクを始める、オーバーラップ方式という並べ方がとられていた。

生産におけるMQBも、開発におけるオーバーラップ方式も、部品やタスクをどのような単位に切り分けるか、それをどのように組み合わせるか（並べるか）についての工夫であるところが共通している。同じ生産（や開発）におけるトレードオフの解消であっても、第4章では技術によって制約を緩和させてトレードオフを解消する方法を議論したが、本章で議論した二兎戦略は、サブユニットの切り分け方、サブユニットの並べ方・組み合わせ方によって、トレードオフを解消する試みといえる。

第6章 深化 vs. 探索

――組織を分ける

企業などの組織についての研究でも、追求する目標や適切な形態などについて、トレードオフの問題は頻繁に議論される。効率性 vs. 創造性、集権 vs. 分権、機械的組織 vs. 有機的組織など、議論される二項対立の例には枚挙にいとまがない。また、知識獲得、組織学習の面では、深化（exploitation）と探索（exploration）、浅く広い探索と深く狭い探索の対立がよく議論される。

この二項対立と密接に関連する現実の経営問題として、成熟した伝統的大企業からイノベーションがなかなか生まれないという問題がしばしば指摘される。大企業は、オペレーションの効率性を向上させる深化が得意であるがゆえに、創造性を高めてイノベーションを生み出すために必要となる新しい知識の獲得、つまり探索が抑圧されてしまうという問題である。

この問題は大企業に限らない。企業は既存事業における競争に勝ち抜き、成長するために、深化を追求する。深化によって競争力が向上して成功すれば、さらに深化に偏った追求が行われるようになり、新たな成長機会を探したり、変化を生み出したりしなくなる。つまり探索が行われなくなる。いわゆるコンピテンシー・トラップあるいは成功トラップに陥ってしまうのである。

コンピテンシー・トラップから脱し、深化と探索をバランスよく追求するためには、両利きの経営が必要であるといわれる。両利きの経営は、深化と探索をバランスさせる方法によって、異なる種類に分かれる。本章では、1つの組織のなかに深化を追求するユニットと探索を追求するユニットを有し、両方を同時に行わせる方法である構造的両利き（structural ambidexterity）について議論する。

1. 既存事業の強化と新規機会の探索

AGC[1]——「死の谷」を乗り越える工夫

日本のガラス市場が閉鎖的であると米国から批判され、ガラス事業の潮目が変わった2001年、AGC（当時旭硝子）は創業以来、初めて当期利益が赤字となった。次の成長事業として、液晶用ガラス基板に集中投資した結果、2010年には史上最高益を出すまでに業績は回復した。しかし、成長事業が一本足だったため、液晶用ガラス基板の市場の成長が止まると、利益が急減し、2014年には営業利益がピーク時の3分の1にまで落ち込んだ。

ただし、当時の経営トップは、最高益を出した2010年時点で、「次の事業をつくらなければいけない」という危機意識を持っていた。ゆえに、その後何年か減益が続くが、将来を見据えた新しい素材の研究開発を継続した。

2015年にCEOに就任した島村琢哉、CFOの宮地伸二、CTOの平井良典の3人からなる経営チームは、まず会社のカルチャーを変え、次いで事業ポートフォリオのリバランスと同時に、新規事業にチャレンジする仕組みづくりに着手した。建築用ガラスや自動車用ガラス、化学品、ディスプレイ、セラミックスをコア事業とし、ライフサイエンス、エレクトロニクス、モビリティを戦略事業とした。コア事業が収益基盤となり、戦略事業へ投資を強化することで、一層の収益拡大を図る仕組みである。

前述のように研究開発は継続していたので、社内にすでに芽が出ている研究が多くあった。しかし、研究開発の成果がなかなか事業化に至らない。いわゆる「死の谷」の問題に陥っていた。

そこで、死の谷を越えるために、２０１１年に事業開拓部という組織（当時の呼称は事業開拓室）がつくられた。事業開拓部の主たる役割は、研究・開発された事業のネタを事業化し、各カンパニーに持ち込めるように育成することである。そのため、事業開拓部には社内起業経験者などが集められた。

また、事業開拓部は探索を担う組織ユニットであり、既存コア事業とは明確に分離した、経営チーム直轄の独立組織である。ゆえに、事業開拓部は、経営チームによってコア事業の介入から守られ、コア事業との軋轢や対立を回避できた。

ただし、事業開拓部は、独立してはいるが、孤立しているわけではない。各既存事業部門のヒト、技術、ビジネスアセット、生産設備、顧客チャネルなど、あらゆるものを利用できる。分離しつつ、統合することが重要だと考えられているのである。

１　ＡＧＣについては以下の資料に拠っている。「自らを変容させる組織とは？　『両利きの経営』を実践するポイント」（https://www.agc.com/hub/pr/np_ambidexterity.html）

図6－1　AGCの組織

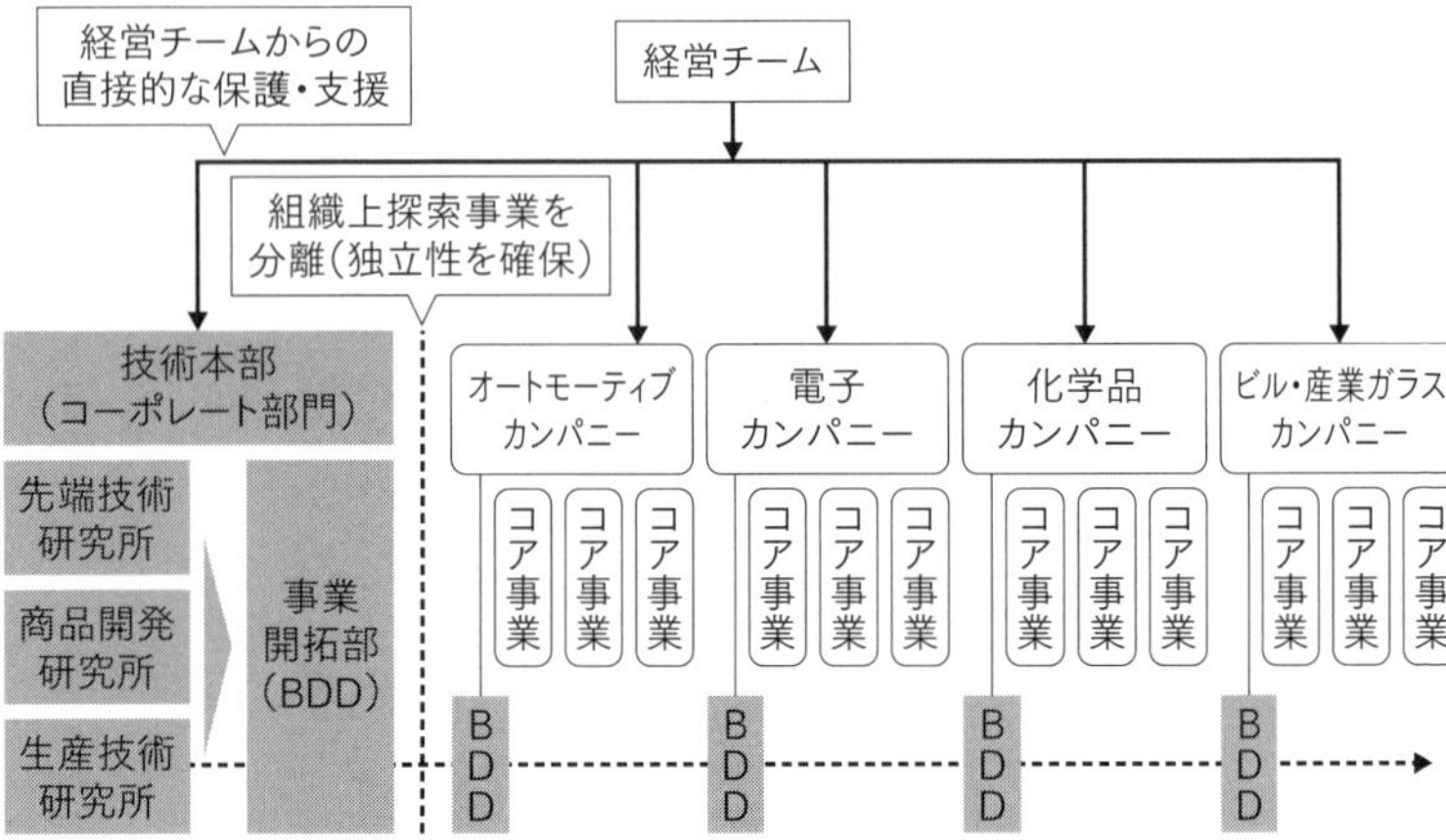

出所：https://note.com/go_nakajima/n/n54062489544b

図6－2　既存事業と探索事業をつなぐ組織プロセス

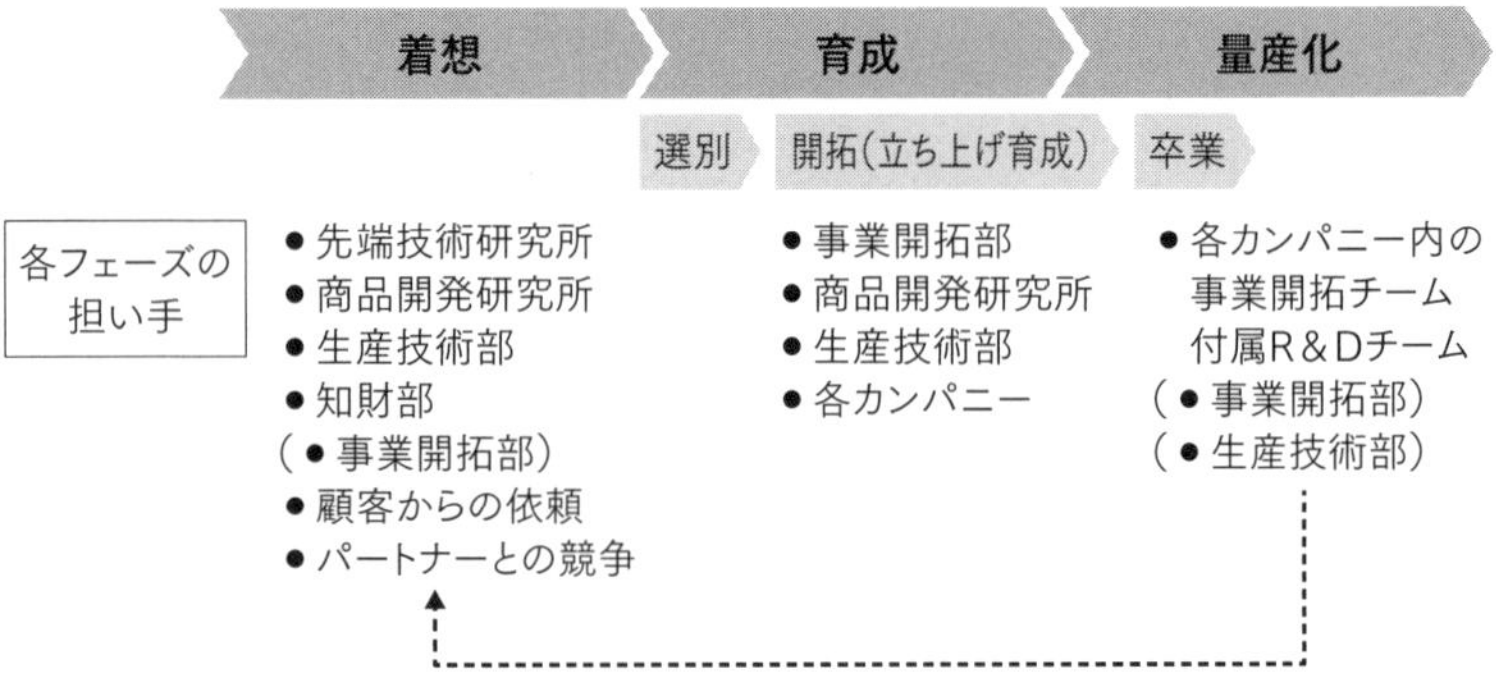

出所：https://note.com/go_nakajima/n/n54062489544b

具体的に、ＡＧＣではどのように既存事業と探索事業とがつながっているのであろうか。着想、育成、量産化の各フェーズの主な担い手を描いたものが、図6-2である。事業開拓部は、事業のネタを選別し、事業として開拓し、量産化に向けて卒業するまでを担っている。探索事業のタマの出し手である。他方、既存事業のなかにも事業開拓的なチームがあり、探索事業のタマの受け手となっている。例えば、モビリティ事業本部は、事業開拓部から出される自動車系の探索事業のタマを受け取り、オートモーティブカンパニー内で事業化する部門である。事業開拓部の責任者自身が、事業のネタを持ったまま既存事業に入っていくこともある。例えばライフサイエンス事業は、そのプロセスを経て、化学品カンパニーのなかの1つの事業本部となった。

優秀な人材が引き抜かれるので、当初は事業開拓部に対して、既存事業部門から反発があった。しかし、新規事業の成果が見えてくると、社内でも協力体制がつくられていった。分離したものを統合するには、既存事業の意識づけがきわめて大事である。

ただし、意識づけだけでなく、実質的な仕掛けも必要である。ＡＧＣの場合、黒字化するまでの費用は全額事業開拓部が負担する。あるいは、育成段階を経た事業をカンパニーが引き受ける際には、本社コーポレート部門が一定期間はコストを負担する仕組みになっている。黒字化した後に探索された新規事業が各カンパニーに引き渡されるので、事業開拓部による新規事業の育成はカンパニーにとってもメリットがある。

ダイキン[2]——深化と探索を同時に行う組織をつくる

ダイキン工業（以下ダイキン）は、１９２４年に、航空機用ラジエーターチューブを生産する大阪金属工業所として産声を上げた。創業当初から現在の主力製品であるエアコンまで、一貫して「冷やす技術」に磨きをかけてきた。その結果、2010年には、空調事業において世界№1の地位についた。現在は、「『空気』と『環境』の新しい価値で世界に答えを出していきます」というビジョンを打ち出し、新しい成長機会の探索を行っている。

ダイキンでは、1996年から、FUSIONと呼ばれる戦略経営計画を策定している。FUSIONとは、短期の収益力と長期の成長性の両立、国内外グループ企業との連携、他社との連携、組織の垣根を低くして部門間一体となった取り組み、開発・生産・販売・サービスが一体となった取り組みなど、さまざまな局面での「融合」を意味している。

FUSIONでは、グループ経営理念・現状認識をもとに、5年で目指したいグループの発展の方向性（構造改革など経営革新に重点を置いた目標）を定め、3年先の定量目標が設定される。さらに、アクションプランが展開され、定量目標の達成に徹底的にこだわっている。

2011年に策定されたFUSION15までは、「経営基盤の確立」や「真のグローバルエクセレント企業」といったテーマが掲げられ、空調などの主力事業の強化、グローバル展開に注力されていた。しかし、2016年に策定されたFUSION20では、既存事業の徹底強化に加えて、新分野の事業領域拡大が目指された。

1つ前のFUSION15の期間、売上高は右肩上がり、営業利益率も上昇しており、既存事業は順調に成長していた。2012年には、北米住宅用空調分野でトップシェアを持つグッドマン社を買収し、世界№1の地位を盤石なものにした。2016年以降も、既存事業の徹底強化が目指され、実際、最初の2年間では、米国、アジアでの生産能力増強、サービス・ソリューションやフィルタなど重点戦略事業を中心としたM&Aの実施など、既存事業において将来の成長に向けた先行投資を積極的に実施している。その結果、2013年度以降5期連続で過去最高の業績を更新した。

つまり、既存事業が好調でさらに発展していく見込みのときに、FUSION20が策定されたのである。当時ダイキンは、主力事業強化と事業領域拡大・事業構造転換の両輪で事業拡大を目指していたのであり、深化と探索を同時に行い始めたといえる。

2015年には、成長機会の探索のために、技術開発コア拠点「テクノロジー・イノベーションセンター（TIC）」が設立された。TICでは、空調や化学などのコア技術を追求して既存事業の強化を進めると同時に、事業領域拡大・事業構造転換をはかることが企図された。

FUSION20では、空調事業（アジア・北米）、化学事業、フィルタ事業が強化すべき既存事業として掲げられ、成長領域としては成果創出を急ぐ新事業（暖房・給湯事業、エネルギーソリューション事業）と将来を見据えた挑戦事業（商業用冷設事業、次世代冷媒・ガス事業、空気・空間エンジニアリング事業）が挙げられていた。

この成長領域は、探索が行われるにしては既存事業と近いように思われるが、次のFUSION25では、カーボンニュートラルへの挑戦、ソリューション事業の推進、空気価値の創造という成長戦略

2　ダイキンについては、河原克己執行役員テクノロジー・イノベーションセンター副センター長（産官学連携推進担当）に対するヒヤリング（2024年3月26日、4月23日）および、以下の資料に拠っている。「ダイキン工業『冷やす』を極める」『日経ビジネス』2019年1月21日号、PP.64-68、『拓く』（ダイキン工業90年史）2015年、「ダイキンの大型研究開発施設　国内の技術・知識集結」『日経産業新聞』2011年3月9日付、「産学連携は『異次元』へ　ソフトバンクも舌を巻く」『日経ビジネス』2020年6月8日号、PP.30-33。

図6−3　ダイキンの業績の推移

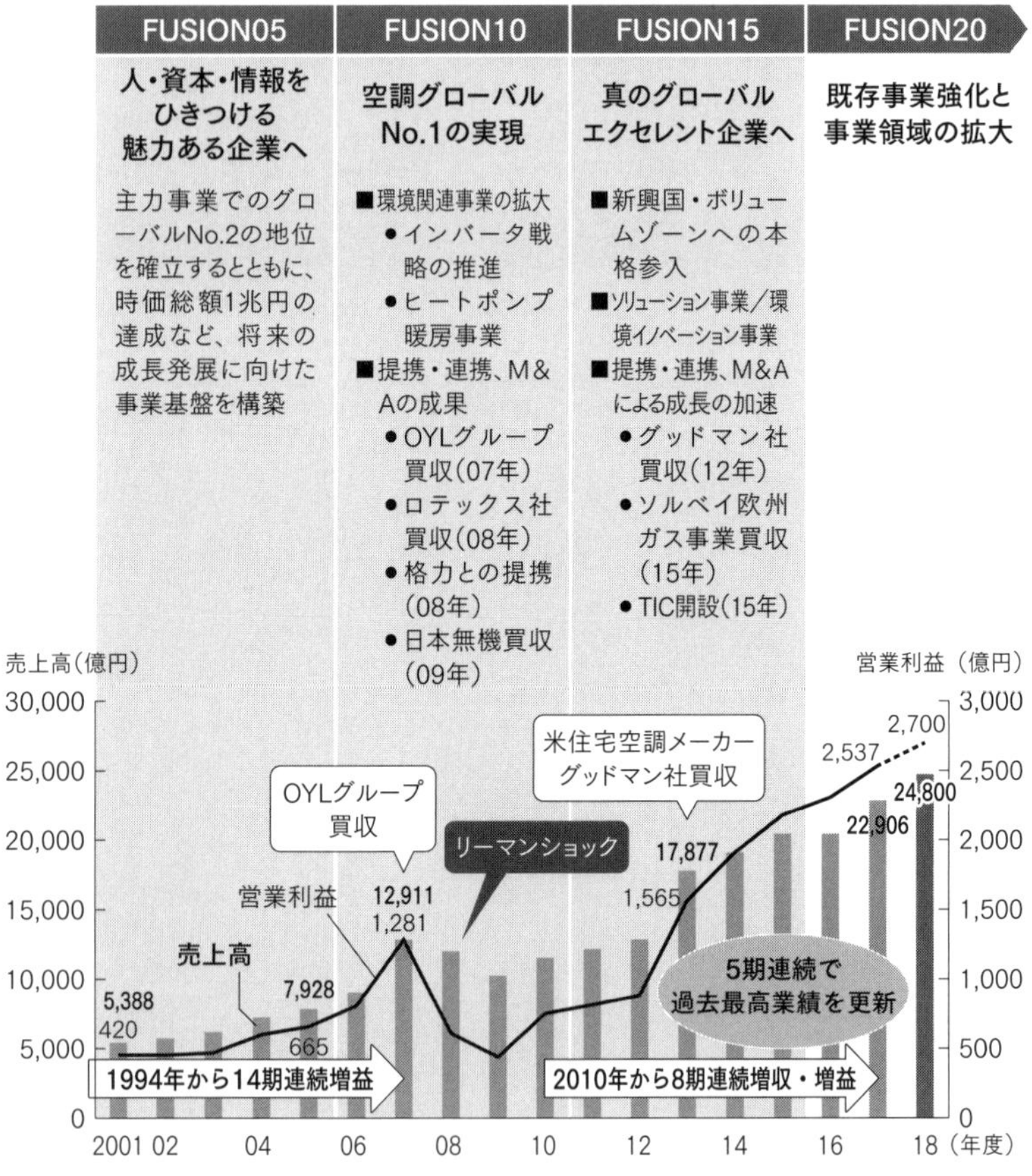

FUSION05
人・資本・情報をひきつける魅力ある企業へ
主力事業でのグローバルNo.2の地位を確立するとともに、時価総額1兆円の達成など、将来の成長発展に向けた事業基盤を構築
FUSION10
空調グローバルNo.1の実現
■環境関連事業の拡大
●インバータ戦略の推進
●ヒートポンプ暖房事業
■提携・連携、M&Aの成果
●OYLグループ買収（07年）
●ロテックス社買収（08年）
●格力との提携（08年）
●日本無機買収（09年）
FUSION15
真のグローバルエクセレント企業へ
■新興国・ボリュームゾーンへの本格参入
■ソリューション事業／環境イノベーション事業
■提携・連携、M&Aによる成長の加速
●グッドマン社買収（12年）
●ソルベイ欧州ガス事業買収（15年）
●TIC開設（15年）
FUSION20
既存事業強化と事業領域の拡大
売上高（億円）
営業利益（億円）
30,000
25,000
20,000
15,000
10,000
5,000
0
3,000
2,500
2,000
1,500
1,000
500
0
OYLグループ買収
リーマンショック
米住宅空調メーカーグッドマン社買収
営業利益
売上高
5,388
420
7,928
665
12,911
1,281
1,565
17,877
2,537
2,700
22,906
24,800
5期連続で過去最高業績を更新
1994年から14期連続増益
2010年から8期連続増収・増益
2001 02 04 06 08 10 12 14 16 18（年度）

出所：企業価値向上表彰シンポジウム 2019のスライド

図6－4　FUSION25の戦略

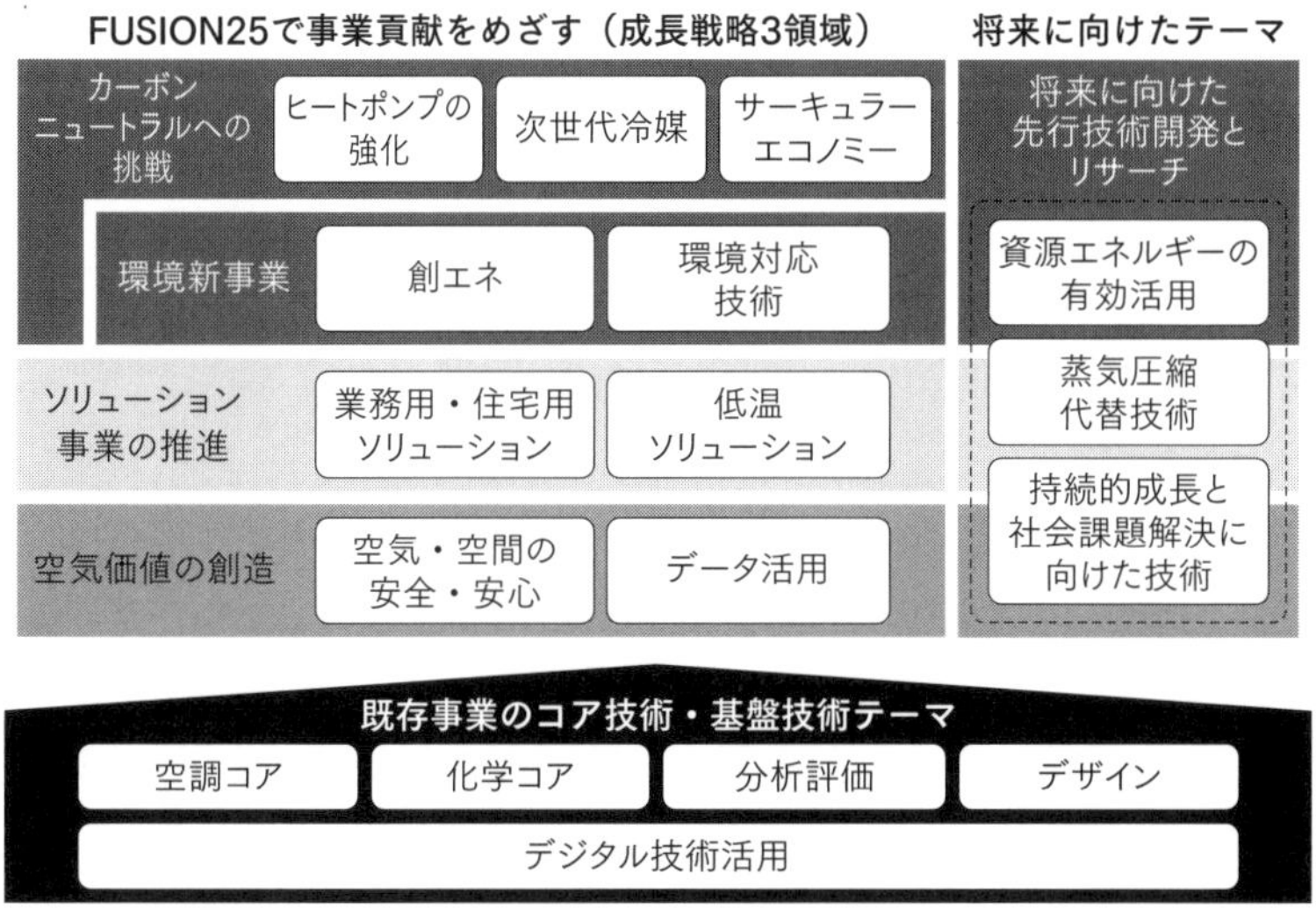

出所：https://www.daikin.co.jp/tic/technology

図6－5　テクノロジー・イノベーションセンターの機能

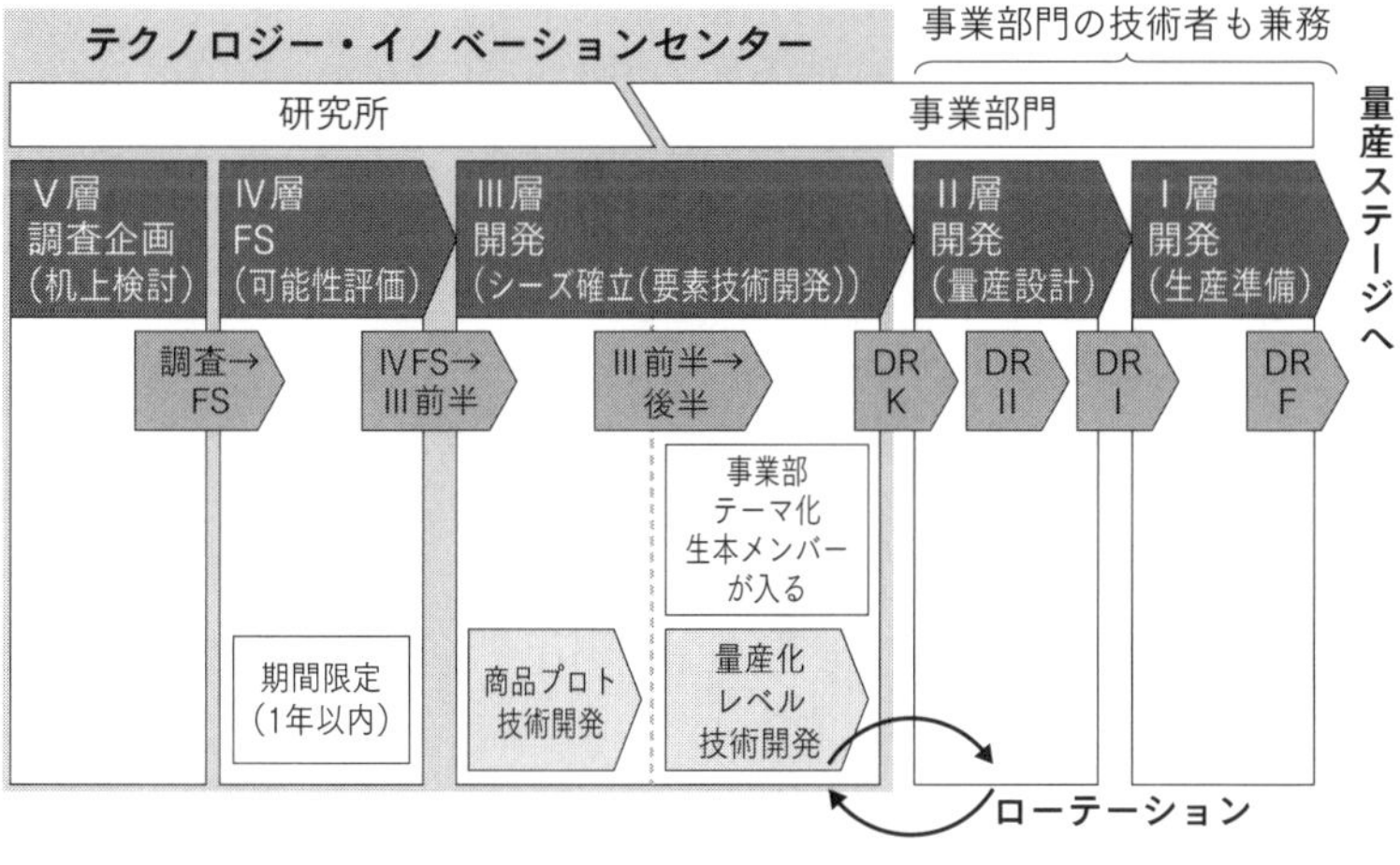

出所：Copyright (C) 2021 DAIKIN INDUSTRIES, ltd. All Rights Reserved

3領域が挙げられており、より探索的な領域が定められた。また、FUSION25の後半では、既存事業の強化領域についても、北米空調事業、インドの一大拠点化、化学／高機能材料・環境材料のリーディング・カンパニーへの挑戦という、より具体的な3つの領域が定められた。

TICの特徴の1つは、ダイキンのすべての知識・技術が集約しているということである。設立時には、基礎研究だけを集約して最先端の基礎研究所をつくるという考えもあったが、トップからの指示で、既存事業、成長事業両方について、基礎研究、応用研究、商品開発まですべてがTICに集められた。さらに、後述するように、事業部門の技術者もTIC兼務とし、TICと事業部門の間での技術者のローテーションが企図された。

TICには総勢700人の技術者が一堂に会するが、ヒートポンプ、圧縮機、モーター、インバーター、材料加工技術など取り組んでいるコア技術によっていくつかのグループに分かれている。それぞれのグループは、40人から80人ぐらいの技術者集団である。グループ内は、おおよそ8割の人が既存事業の強化を担い、1割くらいの人が成長事業の探索を担っている。残りは、リーダークラスを中心に、深化と探索の両方に取り組んでいる。

グループごとに、毎年いくつかのテーマが立てられるが、深化的テーマが何割、探索的テーマが何割と上から決められるわけではない。グループ・リーダーから上がってきたテーマを、センター長らが一つひとつ吟味して、結果としてその年の深化と探索のテーマの割合が決まる。それに応じて、グループ内の人の配置も決まる。

事業部で商品開発をしている人も、TIC兼務になっている。これは、TICと事業部の間で、技術者がぐるぐる回るようにしたいという考えからである。しかし、TICで新技術を開発した人が、事業部に行って商品開発を担当することはあるが、事業部に行くと忙しくなるので、その後TICにはなかなか戻ってこれない。

TIC全体の研究開発予算は積み上げで決まる。経理・財務が枠をかけて、その範囲で各グループが予算を取り合う。ただし、センター長のところでテーマが決められ、それに応じて予算が配分されるので、深化と探索に対する決められた予算配分割合に対して、事業部が（もっと既存事業の強化に予算をつけろというような）口出しをするルートはない。

このように、TICでは深化と探索が混ざっている。すると、どうしても深化の方にリソースが割かれやすく、探索に投入されるリソースが欠乏してくる。そこで、足りないリソースはオープン・イノベーションでまかなうことになっている。TICは、国内外の企業、大学などの技術者を積極的に招き、新たな製品やサービスを生み出すオープンな拠点なのである。

いくつかの大学と提携を結んだが、2018年12月には、これまでに類を見ないような包括的な提携を東京大学と結んだ。10年間で100億円の包括提携であり、将来のビジネスの種を育む「出口の見える基礎研究」に取り組むことが謳われた。

最初の1、2年目は研究のテーマ設定にあてられ、2019年5月から11月の期間では、東大を知ることを目的に「ルック東大」が行われた。これは、十数回に分けて300人以上のダイキン社員が70人の東大教授を訪問し、ダイキンが抱える課題説明をし、東大教授の研究内容紹介をしてもらい、両者の共有点を探るという活動であった。ここから150以上のテーマが生まれ、17テーマに絞り込まれ、2020年度から共同研究がスタートした。

探索的活動から生まれた技術が両方に役立ったものとしては、例えば新しいフィルタ材料がある。

これは成長機会にも既存事業にも使われる。このような材料・部品は両方に役立ちやすいのに対し、製品システムを両方に役立たせるのは難しい。研究段階で新しい技術がオープン・イノベーションによって開発されても、既存事業の製品開発ではなかなか活用されない。既存事業の製品開発担当者は忙しいので、新技術に手を出そうとしないからである。

例えば、健康で安全・安心な空気をつくろうという空気の価値化のプロジェクトが立ち上がった。このプロジェクトは既存事業の空調グループと関連があるが、このプロジェクトで研究された新技術を空調グループに渡そうとしてもうまくいかなかった。そこで、会長の命令で、全社プロジェクトを立ち上げ、そこで開発をすることになった。

このようにTICでは、深化と探索を担うユニットが分離しているというよりは、どのグループでも深化と探索の両方が行われている。また、TICのセンター長は商品開発担当役員であり、どちらかといえば深化を担ってきた人であるが、副センター長は研究開発企画という探索的な業務を担ってきた人である。このように、個人レベルでも、あえて深化寄りの人と探索寄りの人とを混ぜ合わせている。

つまり、ダイキンの構造的両利きは、深化と探索の独立したユニットをつくるのではなく、両方を一緒にした組織ユニットをつくっている。個人レベルでも、深化志向の人と探索志向の人が一緒になり、ぶつかり合いながら深化と探索を両立させているのである。

2. 構造的両利きの利点

異なるサブユニットで追求する

前節で記述したAGCとダイキンは、既存事業を強化すると同時に、新しい成長機会の探索を行っている。つまり、1つの組織のなかに深化を追求するユニットと探索を追求するユニットを有し、両方を同時に行わせる構造的両利き（structural ambidexterity）を実践していたといえるであろう。

第3章で若干触れたように、世界最大のコンピュータ・ネットワーク機器開発会社である米国のシスコ・システムズは、構造的両利きを行っている（Gupta et al., 2006）。コンピュータ・ネットワーク産業は技術進歩が急速なので、シスコの製品はすぐに陳腐化してしまう。ゆえに、シスコは、上流の技術・製品開発においては、高度な探索活動が必要となる。他方、どんなに先端的な製品が開発されようと、その製造、販売、サービスは、既存の社内のインフラを介して行われる。ゆえに、下流の製造、販売、サービスといった業務は、深化活動によって強化され続けなければならない。

上流の開発と下流の製造、販売、サービスは、どちらもシスコにとって必要不可欠な活動である。しかし、それぞれまったく異なる資源や組織ルーティンを必要とするので、一緒に行うことは難しい。そこでシスコは、インターフェースを共有する2つの異なるサブユニットを設け、上流の開発ユニットには探索を、下流の製造などを行うユニットには深化を担当させ、深化と探索の2つを同時に追求したのである。

サブユニットに分けて、それぞれに異なる活動を追求させるという方法は、古くから提唱されてきた。例えばRoberts and Berry（1985）は、新規事業を探索したり開始したりする場合、技術、市場という2つの軸において、どれくらい新規事業が既存事業と関連しているかに応じて、新規事業への参入戦略を使い分けることを提唱した。

市場や技術・サービスの両面で、新規事業が既存事業のそれをベースにしていたり、新規事業についての知識が社内に存在したりするときには、社内（既存事業内）の組織に新規事業を担わせる方がよい。それに対し、社内に存在する市場、技術の知見が新規事業にそれほど必要でないときには、新規事業を他社との合弁企業に担わせたり、必要な知見を有する他社に出資して新規事業をやらせたりする方がよいと考えられたのである。

また、野中（1985）は、「健全な赤字部門」を保有することの重要性を指摘した。深化活動がもっぱら追求され、既存事業が成功している企業でも、実験や変異を求めて、赤字部門を持つことを推奨したのである。

Bower and Christensen（1995）は、探索と深化を同時に行うことは不可能なので、新しい破壊的事業は単純にスピンアウトして行うべきだと述べている。つまり、探索活動は、深化が支配的となっている組織の主流から分離したサブユニットで行われるべきだという主張である。

深化と探索が直交関係にある場合

2つの目的がトレードオフ関係にある、あるいは相互に排他的関係にあるということは、2つの目的が一直線上の両極にあり、一方を強めれば他方が弱くなることを意味する。それに対して、2つの目的が直交関係にある、すなわち一方を強めても他方には影響しない、あるいは一方を強めると他方も強まるという相互にプラスの影響を及ぼすような関係にあれば、2つをバランスさせることは難しくない。2つを同時に追求すれば、それぞれにプラスの効果さえ生まれるかもしれないのである。

通常、深化と探索はトレードオフと考えられるが、2つが直交関係にあると主張する研究もある。例えばKatila and Ahuja（2002）は、既存の能力の深化は新しい能力を探索するために必要であり、新しい能力の探索は企業の既存の知識ベースも強化することが多いので、探索と深化は吸収能力をダイナミックに形成することを可能にすると述べた。

Knott（2002）は、トヨタの製品開発において、探索と深化は両立しており、2つは補完的でありうると述べている。ある車種のある世代で起きた探索が次の世代の深化となったり、ある車種で起きた探索が他の車種の深化になったりするからである。

He and Wong（2004）は、両利きの経営が経営成果に対して正負どちらの影響を有するのかを調べた。具体的には、企業が行ったイノベーションを、どれくらい深化（あるいは探索）にかかわるかで指標化し、深化スコアと探索スコアとが企業の売上成長率にいかなる影響を及ぼすかを分析した。

その結果、深化と探索を同時に行うことによって、企業は売上成長率をより高くすることができ、深化と探索のいずれかに偏って行われると、企業の売上成長が鈍ることを見出した。この結果は、深化と探索とがトレードオフ関係にあるのではなく、相互に強化し合う関係にあることを示唆している。

深化と探索がこのような関係にあることは、技術開発の場合にしばしば指摘される。例えば新宅（1994）は、電卓市場の分析を通じて、最高機能製品から低価格製品までフルラインの製品を持つことの重要性を指摘している。最高機能製品の開発（探索）を通じて技術進歩に遅れない体制をとることができ、そこで使われた最先端技術を次世代の低価格製品に応用（深化）することも可能である。

また、最高機能製品と低価格製品の両方を持つことによって、従来の機能に満足していない顧客と、従来の価格に満足していない顧客という両方の顧客の潜在的なニーズを把握することができるという。

深化と探索はトレードオフ関係にあるので、同時に行うことは難しいと信じられてきたが、それは深化と探索が排他的関係、つまり2つの目的が一直線上の両極にある場合である。しかし、上で述べた知識獲得や技術開発の例で考えられるように、深化と探索が直交関係にあるのなら、2つをバランスさせて同時に追求することは難しくなく、むしろ2つを同時に追求すればそれぞれにプラスの効果が生まれることさえありうるのである。

3. 構造的両利きの難しさ――GEのリバース・イノベーション[3]

グローバル統合とローカル適応

上記のAGCとダイキンは、構造的両利きがうまく行われているケースだが、構造的両利きにはいろいろな難しさがある。その難しさとその克服方法を考えるために、ゼネラル・エレクトリック（GE）のリバース・イノベーションを見てみよう。

リバース・イノベーションは、グローバル統合の力が強いGEが、ローカル適応の動きを取り入れた事例である。グローバル統合の力が支配的な本社は深化を担い、ローカル適応を試みているチームが探索を担っているという意味で、GE（のリバース・イノベーション）は深化と探索という異なる2つの活動を同時に追求する構造的両利きを行ったと考えることができる。

そもそも国際経営の分野では、多国籍企業には2つの相反する圧力が働くと考えられている。1つは、効率性を高めるために、本国と進出する国の間で共通性を追求しようとする力（グローバル統合）。もう1つは、本国と進出国の間の異質性に着目し、各国の特性に適合しようとする力（ローカル適応）。どちらの圧力が強いかは、進出国あるいは産業によって異なる。多国籍企業は、強い方の圧力に対応するように、戦略や組織構造を決めるべきだといわれる（Bartlett and Ghoshal, 1989）。

ローカル適応の圧力に対応しようとする企業は、各進出国に権限を移譲し、経営資源を分散させる。進出先市場のニーズを満たす製品が開発され、進出先の国に適したビジネスモデルが採用される。このような企業は、マルチナショナル企業と呼ばれる。

他方、グローバル統合の圧力に対応する企業は、世界を1つの市場とみなし、各国に共通の製品を供給することで、生産や調達における規模の経済性を実現し、効率的な事業運営を目指す。このような企業はグローバル企業と呼ばれる。コカ・コーラやマクドナルドがその典型だし、GEもグローバル企業の代表とみなされていた。

マルチナショナル企業とグローバル企業とは、権限移譲、資源配分、製品開発などすべての面で異なるので、1つの組織がグローバル統合による効率性とローカル適応による順応性とを同時に追求することは難しいと考えられる。つまり、「グローバル統合（効率性）」と「ローカル適応（順応性）」とは、トレードオフなのである。

3　GEのリバース・イノベーションについての記述は、Immelt et al.（2009）、Govindarajan and Trimble（2012）に拠っている。

GEのインド、中国での製品開発

ところが、2000年代半ばに、グローバル企業の典型であるGEが、ローカル適応的な製品開発を行った。1つは、インドの農村に向けた1000ドルの携帯型心電計。もう1つは、中国の農村部に向けたノートPCを利用する1万5000ドルのコンパクト超音波診断装置。この2つはとくに技術的に最先端であったわけではない。典型的なグローバル企業と思われていたGEが、インドや中国といった進出先市場の特性に適した製品を現地のチームが主導して開発したことに、人々は驚いたのである。

予想される通り、インドや中国の市場に向けて開発されたこの2つのイノベーションを生み出すには、多くの困難がともなった（Immelt et al., 2009）。

まず、GEは、2つの思い込みを打破しなければならなかった。それは、新興国市場は先進国と同じように発展していくという思い込みと、新興国固有のニーズに対応した製品は先進国では成功しないという思い込みである。この思い込みに支配されていたグローバル企業GEは、グローバル統合に対応した組織構造、意思決定プロセスを確立していた。ゆえに、新興国市場に適した製品を開発しようとしても、いろいろな干渉が入った。

グローバル製造の責任者は、グローバル製品の方が効率的に生産できると反対した。新興国市場に適した製品は低価格にならざるを得ないが、マーケティングの責任者は、低価格品にGEブランドをつけたらブランドに傷がつくのではないかと懸念した。CFOは、低価格品では全社の利益率が引き下げられるのではないかと不安視した。R&D部門の責任者は、なぜグローバルなプロジェクトから新興国での製品開発に資源を割かなければならないのかと文句を言った。

そこでGEは、新興国で開発を行うローカル・グロース・チーム（LGT）を立ち上げ、経営陣直轄にした。トップマネジメントがLGTとグローバル事業との対立を仲裁することによって、LGTをグローバル戦略担当者による圧力から防御したのである。そうして初めて、新興国発のイノベーションが生まれた。

生まれた新製品はインドや中国だけでなく、後に米国でも発売され、新たな利用法も生まれてヒットした。従来GEのイノベーションは、米国で生まれて販売された後、新興国など諸外国で販売されたが、これらの新製品は、新興国発で米国に持っていかれたという意味で、方向が逆転している。いわゆるリバース・イノベーションである。リバース・イノベーションは、GEの人々の思い込みを打破するという意識改革のカンフル剤としての役割を果たし、GEの成長を促したのである。

4. 構造的両利きに不可欠なトップマネジメントの役割

蓄積された資源を活用できるか

リバース・イノベーションがGEの成長を促したこと自体は素晴らしいが、ここで注目すべきは、グローバル統合とローカル適応というトレードオフにいかに対処したかである。先に述べた通り、GEがこのトレードオフに対処する際には、深化が支配的な組織において、組織の主流から離れた独立のサブユニットに探索を担わせるという構造的両利きが行われた。さらにGEの事例を検討すると、この方法がうまくいくためにはいくつかの障害を克服しなければならないことがわかる。

『イノベーションのジレンマ』を著したクレイトン・クリステンセンは、かつて「組織は破壊的変化に直面すると、探索と深化を同時に遂行することはできないので、探索に当たるサブユニットをスピンアウトしなくてはならない」と主張した（Bower and Christensen, 1995）。この助言を受けたヒューレット・パッカード（HP）は、携帯型スキャナ部門を切り離した。しかし、このHPの新規事業は組織の主流から切り離されたので、成熟事業の資産や組織能力を生かせなかった。それゆえ、廃止に追い込まれてしまった。つまり、既存組織に活用すべき資産があるならば、探索を担当するサブユニットもそれを利用できるようにしなければならないのである。

GEは、グローバル統合に適した組織のなかで、新興国市場に適した製品を開発するために、LGTというスペシャル・チームをつくり、ローカル適応（ここでは探索）を行わせた。LGTが追求するローカル適応は、組織の主流で支配的なグローバル統合とは相いれず、主流とはまったく異なるマインドセットや組織ルーティンを必要とする。ゆえに、組織の主流の影響を極力排除するように、LGTは組織から隔離された。

これ自体は、上述のHPの携帯型スキャナ部門と同じである。もし隔離されただけであれば、HPの場合と同じように、独自の資源を有していないLGTは十分な探索ができなかったであろう。しかし、HPとは異なりGEでは、トップのジェフ・イメルトの指示で、GE本体に蓄積されている技術、ブランド、資金といった資源、資産をLGTが利用できるようにした。

ところが、異なるマインドセットや組織ルーティンで動いている探索ユニットが組織の主流の資源、資産を活用しようとすれば、主流はそれに反対し、その芽を摘もうとする（加藤ほか，2020）。既存事業部の資産・能力を活用して新規事業プロジェクトを行う場合、既存事業部から、「自分たちが1円単位でコスト削減し、汗水流して稼ぎ出した利益をどうして湯水のように使うのか？」といった感情的な反発が生じるであろう。

また同調圧力の強い組織では、「とりあえずやってみる」というカルチャーが必要な新規事業プロジェクトが、いつのまにか「決められたことを確実に遂行する」という既存事業のカルチャーに侵され、探索に不可欠な挑戦心や活気が失われてしまう。GEでも、製造、マーケティング、ファイナンス、R&Dの責任者が、LGTに対して口々に反対し、文句を言っていた。

これらの問題に対処し、LGTを機能させたのは、トップマネジメントであった。トップマネジメントは、LGTを経営陣の直轄とし、資源、資産にアクセスすることを可能にするとともに、LGTとグローバル事業との間に入り、グローバル戦略担当者による圧力、干渉、妨害からLGTを守ったのである。

AGCの事業開拓部も経営チーム直轄であるし、ダイキンでもうまくいかなかった空気の価値化プロジェクトを推進したのは会長であった。このように、トップマネジメントが探索を担うサブユニットを明確に位置づけ、保護することが、両利きの経営を成功させるために必要不可欠であると考えられる。

「両利きの経営」成功の条件

「両利きの経営」研究をレビューしたSimsek et al.（2009）は、深化と探索のそれぞれを担う2つの組織の間には構造的な独立性が必要であると主張した。同時に、共通の資産を有効活用するために、別々の組織が共通の戦略的意図、価値、結合メカニズムによってつながっていることが必要だとも指摘している。

O'Reilly and Tushman（2016）も、両利きの経営の成功事例に共通する構成要素として、次の4つを挙げている。①探索と深化が必要であることを正当化する明確な戦略的意図、②新しいベンチャーの育成と資金供給に経営陣が関与し、監督し、その芽を摘もうとする人々から保護すること、③ベンチャーが独自に組織構造面で調整を図れるように、深化型事業から十分な距離を置くとともに、企業内の成熟部門が持つ重要な資産や組織能力を活用するのに必要な組織的インターフェースを注意深く設計すること、④探索ユニットや深化ユニットにまたがって共通のアイデンティティをもたらすビジョン、価値観、文化。

さらに、O'Reilly and Tushman（2016）は、両利きの経営の成功と失敗にかかわるリーダーシップの原則として、次の5つを挙げている。①心に訴えかける戦略的抱負を示して、幹部チームを巻き込む、②どこに探索と深化との緊張関係を持たせるかを明確に選定する、③幹部チーム間の対立に向かい、葛藤から学び、事業間のバランスを図る、④「一貫して矛盾する」リーダーシップ行動を実践する、⑤探索事業や深化事業についての議論や意思決定の実践に時間を割く。

GEのリバース・イノベーションの事例や、上記の両利きの経営の研究者の指摘は、深化を担う組織が探索を担うサブユニットを設ける構造的両利きを成功させるためには、トップマネジメントのコミットメントが重要であることを示唆している。

探索ユニットは、ある程度の独立性が必要ではあるが、組織の主流の資源や資産を利用するために孤立してはならない。ところが、探索ユニットが主流の資源や資産を利用しようとすると、主流による探索ユニットへの介入、抵抗が生まれる。ゆえに、その介入や抵抗から探索ユニットを守るためには、トップマネジメントによる保護、ビジョンによる結合が決定的に重要なのである。

5．探索からの新しい動きが組織を変える

IBMの蹉跌

分離したサブユニットで探索が行われた結果、新しい成長機会、成長戦略、ビジネスモデルなどが見つかったとしよう。構造的両利きの経営が功を奏し、企業が長期的に成功するためには、その新しい動き、成長機会を組織の主流に持ってきて、そこで根づかせることが必要である。ただし、この段階でもいろいろな問題が指摘されている。[4]

探索によって生まれた新しい動きが組織の主流に根づかなかった例として、IBMのPCの事業化前後の話が挙げられる。効率性を追求している組織で、創造性が要求される新規事業を行うときには、社内ベンチャーという別組織で遂行するのがよいということがしばしば主張される。

大型コンピュータの事業を効率よく行う（官僚制的な）既存組織のなかでは、他社に遅れをとっていたPC事業を素早く始めることができないと考えたIBMは、本社から地理的にも離れたフロリダ州ボカラトンに、PCの開発を行う社内ベンチャーを立ち上げた。

マイクロソフトからOS、インテルからプロセッサーを調達するなど、自前主義をとらなかったことに加えて、社内ベンチャーという組織的仕掛けが功を奏したため、IBMのPC事業は迅速に立ち

4　GEのリバース・イノベーションの動きが、この後主流になったとはいえない。野中（1985）は、トップマネジメントよりも、変異を増殖するミドルの役割を重視している。

上がった。ＩＢＭブランドのＰＣが首位を維持できたわけではないが、ＩＢＭ互換機（後のウィンテル・マシン）が事実上の業界標準となり、アップルのマッキントッシュなどを抑えて市場を支配することに成功した。

しかし、ＩＢＭの社内ベンチャーによるＰＣ事業の早期立ち上げには後日談がある。ＰＣの開発は成功したが、ＩＢＭ本体の官僚機構は、ＰＣ事業がいつまでも独立独歩を続けることを許さなかった。そのため、次第にＰＣ事業の独立性は薄められ、それにつれてＰＣ事業では創造性が抑制されてしまった。つまり、隔離された探索ユニットで生まれた新しい動きが、組織の主流を変えるまでには至らなかった。主流を変えるどころか、新規事業が主流の昔ながらの効率性重視のやり方に飲み込まれてしまったのである。

なぜ大企業とベンチャー企業のオープン・イノベーションはうまくいかないのか

同じような問題は、自らはイノベーションを起こすのが難しいと考える日本の既存大企業が、ベンチャー企業と組むオープン・イノベーションでも見られるかもしれない。オープン・イノベーションは、成功トラップにとらわれて深化を偏重する既存大企業が、ベンチャー企業に探索を担わせることによって、構造的両利きの経営を行っていると考えることもできるからである。

ベンチャー企業とのオープン・イノベーションは、大企業の技術とベンチャー企業が有する技術とを組み合わせてイノベーションを起こすことを狙う場合もあるし、既存大企業の資金力、信用力や顧客ベースなどを用いて、ベンチャー企業が生み出した事業機会を実現することを狙う場合もある。さらに、オープン・イノベーションの過程でベンチャー企業のスピード感、企業者精神などを学び、既存大企業が自らを変革することを狙いとする場合もある。

ところが、既存大企業とベンチャー企業とのオープン・イノベーションはなかなかうまくいかないといわれている（名和、2021）。うまくいかない原因は、大企業とベンチャー企業との文化や価値観の違いが大きく、仕事の進め方や意思決定スピードが違うために、協業がうまく行われないからだといわれる（Usman and Vanhaverbeke, 2017）。これはまさしく、深化と探索とでは、必要とされるマインドセットや組織が異なるという従前の指摘と軌を一にしている。

もちろん大企業の社員が、オープン・イノベーションの担当としてベンチャー企業の人と一緒に仕事をするなかで、ベンチャー企業の柔軟で創造的な文化、迅速な意思決定などを学ぶことはあるだろう。しかし、その人が大企業に戻ってきても、大企業が価値観や仕事や意思決定プロセスを変更することは稀である。その結果、大企業に戻った人が、大企業のやり方になじめず、やめてしまうということもある。つまり、オープン・イノベーションで身につけた新しい動きを、大企業の組織の主流に反映させることができないのである。

深化に偏った企業が探索の成果を取り入れて長期的に存続・成長するためには、新しい動きが組織の主流に取り入れられ、企業全体の変革をもたらす必要がある。そのためには、前述のO'Reilly and Tushman（2016）が挙げた両利きの経営の成功事例に共通する4つの構成要素のうち、①探索と深化が必要であることを正当化する明確な戦略的意図と、④探索ユニットや深化ユニットにまたがって共通のアイデンティティをもたらすビジョン、価値観、文化の2つがとくに重要だと考えられる。

この2つによって、企業全体の変革を達成するためには、やはりトップマネジメントの主体的な働きかけが必要であろう。組織の主流が、探索（から生まれる新しい成長機会）が将来的に企業全体にとって重要であることを理解し、探索ユニットと共通のアイデンティティを持つことができれば、企業全体も変わっていけるであろう。

6. まとめ――組織を切り分けトレードオフに対処

本章では、1つの組織のなかに、深化と探索それぞれを担う独立したサブユニットを設け、同時に2つを行う構造的両利きによって、深化と探索のトレードオフへの対処について議論した。探索を担うサブユニットには資源、資産、能力が乏しいので、既存領域（の深化）を担うユニットからそれらを使わせてもらわなければならない。ゆえに、探索ユニットが組織の主流から完全に切り離されている孤立状態に置かれるのは良くない。他方、探索ユニットが独立はしているが、既存領域の資源を使おうとすると、後者から前者へさまざまな干渉・抵抗が行われる。

さらに、探索ユニットから成長に向けた新しい動きが生まれたときには、その新しい動きを組織の主流に持ってきて、そこで根づかせることが、組織の長期的成長には必要である。しかし、その新しい動きは組織の主流のカルチャーに合わず、うまくいかないことが多い。

このような問題を解決して、構造的両利きをうまく行うために、O'Reilly and Tushman（2016）は、トップマネジメントの重要性を主張した。しばしばトップマネジメントは、探索ユニットを自らの直轄とし、既存領域の資源の使用を認め、深化ユニットからの干渉、抵抗から守る。さらに、トップマネジメントは、探索ユニットから生まれた新しい動きを積極的に組織の主流に取り入れ、企業全体の変革を主導することが必要なのである。

他方、本章で見たダイキンの構造的両利きは、それとは少し異なるようにも見える。全社的に見れば、テクノロジー・イノベーションセンター（ＴＩＣ）が探索を担うサブユニットなのだが、探索ユニット（探索を担う技術者）だけを分離・独立させたのがＴＩＣではない。ＴＩＣのなかに、探索を担うグループ（技術者）と深化を担うグループ（技術者）を集めている。ＴＩＣのマネジメント・チームでも、ＴＩＣのなかの各グループでも、個人レベルで深化志向の人と探索志向の人が混じり合い、資源を融通しながら新しい動きを探索し、それを深化にも生かそうとしている。

ときにはコンフリクトを起こしながらも、それを乗り越えて進んでいくことができる人を、人事が見極め、ＴＩＣ（のなかのグループ）に据えている。さらに、事業部で既存事業の開発を行っている技術者をＴＩＣ兼務とし、同じ人に、あるプロジェクトでは深化を担わせ、他のプロジェクトでは探索を担わせるというようなことも行われている。ダイキンでは、トップマネジメントの保護というよりも、人事の仕掛けによって深化と探索が融合しているのである。

このようにダイキンでは、分離独立したサブユニットを公式に設けてそれぞれに異なる人を配置するのではなく、公式には既存事業部に属する人が時に応じて集められて（集まって）探索を担っている。このようなやり方は、Kotter（2014）が提唱するデュアル・システムに近いかもしれない。

デュアル・システムは、日常業務を滞りなく処理し、効率向上のために改善を積み重ねる階層組織とイノベーションや改革を担うネットワーク組織との二重構造になっている。経営幹部が、イノベーションや変革を推進するためにネットワーク組織を発足させることを公に宣言する。すると、階層組織に所属して通常業務を行っている人のなかから、そのミッションの実現に協力したいと思う人が、チェンジ・エージェントとしてネットワーク組織に参加する。

図6－6　デュアル・システム

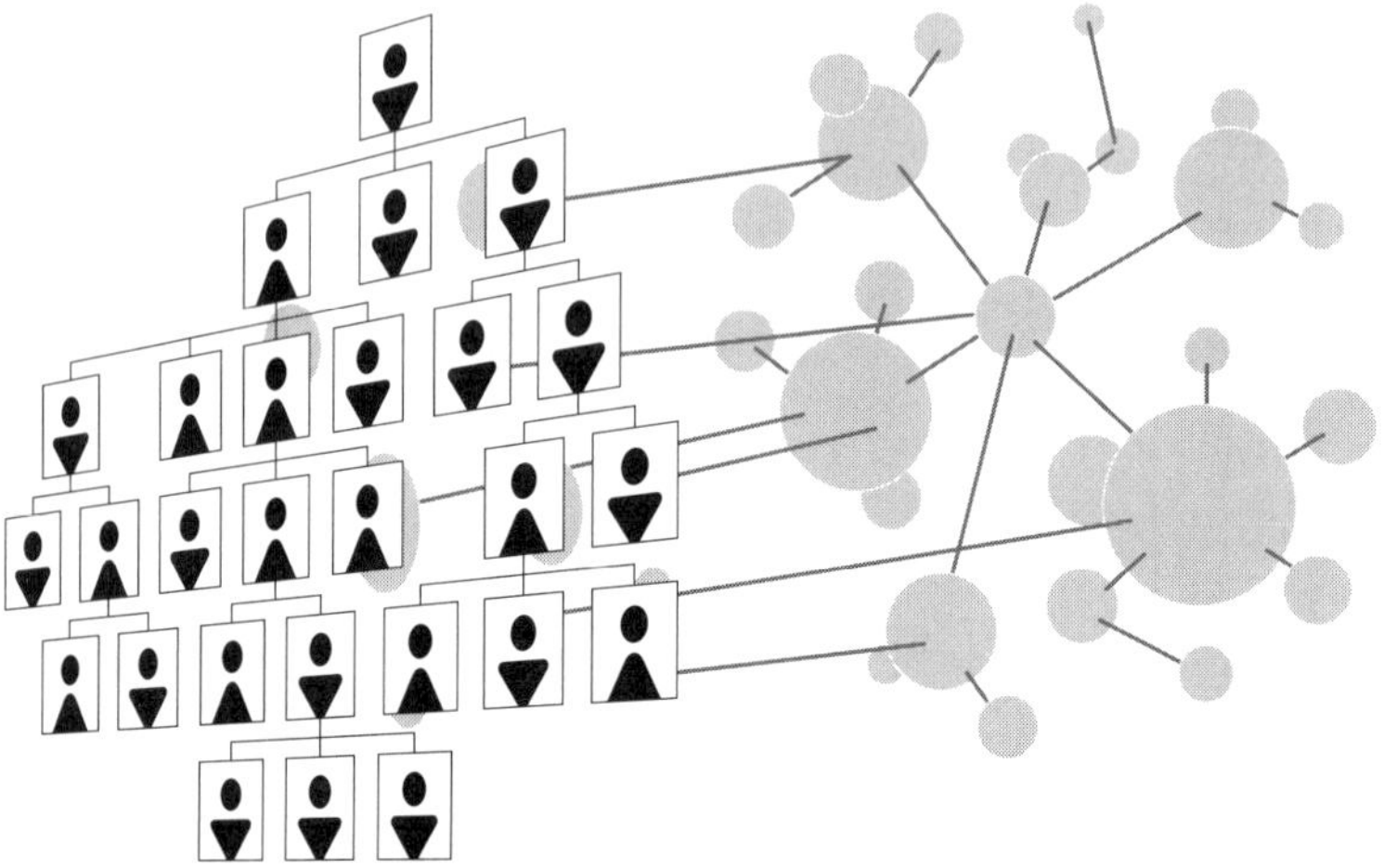

出所：https://bizzine.jp/article/detail/831

つまり、ネットワーク組織に参加する人は、社内のさまざまな階層組織から集まってきた人であり、どちらの組織の活動をするかに応じて、深化志向にも探索志向にもなる。ある階層組織に属する人が自主的にあるネットワーク組織に参加するので、その人を介して階層組織とネットワーク組織は相互作用し、1つのシステムとして機能するのである。

デュアル・システムでは、組織ユニットを分けるのでなく、個人が深化と探索を担うことによって、構造的両利きを行っている。探索を担う組織ユニットはバーチャルなものであり、深化を担っている個人が、時に応じて、探索を担うというように、個人が深化と探索を掛け持ちすることによって、2つのトレードオフに対処しているのである。

第7章

深化 vs. 探索
――時間を分ける

1. 逐次的両利き

前章で議論した構造的両利きは、深化を行うユニットと探索を担うユニットに組織を切り分け、同時に2つの活動を行うことで、トレードオフに対処する方法である。深化を強調し、既存事業の効率的経営を重視してきたので、（財務的）資源は豊富ではあるが、イノベーションや新規事業を創出することが苦手な既存大企業にとっては、探索を担う別ユニットを持つことは有効かもしれない。実際に、そのような経営を志向している企業も見られる。

しかし、構造的両利きは、理論的には深化と探索のトレードオフの対処策にはなっていない。なぜなら、後で述べるように、既存事業が成長しているときには、企業は深化を進めるべきであり、そのときに組織の一部分であれ探索をすると、深化に専念しているライバルに既存事業における競争で負けてしまうからである。

この問題は、Abernathy（1978）が著した『生産性のジレンマ』（未邦訳）のコンテクストで考えると、次のようにいうことができる。自動車産業は内燃機関を動力源とするデザイン・ヒエラルキーのもと、20世紀を通じて発展してきた。20世紀を生き延びてきた自動車メーカーは、その間、深化を推進し、熾烈な競争に勝ち残ってきたのである。その過程で、探索にかなりの力を注ぎ、効率よりも変化や実験、例外対応が得意な有機的組織のままでいる企業は、機械的組織を採用して優れたガソリンエンジン車を効率よく開発・生産・供給する、深化に専念するライバルに競争で負けてしまったであろう。

あるいはChristensen（1997）が『イノベーションのジレンマ』で描いたコンテクストで考えると、次のようになる。かつて、ハードディスク・ドライブの上位メーカーは、大型コンピュータ・メーカーという上顧客をめぐって、熾烈な競争を繰り広げていた。そのときにPCが生まれた。PCなど潜在的な需要にも常に注意を向けるハードディスク・ドライブ・メーカーがいたら、そのメーカーは上顧客である大型コンピュータ・メーカーをめぐる熾烈な競争を生き残れなかったであろう。

そう考えると、深化と探索のトレードオフを理論的に解決するのは、逐次的両利きしか考えられない。すなわち、深化のフェーズではそれに専念し、経営資源を蓄積し、探索が必要になったところで探索活動に切り替え、蓄積した経営資源を探索に投入するという経営のやり方である。もちろん、組織全体が深化から探索にすべて一瞬で切り替わることはない。ゆえに、深化から探索への切り替え時には、実際には深化を追求する組織のなかに探索を追求するサブ・ユニットができる。つまり、切り替え時の組織は構造的両利きを採用していると形式的には見える。しかし、２つの活動が同時に行われるのは、一時的なはずである。探索活動が成功し、新しい成長機会が見出されたら、その成長機会

図7－1　カラーフィルムの世界総需要の推移（2000年の需要＝100）

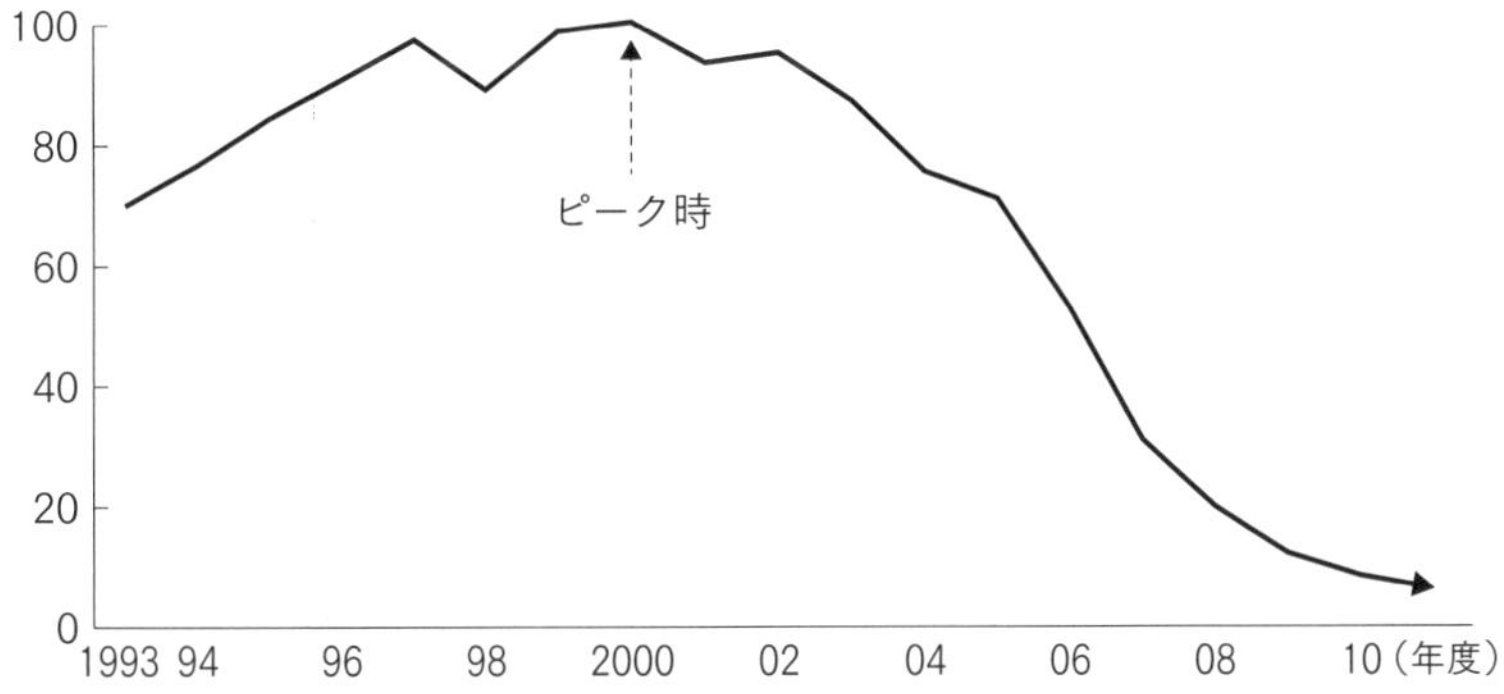

出所：古森（2013）P.2

を実現し、競争に勝って果実を手に入れるためには、深化に再び専念していかなければならないからである。

したがって、本章では、逐次的両利き、あるいは振り子を振るように、2つの相反する価値をそれぞれ追求する時間を繰り返すことによって、長期的にトレードオフに対処する方法について議論する。以下では、逐次的両利きを行って既存事業の消失を乗り越えた、富士フイルムの事例を見てみよう。

2. 消失した写真フィルム市場、生き残った富士フイルム[1]

違いはどこにあったのか

世界の写真フィルム市場を支配してきた日米のトップ企業は、今世紀に入ってから対照的な道をたどった。写真フィルムの世界需要は、2000年にピークとなり、その後減少、消失していったが（図7－1参照）、それにともない、内外の写真フィルム・メーカーの多くが業績

図7−2　富士フイルムの売上高構成比の推移

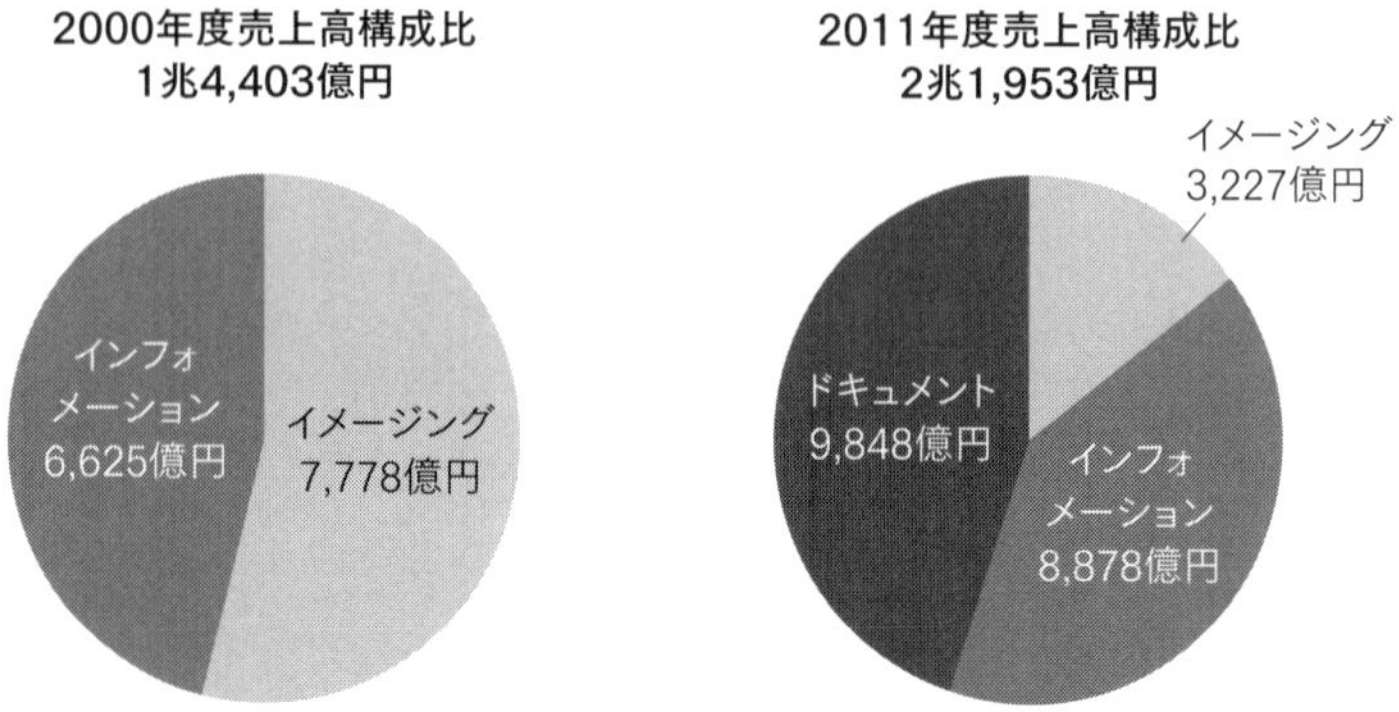

注：写真フィルムの売上はイメージングに含まれ、2000年度は2,737億円、2011年度は220億円。2011年度は連結売上高であり、ドキュメントの売上高はほぼ富士ゼロックスのそれである
出所：『週刊ダイヤモンド』2013年1月12日号、P.86のデータより筆者作成

図7−3　富士フイルムの売上高構成比の推移

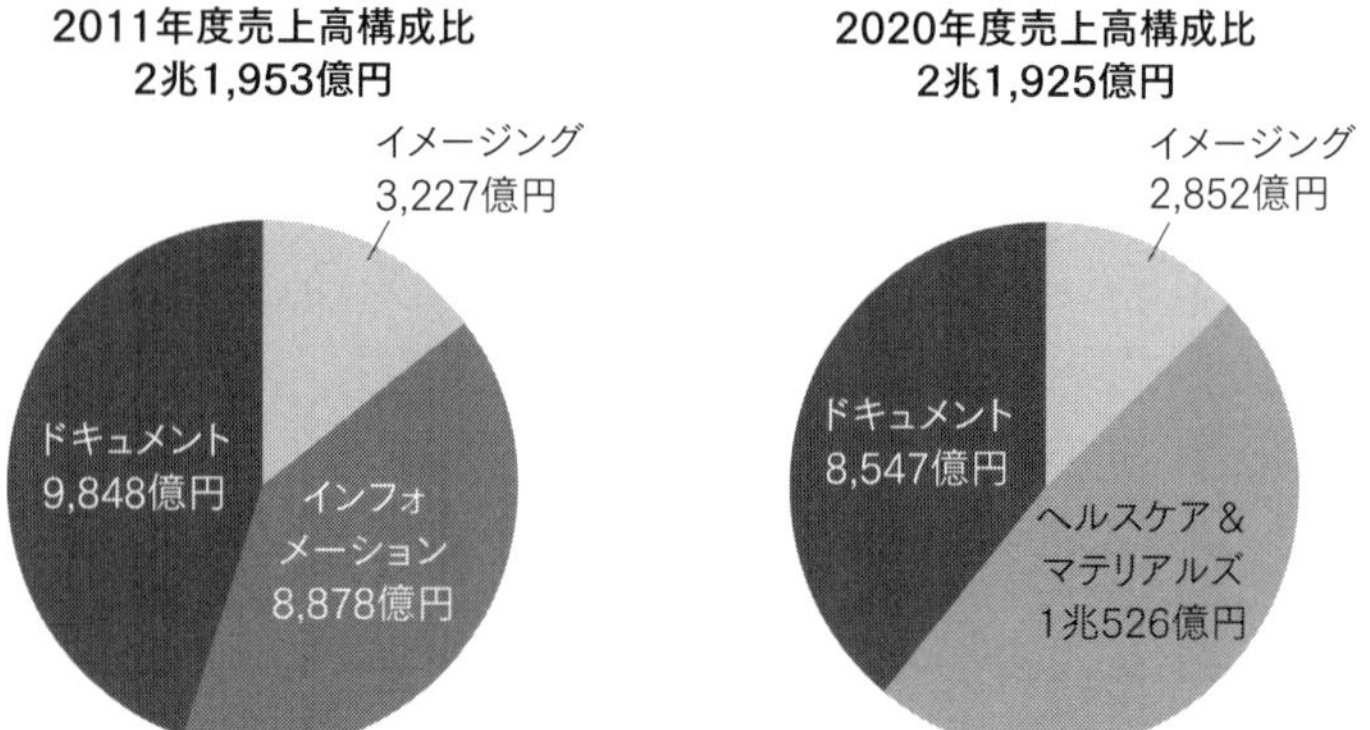

注：写真フィルムの売上はイメージングに含まれ、2011年度は220億円。2011年度、2020年度は連結売上高であり、ドキュメントの売上高はほぼ富士ゼロックスのそれである。2020年度は、インフォメーションがヘルスケア＆マテリアルズというセグメント名に変わった
出所：2011年度は『週刊ダイヤモンド』2013年1月12日号、P.86のデータ、2020年度は富士フイルムホールディングスの2021年3月期決算説明会資料（https://ir.fujifilm.com/ja/investors/ir-materials/earnings-presentations/main/0118/teaserItems5/0/linkList/0/link/ff_20213q4_001j.pdf）のデータより筆者作成

を悪化させた。

ポラロイドは２００１年に破産申請した。日本のコニカは、２００３年にミノルタと合併してコニカミノルタになったが、そのコニカミノルタも06年にはカメラ、フィルム事業から完全撤退した。世界のトップ企業であったイーストマン・コダックも例外ではなかった。経営が破綻し、２０１２年１月、米国連邦破産法第11章にもとづく事業再建手続きの申請がなされた。

日本のトップ企業であり、写真フィルムを含む写真市場で営業利益の７割を稼ぎ出していた富士写真フイルム（現富士フイルム）も、国内販売体制の再構築や写真関連部署の従業員のリストラなどを行わざるを得なかった。売上で見れば、写真フィルムが含まれるイメージング・セグメントの売上は、２０００年度の７７７８億円から11年度には３２２７億円となり、４５００億円あまり減少している。

しかし、富士フイルムは、会社全体で考えると、コダックとは様相が異なる。２０１１年度の富士フイルムの売上は、連結対象にした富士ゼロックス（現富士フイルムビジネスイノベーション）の売上がほとんどのドキュメント・セグメント９８４８億円を除いても、２２９８億円しか減っていない。それは、フラットパネルディスプレイ（ＦＰＤ）材料事業など、いくつかの新事業が含まれるインフォメーション・セグメントの売上が増大したからである。

１　富士フイルムの事例は以下の資料に依拠している。古森（2013）、「富士フイルム：第二の創業」Harvard Business School Case #9-812-J01、「企業レポート富士フイルムホールディングス」『週刊ダイヤモンド』２０１３年1月12日号、PP.84-87、「古森重隆の経営教室」全4回、『日経ビジネス』２０１３年3月4日号、P.44-49、3月11日号、P.64-67、3月18日号、PP.112-116、3月25日号、PP.74-77、「本業消失」『週刊東洋経済』２０１４年4月19日号、PP.32-41。

大幅な売上減を食い止めたのは、FPD材料のなかのセルローストリアセテート（TAC）フィルムであった。富士フイルムは、1960年代からこのフィルムの応用分野を探索していたが、なかなか優れた応用分野が見つからなかった。しかし、1990年代にフィルムの品質が向上したおかげで、TACフィルムはFPDの偏光板保護フィルムとして使われるようになった。保護フィルム以外にも、富士フイルムはシャープと共同でワイドビューフィルムも開発し、1996年に製品化した。その結果、2003年にはFPD事業部は独立部門となった。

その後TACフィルムは、液晶テレビをつくる際になくてはならないものとなった。薄型テレビのディスプレイとして液晶方式とプラズマ方式とが争っていた2000年代前半、富士フイルムは1ライン百数十億円もする設備を一気に2つつくるという、かなり積極的な設備投資を行った。その後、液晶方式が勝利し、TACフィルムの需要が急増した結果、FPD材料事業の売上は、2003年度の760億円から、10年度には2185億円に成長し、写真フィルム売上の急減を補ったのである。

成長の原動力は新規事業

TACフィルム事業の探索は、まだ写真フィルムが成長している1960年代に始められているので、このとき富士フイルムは構造的両利きを行っていたといえるだろう。ところが、富士フイルムが2021年3月期、22年3月期と、連結純利益で2期連続して最高益を更新した原動力は、TACフィルムではなく、写真フィルム事業が危機に陥ってから2010年代に探索、展開された新規事業である。

2000年に社長、03年にCEOとなった古森重隆氏は、04年に策定（06年に修正）した

VISION75で、第2の創業に向けて5つの領域を定めた。高機能材料（FPD材料、電子材料、インクジェット材料）、医療画像とライフサイエンス、グラフィックシステム、ドキュメント、光学デバイスの5分野である。

古森氏は、より体系的に新しい事業機会を見つけ出すために、技術の棚卸を行い、社内の技術が有効な差別化をもたらすような事業機会を探索していった。このプロセスで重要な役割を担ったのが、2006年に設立された先進研究所であった。建設費用は約240億円で、2009年までに総額460億円を研究所に投資する計画が立てられた。

見つけ出された事業機会は、「やれそうか、やるべきか、やりたいか」という三拍子がそろうものに絞り込まれ、経営資源が集中的に投入された。「やれそうか」とは、既存技術を用いて価値ある製品を生み出せるかどうかということである。「やるべきか」とは、市場で勝てるかどうか、オンリーワンあるいはベストワンになれるかどうかということである。「やりたいか」とは、使命感に駆られるような事業かどうかということである。

富士フイルムは伝統的に社内事業開発を重視してきたが、古森氏はM&Aにも力を入れ、既存事業や社内の技術と相乗効果のある新事業の育成を目指した。2004年と05年の2年間だけで、富士フイルムは約30社に1500億円以上を投資した。2004年には小規模なCVCである事業開発ファンドを設立した。2006年にはM&A事業部が設立され、1000億円の予算が割り振られた。

VISION75で掲げられた5つの分野のなかで、とくに有望だと考えられた2つの分野は、先に述べたFPD材料など高機能材料とライフサイエンスであった。もともと富士フイルムのライフサイエンス事業は、医療用画像情報システムや内視鏡を扱っていた。医薬品の開発は行われていたが、医薬品事業が始まったのは、2006年に放射性医薬品などを販売する第一ラジオアイソトープ研究所の全株式を、第一製薬から富士フイルムが譲り受けてからである。しかし、その後も医薬品事業の売上のほとんどは、富士フイルムが社内で開発した医薬品ではなく、2008年に買収した富山化学工業が開発した医薬品が稼ぎ出していた。

再生医療事業の展開

むしろiPS細胞を中心とした再生医療事業の方が、写真フィルム事業で培った社内技術を活用した医療にかかわる事業といえるであろう。2010年、再生医療ベンチャーのジャパン・ティッシュエンジニアリングの発行済み株式41％を取得し、再生医療製品の販売ルートを手に入れた。[2] 写真フィルム用に開発したゼラチンを使い、コラーゲンと同じたんぱく質をつくりだす技術をベースに、細胞を増殖させるための素材を開発し、2012年には京都大学iPS細胞研究所に提供を始めた。[3]

2015年には、米国の再生医療ベンチャーのセルラー・ダイナミクス・インターナショナル（CDI）を買収した。[4] CDIは、iPS細胞を安定的に大量生産する技術を有していた。

こうして富士フイルムは、（iPS細胞による）再生医療事業において、川上から川下までバリューチェーン上のすべての段階を有したことになり、「再生医療の総合メーカー」を目指すといわれた。[5] 当時はまだ市場が立ち上がっていなかったが、再生医療の市場規模は2030年で年12兆円という予測もあった。

また、新薬を発売するまでに動物実験などが行われるが、動物の代わりにiPS細胞で実験すればコストを大幅に削減できるし、ターゲットとしている患者のiPS細胞で実験できれば、有効性もより確実に確かめられる。ｉＰＳ細胞は創薬支援にも使われるので、かなりの市場規模となる。

製造受託事業の拡大

さらに、自社技術が中核になっているので、ｉＰＳ細胞の培養段階の歩留まりを上げることができる。すると、ｉＰＳ細胞を開発した世界中の企業や研究機関が、高い歩留まりを求めて富士フイルムに培養を依頼することが見込まれる。世界中で開発が行われれば行われるほど、富士フイルムの収益がどんどん増えることになる。

実際、２０２１年3月期、22年3月期と2期連続して富士フイルムが最高益をたたき出すことができたのは、ｉＰＳ細胞だけではないが、バイオ医薬品の開発・製造受託事業（ＣＤＭＯ：Contract Development and Manufacturing Organization）のおかげであった。

もちろん富士フイルムにはフィルム事業で培った高い生産技術はあるが、バイオ医薬品の製造は２０１１年に米国のメルク社から製造子会社を買収したことに端を発する。ただし、この買収の目的は、製造受託事業を開始することではなく、富士フイルムが当時研究していたがんの治療薬の自社生産を目的としていた[6]。ところが、がんの治療薬の開発がなかなか進まなかった。そこで、製造子会社

2　ジャパン・ティッシュエンジニアリングは、２０２１年に帝人に売却された。
3　「再生医療、潜在市場狙う」『日本経済新聞』２０１２年10月10日付朝刊。
4　「次はｉＰＳ富士フイルム」『日経ビジネス』２０１５年7月20日号、PP.24-45。
5　「富士フイルム、骨髄から細胞」『日本経済新聞』２０１６年3月25日付朝刊。
6　「富士フイルム　バイオ医薬事業買収」『日本経済新聞』２０１１年2月28日付朝刊。

を遊ばせておくわけにもいかず、新薬が開発されるまでのつなぎとして、製造受託事業を始めたのである。[7]

当時の医薬品業界では、創薬メーカーやバイオベンチャーは開発に特化し、生産は外部に委託する水平分業が盛んになり始めていた。製造受託を始めてみて、それに対する需要が多いことに気づいた富士フイルムは、2010年代後半から設備投資や企業買収を行い、生産能力を増強していった。米国や英国の既存の生産拠点で設備投資を行うとともに、2019年には米バイオジェン社の製造子会社を980億円で買収した。[8] 2020年には1000億円をかけてデンマーク工場の生産能力を増強、21年には2000億円をかけて米国にバイオ医薬品の製造受託拠点を新設すると発表した。[9]

このような積極的な投資を行った結果、富士フイルムはバイオ医薬品の製造で世界2位グループに加わった。コロナ禍で治療薬やワクチンの製造受託が伸びたこともあり、2021年3月期の同事業の売上は、前期比5割増の1000億円前後になった。同事業は全社の収益も押し上げ、富士フイルムの連結純利益は、前期比28％増の1600億円前後になり、最高益が更新された。[10] このように富士フイルムは、2010年代に展開した新規事業が急成長したおかげで、2021年3月期、22年3月期と、連結純利益で2期連続して最高益を更新したのである。

3. 構造的両利きか逐次的両利きか

背景に資金的余裕

たしかにデジカメや液晶ディスプレイ用のTACフィルムは、構造的両利きの成功例のように見られる。1つの組織のなかに、写真フィルムなどの既存事業を担当する深化ユニットと、新規事業の探索ユニットがきっちり分かれて並存し、経営幹部が上から両方を管理していたからである。

しかし、古森氏は、1980年から99年までに2000億円以上が費やされたデジタル・イメージング製品の研究開発は、「あくまでも既存の戦略の延長」と説明していた[11]。見方を変えれば、この研究開発やデジカメの製品化は、消費者向け写真分野でのデジタル技術の開発であり、既存事業である写真にかかわる事業の競争力強化、つまり深化とも考えられるのである。

また、富士フイルムが事業ポートフォリオの転換を本格的に始めたのは、写真フィルムの需要がピークを越えた2000年以降、あるいは04年に古森氏がVISION75を策定してから後のことである。VISION75で掲げられた5つの分野のうち、FPD材料事業とライフサイエンス事業がとくに有望だと考えられていた。FPD材料事業においても、TACフィルム事業の成長に貢献したのは、1990年代までの探索活動というよりも、2000年代前半に行われたかなり積極的な設備投資であるといえる。

また、前述した通り、実際にバイオ医薬品の受託製造事業が、最近の最高益更新の立役者である。

7　「バイオ医薬　受託生産倍増」『日本経済新聞』2017年8月22日付朝刊。
8　「米バイオ薬子会社買収」『日本経済新聞』2019年3月13日付朝刊。
9　「富士フイルム1000億円投資」『日本経済新聞』2020年6月10日付朝刊、「バイオ薬　米に工場」『日本経済新聞』2021年1月8日付朝刊。
10　「富士フイルム最高益」『日本経済新聞』2021年2月10日付朝刊。
11　「富士フイルム：第二の創業」Harvard Business School Case #9-812-J01、P.5。

もちろんバイオ医薬品の受託製造事業においても、写真フィルム事業で培われた生産技術などの社内技術が使われている。しかし、この事業のきっかけとなったのは、2011年にメルクの製造子会社を買収したことである。また、この事業の競争力は、社内技術の活用よりも、その後に行われた能力増強や拠点新設の設備投資、さらなる企業買収によるところが大きいと考えられる。

このようなM&Aや設備投資による新規事業展開ができたのは、富士フイルムに資金的余裕があったことが大きい。富士フイルムは、2004年3月末時点で、現預金を4617億円保有していた。ちなみにカメラ、フィルム事業から撤退したコニカミノルタが同時期に保有していた現預金は、837億円であった。同業他社よりも1桁多い現預金を有していた富士フイルムは、設備投資、研究開発投資、M&A、あるいはリストラなど、変革に必要な投資を行うことができたのである。

では、なぜ富士フイルムはそれほど資金的余裕があったのであろうか。それは、2000年にピークを迎えるまで、写真フィルム事業において深化を続けてきたからであろう。つまり、既存事業の競争力強化（深化）をもっぱら追求してきたがゆえに、後に新規事業の展開（探索）のために必要な資源が蓄積され、資源の蓄積が十分であるために企業変革ができたと考えられるのである。換言すれば、逐次的両利きに成功したのである。

「生産性のジレンマ」を深く考える

深化と探索で考えれば、深化とは既存事業での成長機会をどんどん実現していく過程であるといえる。この考え方は、自動車産業の歴史の研究からAbernathy（1978）が提唱した生産性のジレンマによく表れている。

図7－4　生産性のジレンマにおける産業の成熟化

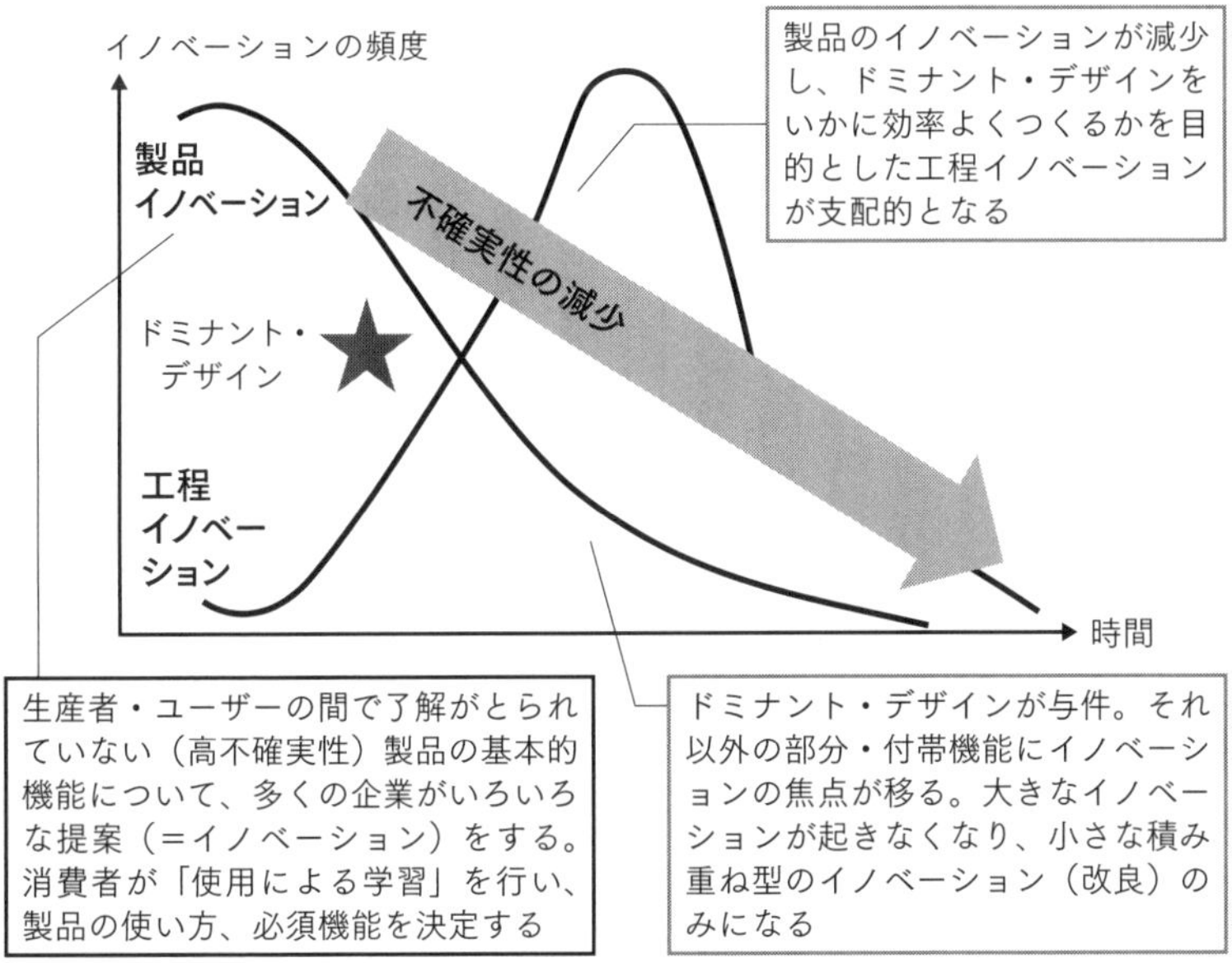

出所：筆者作成

自動車産業の勃興期には、誰も自動車とはどのようなものかわからなかったので、多くの発明家がさまざまな製品イノベーションを起こし、新製品を市場に出し、市場から反応を得た。最初は、蒸気機関など、動力源についての根本的な製品イノベーションがあったという。

市場は、新製品を使ってみて、その良しあしを判断する「使用による学習」を行い、次第に自動車といえばこういうものだという共通理解を消費者、メーカーの間でつくり上げた。これは、ドミナント・デザインと呼ばれる。公的機関が決めるのではなく、市場で自然と決まるという意味では、デファクト・スタンダードに類似した概念である。

ドミナント・デザインができると、

製品イノベーションは減少していき、代わって、ドミナント・デザインをいかに効率よくつくるかという工程イノベーションが頻繁に行われるようになる。そして生産プロセスの決定版が決まると、製品についても、工程についても、小さな改良だけでイノベーションは生まれず、生産性は低下していく。

Abernathy（1978）は、上記のプロセスを産業の成熟化と呼んだが、これは成長の源泉である不確実性＝わからないことを、製品イノベーションや工程イノベーションによって、1つずつつぶしていくプロセスである。つまり、深化によって、不確実性、成長の源泉を1つずつつぶしていくプロセスこそ、成熟化なのである。

成熟化が進む、すなわち深化を追求して不確実性を減らした結果、成長の源泉が枯渇すると、新しい事業、成長の芽を探索するようになる。その方がイノベーションから得られる成長、リターンが大きくなるからである。

つまり、逐次的に深化と探索を繰り返した方が、より効果的に深化から探索への切り替えができるようになるのである。富士フイルムが新規事業に進出し、事業構造を転換できたのは、写真フィルム事業における深化＝成長機会の消滅をどんどん進めたからともいえるのである。

余裕資源と危機感のジレンマ

ただし、深化を追求していけば、企業は自然と逐次的両利きによって長期的に存続できるわけではない。企業変革に成功し、長期的存続が可能になるかどうかは、次に述べるような基本的ジレンマを克服できるかどうかにかかっている。それは、余裕資源と危機感のジレンマである。

企業変革のドライバーとして、危機感の重要性はしばしば指摘される[12]。富士フイルムでは、デジタル化の脅威が取りざたされた１９８０年代後半に、医薬品事業への参入が検討された。しかし、当時は写真フィルムで儲かっていたので、リスクをとる必要性が認められず、参入は中止になったという。技術があり事業機会が見つかったとしても、危機感が欠如していたら変革が進まないということが如実に表れている。

ところが、危機感がありさえすればいいというわけでもない。危機感がもっとも強くなるのは、本当に危機的な状況であり、資源の余裕などない状態である。ところが、この状態では、危機感は強くても、資源が不足しているために、変革に必要な動きがとれない。つまり、危機感と余裕資源はどちらも変革に必要でありながら、一方が強くなると他方が弱くなるという関係にあり、変革を阻害するジレンマを生んでしまうのである。

このジレンマを解消するためには、変革に必要な資源に余裕がある段階で、危機を察知し危機感を醸成しなければならない。そのためには、環境変化・危機に対する現場レベルの感受性の強さ、察知した環境変化や危機のトップマネジメントへの伝達、トップマネジメントの危機察知と危機感の醸成が必要である。

これらは、危機的状況にあるにもかかわらずなかなか変われない企業に対して、変革を遂行するために必要な条件としてしばしば指摘されることである。

12　Kotter（2014）の変革推進プロセスの８段階モデルでは、「危機意識を高める」ことから変革が始まるとされている。

富士フイルムの場合、感材部が、写真フィルムの需要をかなり正確に予測し、トップマネジメントに危機を伝えていた。また、写真フィルム以外の事業を歩んできたために本業にしがらみがなく、思い切った決断をすることができた古森氏というトップマネジメントがいて、この条件を満たしていた。

しかし、より長期的なスパンでの企業の存続を考えると、危機的状況に至る前の段階で、既存事業の競争力を強化して競争に打ち勝ち、余裕資源を大きくすること、すなわち深化の重要性も強調されるべきであろう。

繰り返しになるが、富士フイルムの企業変革は、深化と探索を同時に行ったのではなく、ある時期はもっぱら深化に注力し、変革に必要となる余裕資源を蓄積させ、危機的状況になったら、探索に切り替え、資源を投入して変革を遂行したと考えた方が実情に合っている。すなわち、逐次的両利きが成功したケースだといえるのである。

4. 異なる能力の蓄積——自動車の開発組織

先の事例は、富士フイルムが写真フィルム市場の消失にもかかわらず存続・成長できた理由が、既存事業の深化（競争力の強化）と新規事業の探索（成長力の創造）という2つの目的を達成することによって、企業変革を成し遂げたからであることを示している。

深化と探索という2つの目的は、企業が長期的に存続・成長するためにどちらも必要ではあるが、組織が有する資源を取り合うし、それを遂行する組織の能力、意思決定プロセス、風土が異なるので、トレードオフ関係にある。ゆえに、この2つを同時に追求することは難しい。

さらに富士フイルムの事例は、深化と探索を追求する方法として、前章で議論した構造的両利き（1つの組織を複数の下位単位に分け、それぞれに2つの目的の一方を担当させることによって、1つの組織が2つの目的を同時に追求する）ではない方法があることを示している。

それが逐次的両利きであり、1つの組織が同時に2つの目的を追求するのではなく、深化を追求する時期と探索を追求する時期を分けることで、長期的には2つの目的を遂行することになるというやり方である。

能力蓄積にかかわるトレードオフ

これまで繰り返して述べてきたように、トレードオフ関係にある目的は、深化と探索に限らない。企業にとって必要な能力が、大別して2種類あるとしよう。それぞれの能力を蓄積するためには、資源の取り合いが起きるし、一方の資源の蓄積を進めると、他方の資源が蓄積されなくなったり、減耗したりする。この場合、2種類の能力はトレードオフの関係にあるといえる。この能力蓄積にかかわるトレードオフの対処方法について、ずいぶん昔のことになるが、筆者が学生だったころ、以下のような話を聞いたことがある。

それは、自動車メーカーの開発体制についてである。新車を開発するときには、開発チームの編成方法が2つある。1つは、技術を軸にした編成であり、エンジン、制動、シャーシといった機能・構成部分の技術分野ごとに専門のエンジニアが集結し、ある車が開発されるときには、各専門家集団かららエンジニアが派遣されて一時的なチームがつくられるという方法である。もう1つは、車種を軸にした編成であり、車種ごとに開発チームがつくられ、各分野のエンジニアがそのチームに所属するという編成方法である。

技術を軸にした編成では、分野ごとの技術力は高まるが、市場で売れる車ができにくくなるのに対し、車種を軸にした編成では、市場で評価される車はできるが、分野ごとの技術力が低下していくという。それは、チーム内でどのような人と交流するかによって、身につく能力が異なるからだと考えられる。

もし専門分野もこれまでの経験も異なる人が交流する場合、既存知識や言語も経験も違うので、話が通じにくいであろう。逆に、専門分野も経験も同じ人が交流すると、コミュニケーション効率は高いが、刺激がなく成長が期待できないであろう。

技術を軸にした編成は、専門（技術分野）は同じだが経験（どんな車を開発したか）が異なる人の集まりだと考えられる。専門能力は経験量に応じて高まっていくが、この場合、他の人から自分がやったことのない経験が聞けるので、専門能力（技術力）が非常に高まると考えられる。

他方、車種を軸にした編成は、経験（開発する車種）は同じだが専門（技術分野）が異なる人の集まりである。この場合、他人の経験の疑似体験は期待されない。専門能力の伸びは個人の経験量に依存するので、専門能力が陳腐化することもありうる。しかし、異なる専門の人は異なる発想をする。そのような人たちと交流すると、思いがけないヒントをもらえたりするので、市場で評価される車のためのアイディアが豊かになると考えられるのである。

このように編成方法によって蓄積される能力が異なるということは、市場ニーズをつかむ能力と技術力とがトレードオフだということである。この2種類の能力はどちらも重要なので、当該企業は数年ごとに編成方法を切り替えたという。つまり、技術分野ごとにチーム編成し、数年経ったら車種ご

図7−5　2つの開発体制

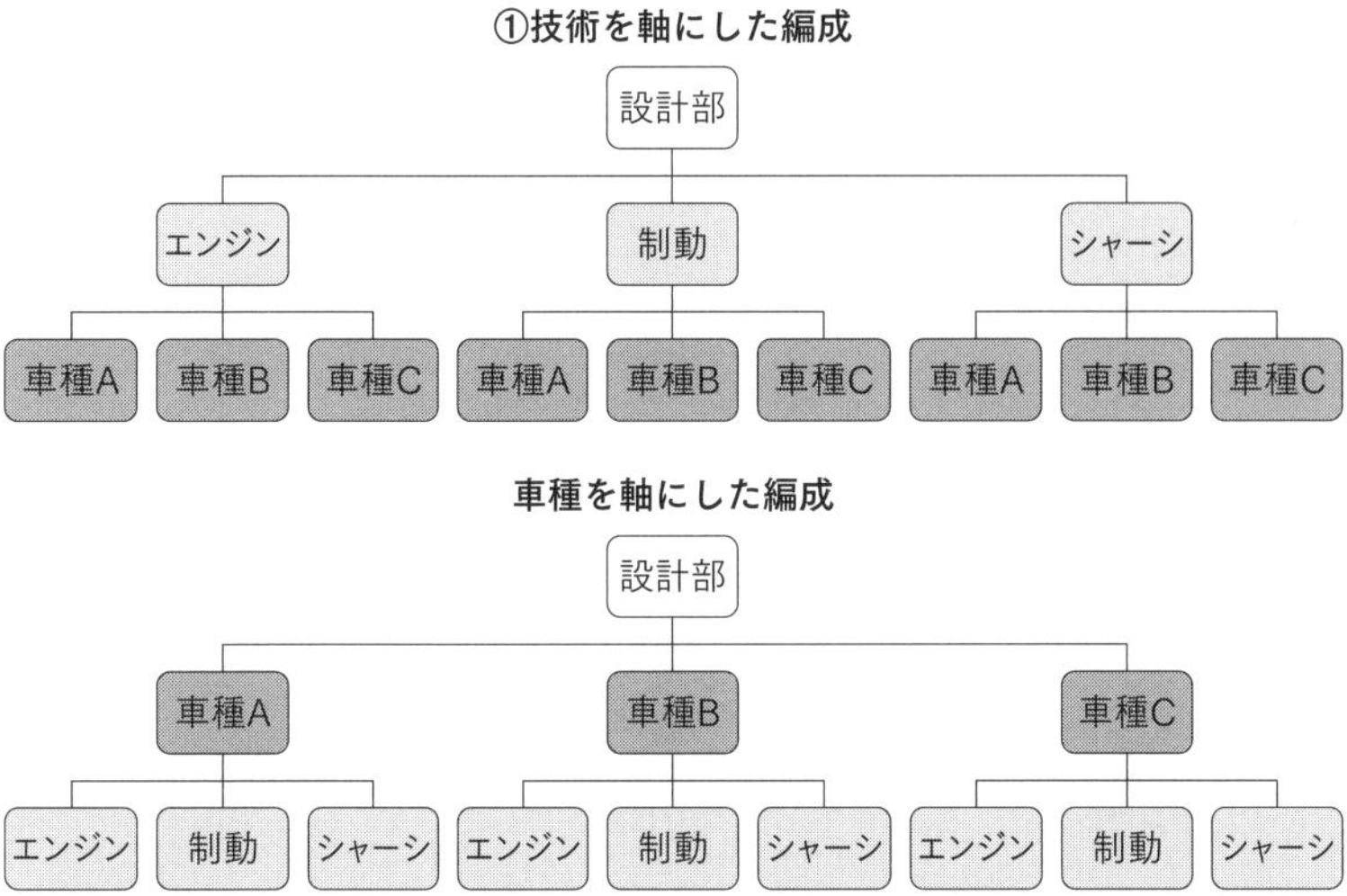

出所：筆者作成

図7−6　人の交流パターンと能力蓄積

出所：筆者作成

とのチーム編成に切り替えるということを繰り返したのである。そうすることによって、売れる車を開発しながらも、技術力の衰えを防いだという話である。

プリウス開発に見るトレードオフ解消——大部屋組織

同じようなことが、最近の自動車産業の開発体制の研究でも指摘されている（新原、2023）。トヨタ自動車で初代プリウスが開発された際には、それまでのチーフエンジニアシステムではなく、最初の6カ月間という期間限定で大部屋組織と呼ばれる開発体制がとられた。

チーフエンジニアシステムとは、ボディ設計部、エンジン部、シャーシ設計部、車両の実験部といった機能別部門ででき上がっている組織を、チーフエンジニアが横串を通す体制である。すなわち、チーフエンジニアが各機能別部門に所属する実務担当エンジニアを使いながら、自分が担当する新車を開発していくというやり方である。各エンジニアは所属する機能別部門に強い帰属意識を持ったままであり、機能別部門長の（各機能別部門の部分最適であり、全社的視点から見ると）バイアスがかかった選好の影響を受ける。

それに対して大部屋組織とは、各機能部門から優秀なエンジニアを出してもらい、集まった各実務担当エンジニアは、所属する機能別部門から離れてチーフエンジニアの部下になり、プリウスの開発に関係する義務に対してのみ責任を負う開発体制である。

大部屋組織では、各実務担当エンジニアは、お互いに直接コミュニケーションをとるのでソフトな情報の相互の交換がより円滑に行われ、機能別部門から組織的に分離しているために全社的観点から開発目標の達成に専念できるというメリットがある。

期間限定によって希釈コストを抑える

新原（2023）は、この大部屋組織で開発が行われたために、ハイブリッド車というアーキテクチャ・イノベーションが成功したと指摘し、ハイブリッド車の開発が大部屋組織というハイブリッド組織を創造し、その後のトヨタにおける新車の開発体制に影響を及ぼしたと主張している。大変興味深い指摘であるが、ここでは、それが６カ月の期間限定であったところに注目したい。

新原（2023）は、Clark and Fujimoto（1991）を引用しながら、日本の自動車メーカーが大部屋活動のようなプロジェクト実行チーム制を広く採用してこなかったのは、大部屋組織には次のような懸念があったからだと指摘している。各機能別部門には、要素技術に関するノウハウ、専門的技術・能力が集積している。ところが、大部屋組織によって、各機能別部門に特化した役割を持つエンジニアが別々の単一のプロジェクトにフルタイムの位置づけで分散すると、この集積したノウハウが失われてしまうかもしれない。

つまり、大部屋組織にすると、専門的技術・能力が失われる「希釈コスト」が心配になるのである。それゆえ、大部屋組織は６カ月でやめ、その後はもとのチーフエンジニアシステムに戻した。そうすれば、エンジニアは各機能別部門の所属に戻るので、専門的能力は衰退しない。６カ月限定の大部屋組織は、希釈コストを増大させないことを担保するという意味で重要であったと考えられる。先述の車種を軸にした編成では専門能力が陳腐化してしまうという指摘は、この希釈コストの議論と同じであることは明らかであろう。

希釈コストが深刻な問題を生んだ例として、クライスラー社（現ステランティス）を挙げることができる（藤本、1997；新原、2023）。クライスラー社は、１９９０年代初めに、大部屋組織に類似したプラットフォーム・チーム制を採用した。これは、自動車の基本モデルごとに専門のメンバーを1つの大部屋に集めて開発を行う体制であった。

当初は、開発期間が大幅に短縮するなど、大きな効果を生んだが、その後は、要素技術のエンジニアが自分の所属するチームの特定モデルのことしか考えず、各要素技術全体の進化を考えなくなってしまったという。つまり、希釈コストが生じ、要素技術の水準が低下したために、クライスラー社の開発が失敗していったのである。

トヨタのハイブリッド車の開発では、大部屋組織という車種を軸にした体制で製品開発を成功させ、その後、技術を軸にした編成に戻すことによって、要素技術の希薄化を食い止めた。トヨタの場合は6カ月、先述の自動車メーカーの話は数年であったが、どちらも開発体制を切り替えることによって、売れる車の開発を実現するとともに、要素技術の蓄積も行っていたのである。換言すれば、開発体制を時間的に切り替えることによって、トレードオフ関係にある能力をどちらも高めていた（陳腐化を防いだ）のである。

5．状況に依存するリーダーシップのスタイル

組織の存続に必要な要件として、探索と深化、コスト低減による利益創出と無駄を許容するイノベーション、製品と機能など、対立する2つの目的があるように、組織のリーダーにも対立する2つの要件がある。例えば、創造性と効率性である。もちろん両方をバランスよく追求できるリーダーもいるのかもしれないが、人によって得意とする要件が異なるので、異なるタイプのリーダーが交代でト

ップに就くことによって、時間的に異なる2つの要件をバランスさせるという組織もしばしば観察される。

意図的ではないにしても、これがもっともうまくいったと考えられるのは、アップルかもしれない。[13]周知の通り、アップルといえばスティーブ・ジョブズ。ジョブズがいなければアップルは成り立たないと考えられてきた。製品開発、マーケティングなど、すべてジョブズの意見や好みによって決められ、彼が会社を形づくってきたといっても過言ではない。ジョブズのもとで、アップルはわれわれの生活を一変させる、あっと驚くようなイノベーションを生み出してきた。まさにジョブズは、クリエイティブなひらめきを提供していたのである。

ところが、2011年、がんに侵されたジョブズが後継者に選んだのは、自分とは対極にあるようなティム・クックであった。クックは、アップルの画期的製品をすばやく完璧に、かつ利益を生みながら大量生産できる世界トップクラスのサプライチェーンを構築・管理してきた。クックは実用一辺倒であり、効率性の極みのようなリーダーである。

創造性の極みであるジョブズを欠いたアップルでは、クックは釣り合いをとる相手を失ったともいえる。それゆえ、クックが引き継いでから、あっと驚くようなイノベーションが生まれず、アップルらしさが失われたという批判がよく聞かれた。他方、iPod、iPad、iPhoneなど次々とイノベーションを生み出してきたアップルは、グローバルな大企業に成長した。この大きさになると、決まり事など無視して組織メンバーに負荷をかけるジョブズ（のやり方）では、うまく経営できなか

13　このアップルの記述は、主にKane（2014）に拠っている。

ったであろう。

ゆえに、このようにグローバルな大企業という進化の段階に達したアップルにとっては、組織運営の達人であるクックのようなリーダーが必要だと考える人もいた。実際、驚くようなイノベーションは減ったかもしれないが、ジョブズの死後、アップルは最高益を更新するのである。

ジョブズがクックにCEOを譲るときの2人の会話が興味深い。ジョブズはクックに「僕だったらなにをしただろうかと考えないでほしい。ただ、正しいことをすればいい」とアドバイスをした。これは、ウォルト・ディズニーが亡くなった後のディズニーと同じように、アップルが迷走しないでほしいとジョブズが考えたからであった。

ウォルト・ディズニーの死後、人々は「ウォルトならなにをしただろうか」ということばかり考えて、視線が定まらなくなり、ビジネスが麻痺してしまったといわれる。これを知ったジョブズは、アップルはそうなってはならないと考えたから、このようなアドバイスをした（しかし実際には、「スティーブ・ジョブズならどうするだろうか？（What would Steve Jobs do?）」の頭文字、WWSJDというナンバーを車につけている社員もいた）。ひょっとしたら、ジョブズも、これからのアップルにとっては、自分ではなくクックのようなリーダーがふさわしいと考えていたのかもしれない。

創造性を追求するリーダーから効率性を追求するリーダーに代わると、その組織の創造性は低下するかもしれないが、効率性は向上する。逆にいえば、今、当該組織がどのような課題に直面しているか、どの要件を必要としているかを理解し、その課題解決にふさわしい、その要件の追求が得意な人をリーダーにすればよい。2010年ごろのアップルのように、それまではもっぱら創造性を追求して成長してきたが、これからは効率性に重きを置くべきならば、効率性の追求が得意な人をリーダーにするのが望ましいのである。

6．まとめ――時間差によるトレードオフの解消

有効な２つの場合

本章では、トレードオフ関係にある２つの目的を時間的に切り替えながら追求し、長期的に２つの目的を達成するという方法について議論した。トレードオフ関係にある２つの目的に取り組むことが難しいのが、同時に取り組むからであれば、本章で議論した方法は有効であろう。むしろ、次のようないくつかの場合には、時間差を使ってトレードオフに対処する方が、同時に２つの目的に取り組むよりも優れていると考えられる。

１つは、最初にある目的を追求すると、その過程でもう一方の目的の達成を促す能力、資源が身につく場合である。例えば、富士フイルムのように、まず深化を追求して既存事業で競争力が向上すると、財務的資源（余裕資金）が増大する。それは、探索（新規事業に向けた研究開発、Ｍ＆Ａなど）に向けることができる。つまり、深化を追求することによって、探索を可能にする能力・資源が身につくのである。

逆に、深化と探索を同時に行うと、すぐに新規事業から多くのリターンが得られるわけではないにもかかわらず、既存事業におけるルーティンを混乱させ、リターンを減少させる可能性が高い。結果として、既存事業における損失を補うだけの成功を新規事業で達成することはできず、将来の探索のための資源を既存事業から獲得・蓄積することもできないかもしれないのである（He and Wong,

2004; Mitchell and Singh, 1993)[14]。

ある目的を追求する過程で入手することができる能力・資源で、他の目的の達成のために使うことができるものは財務的資源に限らない。例えばヤマト運輸が宅急便を始めるとき、サービスとコストがトレードオフの関係にあることが強く意識された（小倉、1999）。サービス（例えば配送頻度や地域的なカバレッジ）を良くしようとするとコストがかさみ、コスト（営業所やドライバーの数）を抑えようとすればサービスが抑制されなければならない。

そこで小倉昌男氏は、「サービスが先、利益は後」という方針を打ち出した。当面、収支は度外視し、サービス向上に注力する。しかし、ずっと利益を無視するわけではない。サービスが向上すれば、荷物が増え（荷物の密度が濃くなり）、利益が出るようになる。つまり、まず一方の目的であるサービスを追求し、サービスで差別化ができるようになったら、次はもう一方の利益を追求する条件が整うので、それを待って利益を追求する方がよいと考えたのである。

時間差によるトレードオフ解消の方が同時に解消しようとするよりも優れている2つめの場合は、片方の目的の追求に専念した方が、そこから得られるリターンをより早く回収できる場合である。本章で議論してきた深化と探索という2つの目的を考えよう。

深化から探索へ追求する目的を切り替えるのは、深化を追求することから得られるリターン（財務的資源）が減り、探索を追求した方が得られるリターンが大きくなるときだと考えられる。すると、深化からリターンを早く回収し、深化からリターンを得る機会が少なくなってしまえば、追求する目的を探索に早く切り替えることができるであろう。

コンピテンシー・トラップの強さ次第で対応は変わる

これまでの両利きの経営にかかわる研究のなかには、深化よりも探索の重要性を主張するものが多い。例えば Benner and Tushman（2003）は、Abernathy（1978）の成熟化のプロセスを再検討し、TQCなどのプロセス・マネジメントが効率性向上に貢献することを確認した[15]。しかし、成熟化が進むにつれて支配的になるプロセス・マネジメントは、バリエーション削減志向の深化なので、探索を抑制してしまう。しかるに、企業の長期的存続を可能にするダイナミック・ケーパビリティには、深化と探索の両方が必要なので、意識して探索を強調しなければならないと主張した。

また、Ghemawat and Ricart I Costa（1993）は、効率性には、既存の製品、工程、能力を洗練させる静的効率性（static efficiency）と、新規のそれを開拓する動的効率性（dynamic efficiency）とがあり、

14　Levitt and March（1988）は、過度に深化を強調すると深化ばかりが行われるコンピテンシー・トラップに陥ってしまうと警告し、トラップから脱するためにローカルサーチを超えることを強調する。他方、Levinthal and March（1993）は、過度に探索を強調するのは同様に破滅をもたらすと主張する。つまり、深化と探索のいずれも、一方を追求し始めるとさらにそれが促進され、他方にスイッチできなくなる危険性がある。また、第６章で述べたように、He and Wong（2004）は、深化と探索を同時に行うと売上は伸びるし、深化と探索のどちらかを追求しすぎてバランスを崩すと売上は低迷するという実証結果を得た。ただし、彼らの分析は短期間である。産業の成熟化という長期プロセスでは、深化に専念しない企業は、深化に専念する企業との激しい競争に負けてしまうかもしれない。同時に両利きを行った結果淘汰されてしまった企業は、彼らの分析のサンプルに入らず、サンプルバイアスがあるかもしれない。ゆえに、同時の両利きと時間差による両利きのどちらが優れているかは、彼らの分析から知ることはできない。

15　筆者は、35年前の修士論文において、Abernathy（1978）の生産性のジレンマをはじめ、組織論、意思決定論の既存研究を統合して、企業成長のモデルを提唱した。それについては、本章の補論３で簡単にまとめられている。

企業にとっては両方の効率性が必要であると指摘した。ここで、前者が深化、後者が探索と近いことは明らかであろう。彼らは、いったん組織が静的効率性を追求すると、なかなか動的効率性の追求に戻らない傾向があるので、あえて動的効率性の追求に重点を置く必要があると主張した。

これらの研究は、深化を追求するとますます深化が追求されるようになるというコンピテンシー・トラップが強く働く場合には、不可逆性が強いので、探索の重要性を強調するのであろう。

であれば、逆にコンピテンシー・トラップがそれほど強くない（切り替えが必要なタイミングになればそれが認識される）場合には、時間的に深化と探索を切り替える方がよい。さらに、もっぱら静的効率性を追求すると、探索に使える資源が豊富に蓄積されるという条件や、静的効率性に専念しないと、現在の競争で負けてしまい、生き残れないといった条件があれば、深化と探索を同時にバランスさせるよりも、時間的に切り替えて長期的にバランスさせる方が優れていると考えられるのである。

［補論３］ 企業の長期的成長のモデル――３つの理論の統合

第６章では、深化と探索を担うユニットを別々に設け、２つの活動を同時に行う構造的両利きについて議論したが、第７章では、深化をもっぱら追求した後、探索にスイッチするというように、時間的に２つの活動を切り替える逐次的両利きについて議論した。

逐次的両利きは、断続平衡あるいは区切り平衡（punctuated equilibrium）と呼ばれ、（構造的）両利き（ambidexterity）と並んで、企業の長期的存続、成長を可能にする方法として、多くの研究者が議論してきた（例えば、Burgelman, 2002; Levinthal and March, 1993; Tushman and Romanelli, 1985)[16]。

筆者自身、30年以上前の修士論文で、時間的な切り替えによって企業が長期的に存続・成長できるのではないかという議論を展開した（淺羽、1987；1990)。この補論では、イノベーションと産業成熟化の理論、組織学習理論、コンティンジェンシー理論の３つの理論を統合した、断続平衡による企

16　断続平衡（説）は、進化生物学の理論の1つで、系統漸進説に対比する考え方である。系統漸進説は、生物の種が徐々に進化すると考えるのに対し、断続平衡説は、生物の種が急激に変化する期間とほとんど変化しない静止（平衡、停滞）期間を持つと考える。

業の長期的存続・成長のモデルを概観しよう。

第7章でも議論したように、Abernathy（1978）は、生産性のジレンマのモデルにおいて、産業の成熟化とは、成長の源泉である不確実性＝わからないことを、製品イノベーションや工程イノベーションによって、1つずつ削減＝決定するプロセスであると定義した。このように定義された産業の成熟化過程では、企業をめぐるさまざまな面で変化が生じることが指摘されている。

例えば、不確実性が高く変化が多い不安定な市場から、不確実性が低下した安定的な市場に変化する。それにともない、ユニークな製品を提供する無数の小企業による競争から、大企業の寡占競争に変わっていく。

製品イノベーションについていえば、産業初期には、ドラスティックなイノベーション（デザイン・ヒエラルキーの根本的な部分についてのイノベーション）によって、多様な製品が生み出されるが、次第にインクリメンタル・イノベーション（根本的な部分は所与とし、その周辺部分で生み出される積み重ね的なイノベーション）に変わっていく。

工程についていえば、産業初期には、小規模工場で汎用機械を用いた労働集約的な工程が支配的であるが、ドミナント・デザインが登場すると、大きな工程イノベーションが起こって専用機械を備えた大規模工場がつくられ、資本集約的な工程に変化する。しかし、成熟段階では、工程で小さな改良しか起こらなくなる。

最後に企業組織は、有機的組織から機械的組織へ変化する。有機的組織とは、階層的にはフラットで、決まり事が少なく、ルールからの逸脱や例外が許容される、柔軟で変化に適応しやすい組織である。それに対して機械的組織とは、多階層で、例外が許されないきっちりとしたルールに則った、効

図7－7　産業の成熟化にともなうさまざまな変化

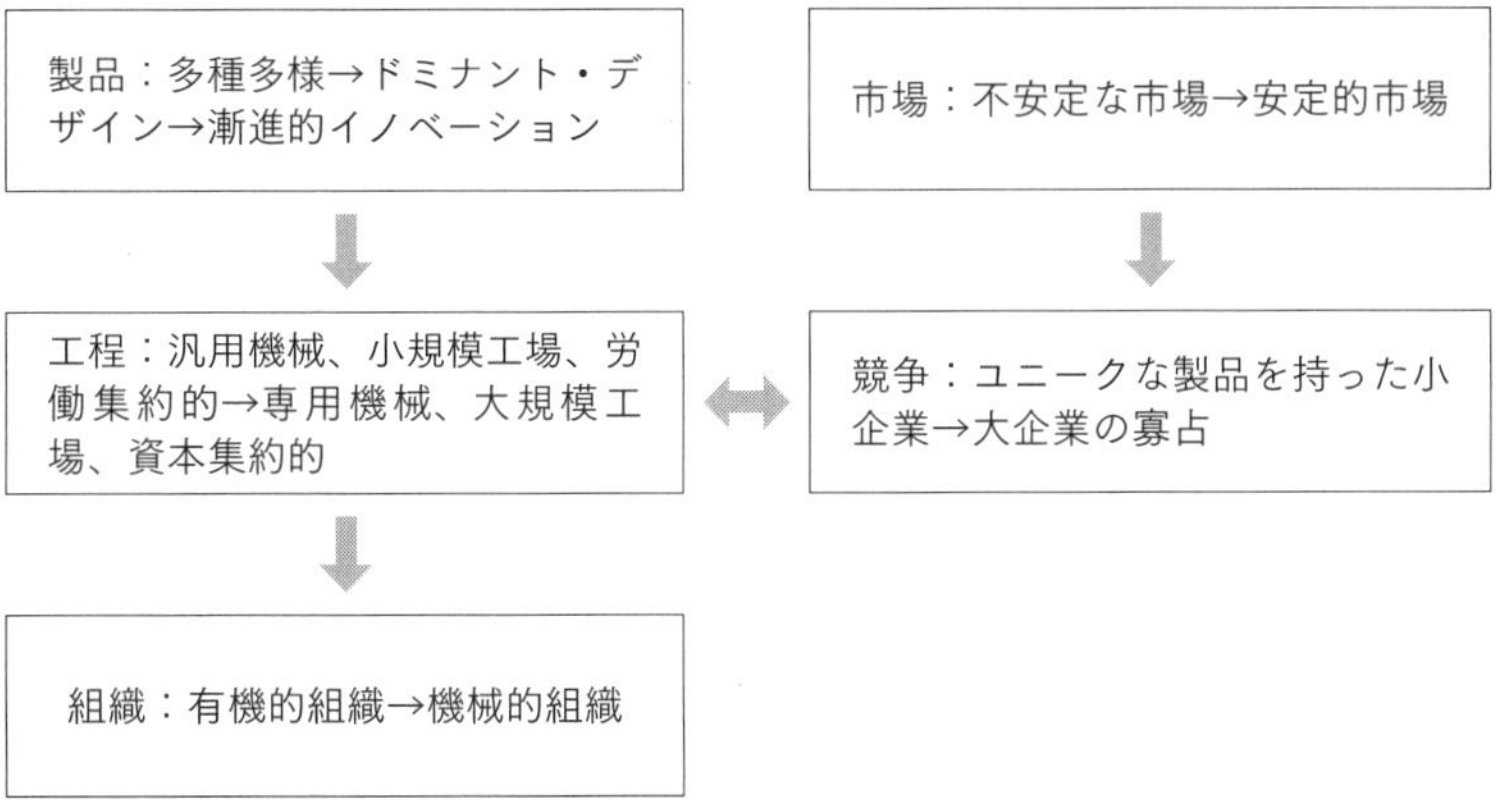
製品：多種多様→ドミナント・デザイン→漸進的イノベーション
市場：不安定な市場→安定的市場
工程：汎用機械、小規模工場、労働集約的→専用機械、大規模工場、資本集約的
競争：ユニークな製品を持った小企業→大企業の寡占
組織：有機的組織→機械的組織

出所：筆者作成

率性は高いが変化には対応しにくい組織である。

ここで、製品や工程面で指摘されている、ドラスティック・イノベーションからインクリメンタル・イノベーションへの変化と、March（1991）が指摘している深化と探索という2種類の組織学習の間には、対応関係がある。市場の不確実性が高い変動的環境下で起こるドラスティック・イノベーションは、探索的活動から生み出されるのに対し、不確実性が削減された安定的環境下で起こるインクリメンタル・イノベーションは、深化的活動から生み出されやすいのである。

他方、企業組織の変化は、環境の不確実性の程度と企業の組織との対応関係を研究したコンティンジェンシー理論と対応している。例えば、情報処理パラダイムにもとづくコンティンジェンシー理論の先駆的研究である Burns and Stalker（1961）は、環境の不確実性が高いときには、ルールがきっちり定まっておらず、例外、実験が許容され、フラットな有機的組織が適しているのに対し、環境の不確実性が低いときには、ルールが完備され、逸脱が許されず、決まったことを効

図7－8　生産性のジレンマ、コンティンジェンシー理論、組織学習の対応

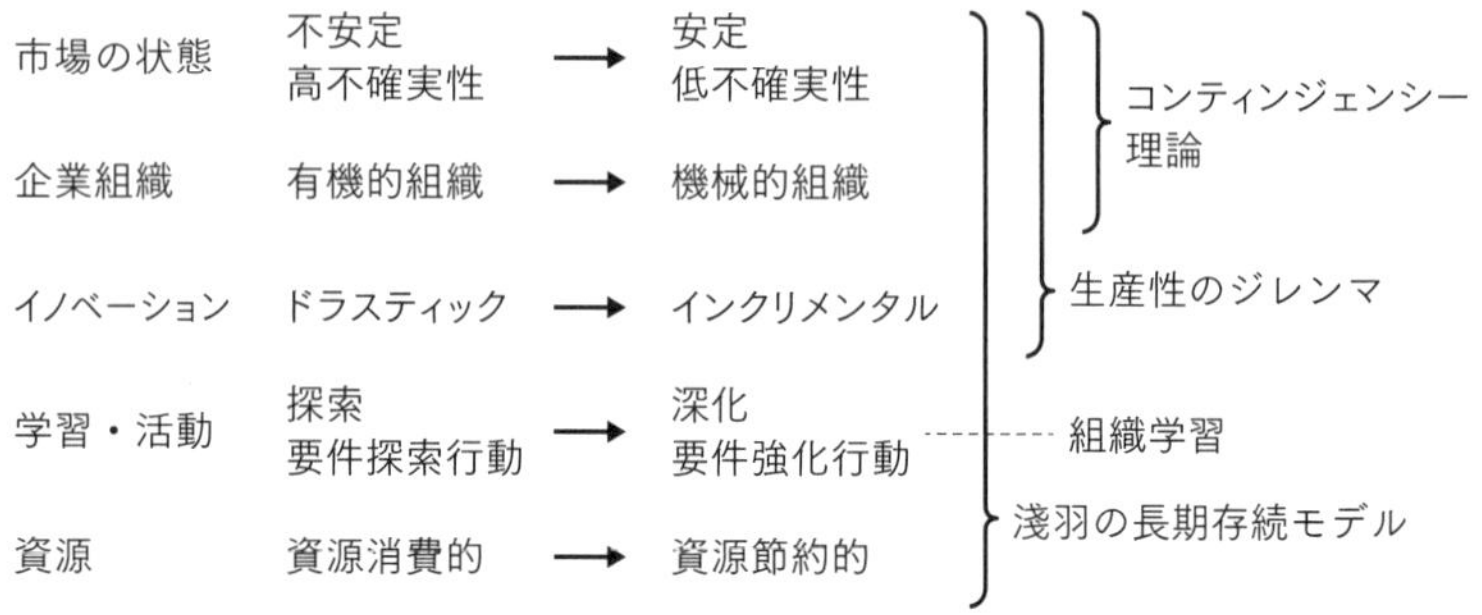

出所：筆者作成

率的に行うのが得意な多階層の機械的組織が適していると主張する。これは、環境の不確実性が低下して産業が成熟化するにつれて、企業の組織構造が有機的組織から機械的組織に変わるというAbernathy（1978）の指摘と対応している。

　第7章でも若干議論したように、このような対応関係を見出したBenner and Tushman（2002；2003）やAdler et al.（2009）は、企業が長期的に成長するためには深化と探索の両方が必要であるにもかかわらず、企業が深化的活動に偏り、探索的活動が行われにくいというコンピテンシー・トラップに陥ってしまうので、探索を担うユニットを分離して設ける構造的両利きが必要であると主張した。

　コンピテンシー・トラップに陥ってしまったときには、構造的両利きは有効であるが、構造的両利きの優位性を主張する人たちが見逃していることがある。企業がなんらかの活動を行うには、資源の投入が必要である。企業は、なんらかの活動を行う結果、資源を獲得する。資源は蓄積されると同時に、減耗する。しかるに、構造的両利きの優位性を主張する人は、資源については議論しない。企業が長期的に存続・成長するためには、資源の投入、獲得、蓄積、減耗といったダ

図7－9　企業の長期存続・成長モデル

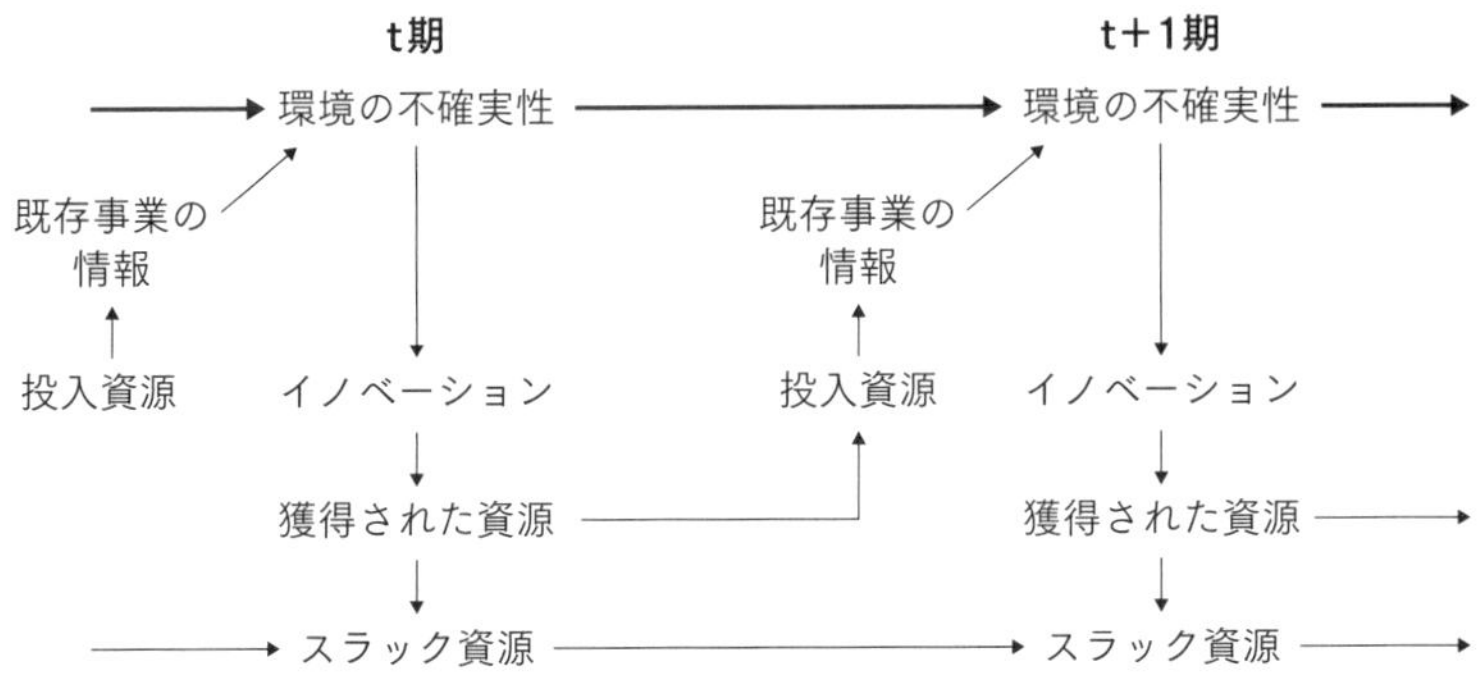

出所：筆者作成

イナミズムによって決まる資源が確保されなければならないということを見逃しているのである。[17]

それに対して淺羽（1987；1990）は、企業の資源投入、獲得、蓄積、減耗を組み込んだ、企業の長期的存続・成長のモデルを提唱した。そこでは、環境の不確実性を、Abernathy（1978）のように、企業が事業を遂行するうえで製品や工程に関して特定すべき要件が特定されていない程度とする。企業はイノベーションを通じて特定されていない要件に対する自分なりの解を提示し、市場から反応を得ることによって、要件を特定し、不確実性を削減していくと考えられる。

また、企業は、経営資源を投入することによってイノベーションを起こし、イノベーションを起こすことによって経営資源を獲得する。ここで経営資源とは、イノベーションを起こすために必要な、財務資源、情報資源、企業者能力であるとする。

既存事業の成熟化のプロセスでは、Abernathy（1978）が指摘したように、企業はドラスティック・イノベーションを起こし、要件を特定し、不確実性を削減していく。ドラスティック・イノベーションは、探索的活動であるが、淺羽

（1987）では、要件探索行動と呼ばれる。その結果、ほとんどの要件が特定され、不確実性が低減すると、企業が起こすイノベーションはインクリメンタル・イノベーションがほとんどになる。このイノベーションは深化的活動であり、浅羽（1987）では要件強化行動と呼ばれる。

また、要件探索行動は資源消費的（資源の獲得量＜投入量）なのに対し、要件強化行動は資源節約的（資源の獲得量＞投入量）である。ゆえに、要件強化行動が主流になるにしたがって、獲得される資源よりも消費される資源の方が少なくなり、その差はスラック資源となって企業内に蓄積される。

企業者能力がスラック化すると新しい成長機会が探索される。その際には、直接的・間接的に収集される新規事業にかかわる情報が活用される。さらに、スラック化した財務資源や情報資源が利用されて、新規事業展開が行われるのである。

以上が、資源投入、獲得、蓄積、減耗を考慮に入れた、企業の長期的存続・成長のモデルの概要である。もちろん、スラック化した企業者能力が活用されないと、企業者的人材がスピンアウトしたり、意欲が低下したりして、企業者能力が減耗してしまう。ゆえに、減耗する前に新しい成長機会の探索活動が起こり、スラック化した情報資源や財務資源を使って新規事業が開始されなければ、企業の長期的存続、成長は実現しない。[18] したがって、上記の企業の長期的存続・成長のモデルに加えて、どうやって新規事業が開始されるかを明らかにし、このモデルに組み込むことが期待される。

17　資源について議論していないというより、資源が十分あるにもかかわらず、イノベーションや新規事業が生まれない組織をイノベーティブにするための方法として、構造的両利きが提唱されていると考えた方がよいかもしれない。

18　先の注17で述べたように、このような場合に構造的両利きが必要となるのかもしれない。

第8章 経済価値 vs. 社会価値

――高次のレベルで考える

2015年9月25日、国連総会において、持続可能な開発のための17の国際目標、いわゆるSDGs（Sustainable Development Goals）が採択された。2019年8月19日には、米国の主要企業の経営者団体であるビジネス・ラウンドテーブルが、「株主第一主義」を見直し、従業員や地域社会などの利益を尊重した事業運営に取り組むと宣言した。これらがきっかけとなり、マルチステークホルダー・マネジメントの重要性が世界的に謳われるようになった。

日本でも、株主資本主義から株主以外のステークホルダーも重視する「新しい資本主義」への転換が叫ばれた。「新しい資本主義」がなにを意味するかは必ずしも明確ではないが、企業が経済価値だけでなく社会価値も追求すべきだという考え方が含まれることには、大方の同意が得られるであろう。

しかし、経済価値と社会価値とは、多くの場合、相反する。例えば、環境に良い原材料はそうでないものに比べて高くつくことが多いので、それを使った事業は高い社会価値を実現するかもしれないが、経済価値を損ねてしまいかねない。一般的に、社会的課題を解決する事業は儲からないことが多いので、それ以外の収益事業に経営資源を投入した方が大きな利益をあげることができるといわれる。つまり、経済価値と社会価値とはトレードオフの関係にある場合が多いのである。本章では、最近よく議論されるこのトレードオフの解決方法について考えてみよう。

1. 両立を成し遂げたユニリーバ[1]

USLPの策定

ポール・ポルマンは、P&G、ネスレといった会社でキャリアを積み、2009年にユニリーバのCEOに就任した。ユニリーバは当時、死のスパイラルに陥っていた。いくつかの企業を買い漁ったが、M&Aはうまくいかずに損失を生んだ。短期的な利益回復のために、コスト削減を行ったが、その結果、製品品質、顧客ロイヤリティ、従業員のやる気が低下してしまい、さらなる損失を招いていた。

当時、他の企業経営者の多くは、VUCA（volatility, uncertainty, complexity, ambiguity）な世界において、自社がいかにして耐え忍ぶことができるかを考えていた。それに対してポルマンは、次のように問いを変えた。

利益だけに注力するのではなく、利益をあげながら世界の課題を解決することはできないだろうか。ビジネスで社会を進歩させられないか。自社もESG（環境の改善、社会の進歩、持続可能なガバナンス）に注力できないか。どうしたら、社会を利用して会社に奉仕させるのではなく、会社を利用して社会に奉仕することができるだろうか。

図8−1　ユニリーバ・サステナブル・リビング・プラン

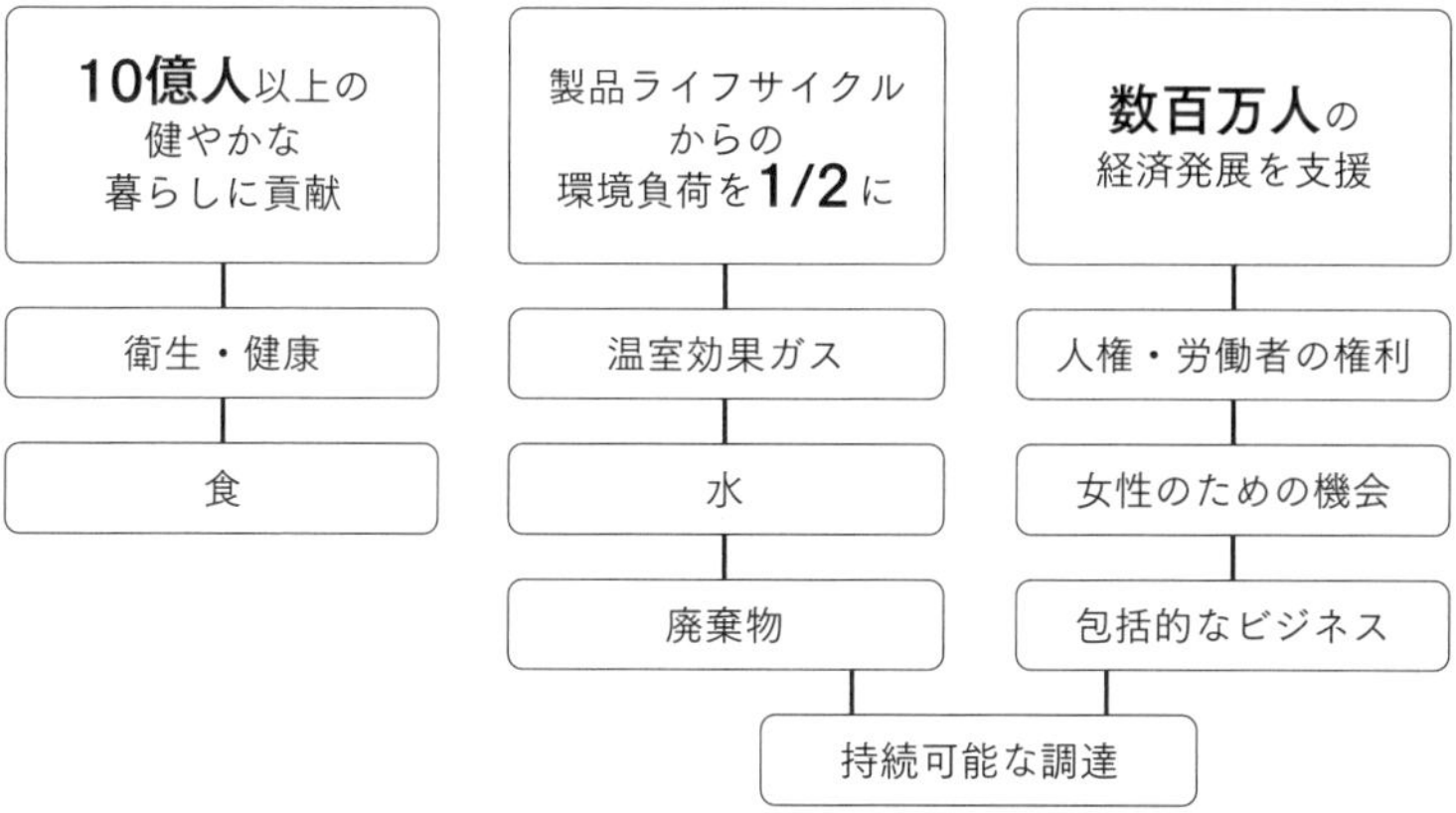

出所：自然エネルギー財団「ユニリーバ 世界5大陸で自然エネルギー100％を達成 サステナブルなブランドが高成長に」（https://www.renewable-ei.org/pdfdownload/activities/CorpCS_Unilever_201912.pdf）P.2をもとに筆者作成

これらの問いは、2010年、「環境負荷を減らし社会に貢献しながらビジネスを2倍にする」というビジョンのもと、20年をターゲットに、3つの目標を掲げたユニリーバ・サステナブル・リビング・プラン（USLP）の策定につながった。3つの目標とは、「10億人以上の健やかな暮らしに貢献」「環境負荷を2分の1に」「数百万人の経済発展を支援」の3つである。

USLPは地球環境を癒やし、地球によって持続できている生活を進歩させるために工夫することで、利益をあげられるようにする長期的なビジョンである。ただし、サステナビリティと長期的価値の創造をユニリーバのビジネスモデルの中心に据えるというこのポルマンの誓約は、当初は投資家たちから懐疑的な眼差しを向けられていた。

ポルマンは、原材料の調達や商品の包装に関する革新的なアプローチを開発したほか、サプライヤーとの新たな関係の構築や、より健康的な製品の生産、労働条件の改善といった実績も残した。

また、四半期業績予想の公表を中止し、長期的なマルチステークホルダー・モデルによる価値創造へ移行した。その結果、ポルマンがＣＥＯであった２０１９年までの10年間、ユニリーバは売上高と利益を毎年増加させたのである。

経営者がすべきこと

就任して間もないころ、社会価値を追求することによって経済価値を生み出すという経営方針をいかにして多様なステークホルダーに納得させたのか、と問われたポルマンは、以下のように答えている。[2]

「第一に、当社は社会に奉仕するのだ、と主張することです。会社のより長期的な存続を望むのであれば、おそらくそれが唯一の経営方法だと思います。次に、最大限の貢献ができるのはどのような部分なのかを定義する必要があります。『当社の存在理由は何か？』と自問してみることです」

「私が生まれてからこれまでの間に、米国の上場企業の平均寿命は、67年から17年に短縮してしまいました。その主な原因は、近視眼的な株主中心主義と、短期収益主義の蔓延にあると考えています」

「一部の企業は、その成功の代償としてＣＳＲ活動や慈善活動などに多少は取り組んできましたが、それではせいぜい『悪影響を減らす』ことしかできません。世界はもはやその程度の活動でどうにかなるような状況ではないのです。企業は、プラスの影響をもたらすことについて真剣に考える必要があります」

「開発アジェンダは、そのようなモデルを検討する良い機会です。そしておそらくそこには、もっと大きな市場が待ち受けているでしょう。それは実際、非常に収益性の高い市場のはずです。ＣＳＲから、私がＲＳＣ（Responsible Social Corporation：責任ある社会的企業）と呼ぶものへと、マインドセットを切り替えるのはかなり骨の折れる作業になりますが、見返りも非常に大きいでしょう」

ＶＵＣＡな世界では、長期的な計画は役に立たないという経営者もいるが、このポルマンの回答は経営者がすべきことを示唆している。つまり、企業は思考範囲を広げるべきであり、そこで重要なのは10年の間になにをするかという詳細な戦略を策定することではなく、「己は誰なのか」「個人や会社の変わらぬ価値観は何か」「会社の存在理由は何か」「どのようにして世界の繁栄を築く手助けをするのか」、つまりパーパスはなにかということを自問し、それを説明することである。

こうして、社会的責任をビジネスの中心へ移し、会社の方針や理念として組み込み、売上と利益を増大させながらサステナブルなビジネスの実現に尽力したポルマンは、ＳＤＧｓの策定に関して国連に助言を行うハイレベル・パネルのメンバーに任命され、ＳＤＧｓの達成に向けたビジネス活動を促進するため、ＳＤＧｓアドボケート（代弁者、擁護者）にも選ばれた。現在も、世界中の企業と連携して、ＳＤＧｓの達成に向けたビジネスを推進している。

１　このユニリーバの記述は、Smith and Lewis (2022) と Polman and Winston (2021) にもとづいている。
２　ポルマンの以下ＰｗＣによるインタビュー記事の抄訳（https://www.pwc.com/jp/ja/knowledge/prmagazine/value-navigator/sdgs/20201214.html）にもとづいている。

2. 共通価値を創造する

ポーターのCSV経営

社会価値と経済価値の両立を目指すCSV（Creating Shared Value、共通価値創造）経営を提唱したのは、ハーバードビジネススクール教授のマイケル・E・ポーターである（Porter and Kramer, 2006; 2011）。企業は、財務業績を短期的に最大化しようとする一方、長期的な成功を左右するさまざまな影響を無視している。それは、経済効率と社会の進歩との間に、トレードオフが存在するという考え方が慣行化しているからである。つまり、企業にとって、社会問題は中心課題ではなく、その他の課題なのである。

それに対してポーターは、社会価値と経済価値の両方を創造する共通価値という考え方こそが重要であると主張した。企業競争力の源泉は、企業を取り巻く地域社会の健全性と密接に関連する。企業には、製品への需要を生み出し、重要な公共資産や支援環境を提供してくれるような健全な地域社会が必要である。他方、地域社会には、地域住民に雇用と富を創造するチャンスを提供する健全な企業が必要である。ゆえに、社会のニーズや問題に取り組むことで社会価値を創造し、その結果、経済価値も創造することを目指すべきなのである。

ポーターは、企業が共通価値を創造するための方法として、以下の3つを提示している。

1つは、製品と市場を見直すということである。社会的課題の解決に対するニーズは大変大きい。健康の増進、環境負荷の軽減、貧困の解消などは、ニーズが大きい社会的課題の典型である。これらの社会的課題を解決するためのイノベーションやマーケティングは、政府やＮＧＯよりも企業の方がうまく行えることが多い。ゆえに、企業が社会的ニーズを探し求め、それを満たすように製品と市場を見直せば、経済的な価値の創出にもつながるのである。

製品と市場を見直して共通価値を創造した企業の例として、Porter and Kramer（2011）はＧＥを挙げている。ジェフ・イメルトがＣＥＯであったとき、ＧＥは「エコマジネーション」というビジョンを提示し、環境と経済を両立させ、持続可能な社会を実現するためのプログラムの推進を打ち出した。「エコマジネーション」とは、「エコロジー」「エコノミー」「イマジネーション」の３つを合体させた造語である。２００９年時点で、ＧＥの売上のうち、エコマジネーション関連の売上は１８０億ドルに達し、フォーチュン１５０の１社の売上規模に匹敵するといわれていた。

共通価値を創造するための２つめの方法は、バリューチェーンの生産性を再定義するということである。企業のバリューチェーンは、環境、労働条件など、さまざまな社会問題に影響を及ぼす一方、逆にこれらの影響を被る。つまり、社会問題はしばしば企業に経済的コストを発生させるので、エネルギーや資源の有効活用、サプライヤーや従業員の生産性向上などは、社会問題を解決すると同時に、企業のバリューチェーンの生産性を高め、コストを削減し、経済価値を増大させるのである。

例えば、英国の小売業のマークス・アンド・スペンサーは、サプライチェーンを見直すことによって、２０１６年度には1億７５００万ポンドのコストと大幅なCO_2排出量の削減を見込んでいた。またダウ・ケミカルは、真水の消費量を10億ガロン削減することに成功し、節水に大きく貢献するとともに、４００万ドルのコスト削減につなげた（Porter and Kramer, 2011）。

３つめの共通価値創造の方法は、企業が拠点を置く地域を支援する産業クラスターをつくるという

図8－2　競争優位と社会問題の関係

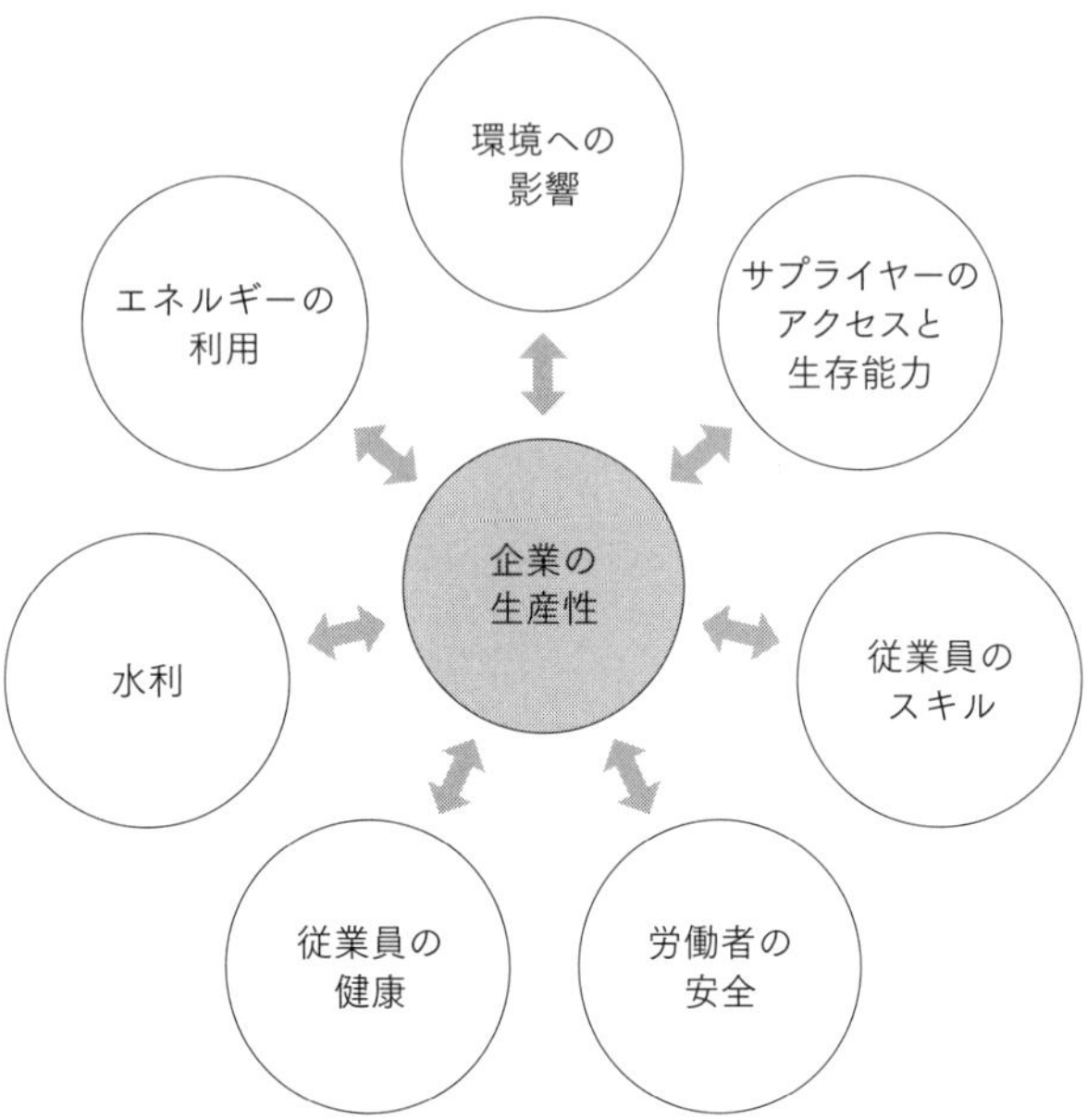

出所：Porter and Kramer（2011）邦訳P.17をもとに筆者作成

ことである。企業の成功は、支援企業やインフラに左右される。換言すれば、関連企業やサプライヤーが集積した地域、つまりクラスターが企業の経済的成功に大きな影響を及ぼす。企業が、自らの拠点がある地域＝クラスターの問題を解決すれば、その地域の魅力が増すので優れたプレーヤーが集うようになり、さらに優れたクラスターが形成される。当該企業は、優れたクラスターに拠点を置くことになるので、経済的に成功する。つまり、共通価値が創造されるのである。

ネスレの共通価値追求

Porter and Kramer（2011）は、ネスレがコーヒーの栽培地に農業、技術、金融、ロジスティックス関連の

図8－3　ネスレにおける3つの価値創造

ネスレのステークホルダーへの共通価値提供

ステークホルダー	経済価値	知識価値	社会価値
消費者	消費者にとってのValue for Moneyの創出	栄養と健康に関する知識の提供	スマート・グリーン商品の提供
サプライヤー・ディストリビュータ	原料やパッケージング業者にとっての経済価値の提供	農家への知識提供、食のバリューチェーンの改善	安定的な作物管理や家畜の健康管理などの持続可能プロセスの整備
同業他社	価格・コスト削減圧力を通じた同業他社の生産性向上	模倣や競争を通じた知識の伝達、食産業全体の効率の向上	労働・環境基準の改善
従業員	従業者とその家族にとっての仕事と収入の確保	従業員教育の実施	公共や職場における安心・安全・健康の担保
コミュニティ・政府	税金、インフラなどの提供	子供の健康などに関するコミュニティ教育の提供	地域開発と資源の持続可能な利用
株主	株主価値の向上	生態系全体の価値向上に関する資本市場の理解向上を通じた株主価値の向上	ペンションファンドなどESGを重視する株主への株主価値の向上

出所：名和（2021）P.173

プロジェクトを立ち上げることによって、コーヒー栽培の生産効率と品質を高めたと指摘している。こうしてネスレは、品質の高いコーヒー豆を安定的に入手できるようになり、ネスプレッソを実現してプレミアム・コーヒー市場を拡大したのである。

ネスレは、自社のCSVを図8-3に示されているようなマトリックスで表している。横軸には、ポーターのCSVの議論と同様に、経済価値と社会価値が並んでいるが、その間に知識価値（イノベーション・ナレッジトランスファー）が入っている。それは、経済価値と社会価値がトレードオフ（二項対立）になりやすいので、これをトレードオン（二項合一）にするためには、イノベーションが欠かせないと考えるからである（名和、2021）。

名和（2021）は、イノベーションを介して経済価値と社会価値をトレードオンにした例として、次のようなネスレ日本の事例を挙げている。東北地区の地元スーパーを担当していた女性の契約社員が顧客の行動を観察したところ、いつも同じ顔ぶれの年配の人たちがそぞろ歩いていて、疲れるとベンチのある一角でサービスのお茶をすすりながら世間話に花を咲かせていることがわかった。そこで彼女は、このコーナーにネスプレッソのマシンを置いてみた。すると、1杯100円で、みんなが喜んでおいしいコーヒーを楽しんでくれた。

これは、過疎化社会において、人々が交歓する時空間をつくるという社会課題解決である。この工夫によって、人々は以前よりも頻繁に店に足を運んでくれるようになり、店も賑わいを取り戻した。つまり、経済価値も向上したのである。

この結果、人が集まる公共の場にネスプレッソマシンを置くという事業モデルが生み出された。まさしく、イノベーションによって、経済価値と社会価値のトレードオフを解消し、2つを同時に創造したのである。

3．両立思考とパーパスの重要性

共通価値創造の難しさ

Porter and Kramer（2011）は、共通価値を生み出した企業の例をいくつか挙げているが、実際に共通価値を創造するのは難しい。例えばダノンは、２０１７年に「One Planet. One Health」という行動指針を発表し、持続可能な価値を創造することに努めた。２０２０年には年次株主総会で99％以上の支持を得て、上場企業初となる「Entreprise à Mission（使命を果たす会社）」となった。

ところが、２０２１年、コロナ禍による業績不振を理由に、アクティビストからエマニュエル・ファベールのＣＥＯ解任を求めるレターがダノンに送られてきた。２０２２年３月の取締役会では、株主の金銭的利益の追求が不十分として、ファベールはＣＥＯを解任されてしまった。ＣＥＯの解任については社内政治の結果だともいわれているが、結局、社会価値の創造を追求しても、経済価値の創造が不十分であれば、株主を中心としたステークホルダーから支持を得られないことを示している。[3] このことは、社会価値と経済価値の両方を追求することが簡単ではないということを示唆している。

Porter and Kramer（2011）は、共通価値を創造するための３つの方法を示したが、これらも具体的かつ実現可能性の高い方法とは思われない。先述の企業は、３つの方法のいずれかをとって共通価値

3　ダノンの事例については、https://sdgsjapan.com/danone# を参照されたい。

を創造したとPorter and Kramer（2011）は記しているが、本当にその方法のおかげで共通価値が創造できたのか、そもそも共通価値の創造に成功したのかは明らかではない。

例えばGEについていえば、「エコマジネーション」というビジョンに則した事業がうまくいったとはいえない。それ以外の理由も相まって、イメルトがCEOであった時期以降のGEの業績は芳しくない。マークス・アンド・スペンサーも、2020年度に創業以来初の赤字を計上し、致命的ともいえるダメージを受けた。その後の復活は、共通価値の創造というよりは、遅れていたDXを推進し、「デジタルファースト」の小売企業に生まれ変わったからだといわれている。[4] つまり、共通価値を創造することは難しいし、Porter and Kramer（2011）が提示する3つの方法もそれほど有効ではないといわざるを得ない。

パラドックスとしてとらえる

最近は、共通価値創造のための戦略的方法ではなく、対立する目的の両立を追求するための思考方法が提案されている。Smith and Lewis（2022）は、2つの対立（矛盾）する要素があるとき、パラドックスの状態にあるのなら両立しようとするのが良いと主張した。

ここでパラドックスとは、互いに関連しつつも対立する要素が同時に存在し続ける状態と定義される。これまで経営学では、相互に矛盾する要素の両方を追求するのは合理的ではなく（二兎を追うものは一兎をも得ず）、二者択一という方法（一兎戦略）をとるのが良いと考えられる傾向があったが、パラドックスの状態であれば、両立していくことが二者択一よりも創造的な解決方法であると主張したのである。まさに、二兎戦略の勧めである。

図8－4　両立思考の実践プロセス

1. ジレンマを定義する

↓

2. 背後にあるパラドックスを表面化させる

↓

3. 問いを両立思考にリフレーミングする

↓

4. データを分析する
　分離：競合する要素にはそれぞれどのような便益、コストがあるか
　統合：両方を受け入れる包括的なビジョンはあるか
　　　　競合する要素の間にシナジーが生み出せるか

↓

5. 結果を検討する
　ラバ型選択肢：クリエイティブな統合
　綱渡り型選択肢：対立する要素の間を細かく往ったり来たりし続ける

出所：Smith and Lewis（2022）P.293の表8－6を参考に筆者作成

Smith and Lewis（2022）は、パラドックスを解く思考プロセスとして、具体的に次のような両立思考を提案している。

まず自分が直面しているジレンマ（矛盾する要素）を定義する。次に、そのジレンマの背後にあるパラドックスを表面化させる。その次に、どうすれば競合する要素を両立できるかというように、問いを両立思考にリフレーミングする。

そして４番目に、データを分析する。すなわち、競合する要素は、それぞれどのような便益、コストがあるかを洗い出し、視座を上げて、両方を受け入れる包括的なビジョンを考えたり、競合する要素の間にシナジーを生み出すことができるかを検討したりする。最後に、結果を検討し、選択

4　マークス・アンド・スペンサーの事例については、https://diamond-rm.net/ecepayment/226078/ を参照されたい。

肢を探す。

選択肢には、ラバ型と綱渡り型がある。ラバ型とは、動物のラバにちなんだ名称である。ラバは、雌のウマと雄のロバの子であり、ウマとロバの良いところを併せ持つ。ラバのように、対立する要素をクリエイティブに統合するような選択肢である。他方、綱渡り型とは、対立する要素の間を細かく往ったり来たりし続けることによって、時間をかけて2つの要素を両立させるという選択肢である。

高次のパーパスで乗り越える

4番目の段階で、両方を受け入れる包括的なビジョンを考えるべしといわれているが、Smith and Lewis（2022）は、包括的なビジョンを高次のパーパスとも呼び、パラドックスを乗り越えるために、次のような働きをしてくれると指摘している。

第1に、高次のパーパスは、競合する要求に直面しながら歩み続ける力となる。パラドックスを乗り越えるのは大変であり、疲れ切ってしまうことがある。そんなとき、パーパスはわれわれを元気づけてくれる。

これについては、次のような3人のレンガ職人の話が有名である。隣同士で働いている3人のレンガ職人に、建築家が近づいて、「今、なにをしているのですか？」と尋ねた。もっとも仕事の遅い職人は、「私はレンガ職人です。家族を養うためにレンガを積んでいます」と答えた。2番目に仕事の速い職人は、「私は大工です。壁を造っています」と答えた。もっとも速い職人は、「私は大聖堂を造っています。人々が互いに、そして神とつながれる大聖堂を建てています」と答えた。つまり、人はお金のために頑張るが、他人のためにはさらに頑張り、大義のためにはもっとも頑張るのである。

パーパスは、緊張関係の狭間で不安になっているとき、その不安を抑えてもくれる。それは嵐のなかを進む船に乗っているときと似ている。船は波に抗って何度も方向を変えるので、目が回り、気分が不安定になる。しかし、彼方の地平線に目を向けると、地平線は泰然としているので、混沌のなかに落ち着きが生じる。高次のパーパスも、パラドックスの混沌のなかで感じる不安を軽減してくれる。

第2に、パーパスは対立する力の統合を支援してくれる。高次のパーパスは、対立する二者に共通のコミットメントを思い出させ、競合する要求を統一する。

最後に、高次のパーパスは長期的な視点を提供してくれる。短期的な意思決定は、近視眼的になる傾向がある。短期的な思考に左右されていると、二者択一型の選択をしてしまう。それに対して高次のパーパスを考えれば、視線を上げ、長期的な思考をすることができるので、パラドックスを乗り越える両立思考を可能にする。

長期で考える

また、Gulati（2022）は、社会価値と経済価値の両方を達成することは難しいが、社会面と経済面の両方でポジティブな結果に深くコミットするディープ・パーパス企業を見ると、必ずしも常に両方を達成しているわけではないということを見出した。ディープ・パーパス企業は、長期的に経済価値を創出し、世界に望ましい影響を与えるにはどうしたらよいかを考えており、ディープ・パーパス組織のリーダーは、実践的理想主義というマインドセットを身につけているのである。

組織で行われる意思決定は、経済価値と社会価値のいずれを重視して決定されるかに応じていくつかの種類に分かれる。もちろん「パーパス（社会価値）と利益（経済価値）の両立」という意思決定

図8−5　パーパスと利益の比較検討

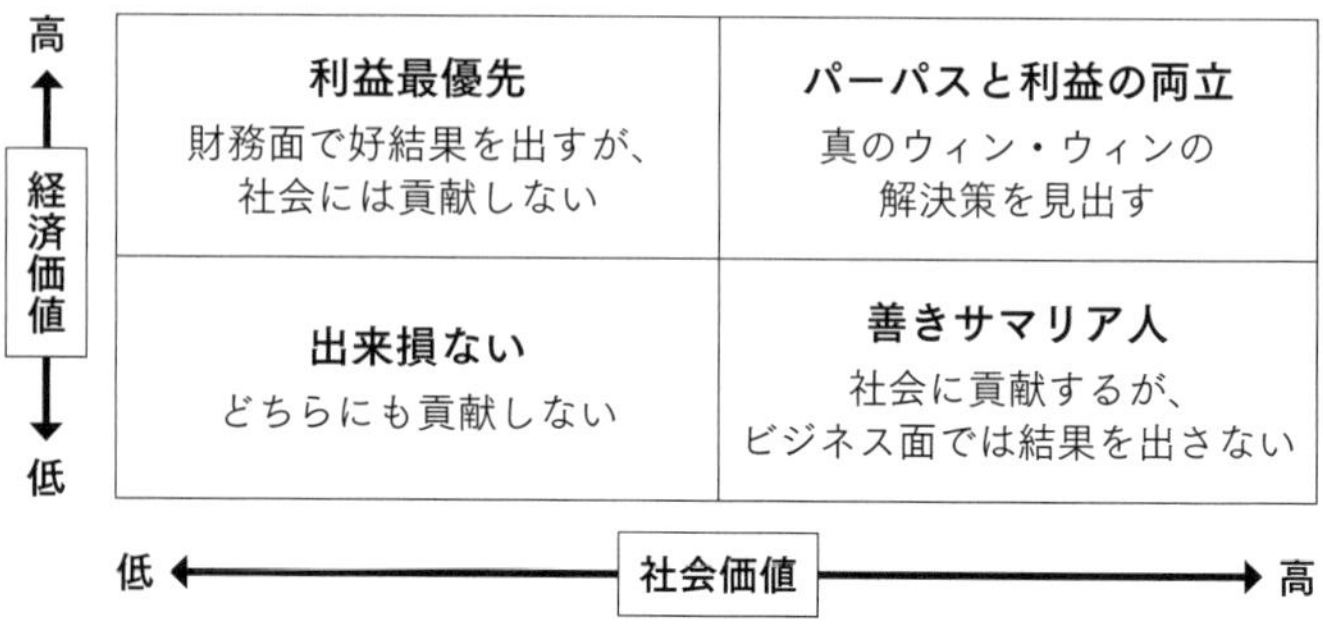

出所：Gulati（2022）翻訳P.45をもとに筆者作成

は、ディープ・パーパス組織が常に目指している意思決定である。しかし、社会に貢献できる見込みがなく、利益しかもたらさない「利益最優先」という意思決定でも、それによって利益を増やし、将来的に広く社会貢献できる場合には、現時点ではその決定を下し、長期的に複数のステークホルダーに利益をもたらすように努力する場合もある。

あるいは、社会に貢献するがビジネス面では結果を出さない「善きソマリア人」という意思決定でもよい。短期はともかく長期的に利益が得られると判断すれば、「善きソマリア人」となり、あらゆる手を尽くして財務的成果をあげようと努力すればよい。そのためには、パーパスを目指すべき北極星として掲げ、短期的には貢献できないステークホルダーに理解を求めることが肝要である。

例えば、「地場食品の生産、地域社会の活性化、持続可能な未来のためのイノベーション創出に向けて新しい方法を見出す」ことをミッションとした、ゴッサム・グリーンズという農業ベンチャーがある。同社は、従来に比べて使用する水が95%、土地が97%少なくて済む、高度な水耕栽培技術を用いて、良質で新鮮な無農薬野菜を栽培・販売している。

ところが、持続可能で、廃棄物の少ない生産方法に取り組む同社は、収穫した野菜を販売する際、環境に悪い使い捨てのプラスティック包装を利用している。環境に優しい包装材を探した結果、同社が最初に選んだのは、堆肥化が可能なファイバー製容器であったが、それではレタスがすぐにしなびてしまう。同社は「善きソマリア人」の意思決定を行い、この環境に優しい包装材を使い続けることもできたであろう。しかし、そうすれば、しなびた野菜は売れなくなり、同社の業績は悪化し、倒産してしまったかもしれない。そうなれば、ミッションを達成することができなくなる。

そこで同社は、リサイクル施設でもっとも一般的に受け入れられているＰＥＴ樹脂の容器を使用するという決定をした。ただし、その後も新しい技術を追求し、より持続可能な選択肢を探索し続けている。

つまり、ゴッサム・グリーンズは、長期的には社会価値と経済価値の両立を目指してはいるが、短期的には経済価値を優先する意思決定を行った。ただし、社会価値を単に犠牲にしたわけではなく、明確なパーパスを打ち出して、社会価値を損なわない手段をとことんまで調査し、ステークホルダーの理解を得ようとしたのである。

換言すれば、経済価値を追求しないと、（長期的に）生き残れないが、社会価値を追求しないと、環境の悪化、企業に対する社会的批判などによって、企業は長期的には淘汰されてしまう。つまり、長期的に考えれば、２つは矛盾する問題ではない。したがって、長期的に両立できるように、現時点ではどちらをどのように優先させるかを考えることが重要なのである。

4. まとめ――高次のレベルで考え、トレードオフを解消

本章では、経済価値と社会価値という、現代では両方を追求することが求められているけれども、両立するのはなかなか難しい課題を例として取り上げた。このトレードオフの解決には、パーパスを考えるように視座を上げたり、組織の存続という長期で考えたりすることが役に立つのではないかと主張された。

対立する目的があるとき、視座を上げ、高次のビジョンやパーパスを考えると、対立していると思われた両方の目的が両立可能なものに見えてくることがある。ユニリーバのポルマンは、「己は誰なのか」「個人や会社の変わらぬ価値観は何か」「会社の存在理由は何か」と問うことが、経済価値と社会価値の両方を追求するために重要であると述べている。これは、パーパスを考えることに他ならない。

視座を上げるのとは少し異なるが、長期に考えることも、同じような効果が期待できる。社会価値を無視して経済価値だけを追求していると、社会的な批判にさらされて長期的な存続が危うくなる。逆に、経済的な損失に目をつむって社会価値だけを追求すると、長期的には生き残れない。ゆえに、長期的な存続を目指すのであれば、両方を追求しなければならないのである。

視座を上げてパーパスを考えるのは、Smith and Lewis（2022）が指摘した、クリエイティブな統合であるラバ型の選択肢を見つける場合に対応すると思われる。他方、長期で考えるというやり方は、要素の間を往ったり来たりし続けるような綱渡り型の選択肢を探すのに対応するように思われる。長期で考えれば、まずAを追求し、次にBに切り替えて追求するというように、往ったり来たりできる

からである。

ラバ型の選択肢を見つけるためには、統合する視点を持たなければならないが、その視点を持つことは第1章で議論した第3の軸を見つけるのに類似している。他方、長期に考えて綱渡り型の選択肢を選ぶというのは、時間によって追求する目的を切り替えるので、第7章で議論した時間的切り替えに類似していると考えられる。これについては、第10章でさらに詳しく論じる。

第9章 トレードオフ再考
――なぜ二者択一になるのか

企業（あるいはわれわれ個人）は、さまざまなコンテクストにおいてトレードオフに直面する。本書は、その際に、二者択一（二兎戦略）ではなく、両方の目的、選択肢を追求する方法（二兎戦略）について議論してきた。さまざまなコンテクストで見られる個々の二兎戦略は多様であるが、その間にはなんらかの共通性があるように思われる。その共通性については、次章で議論をすることとし、本章では、その議論のために、改めてトレードオフとはどのような状態かを考えてみよう。

1. トレードオフとは

本書では、企業が直面する多くの問題はトレードオフであると述べてきた。トレードオフは、一般には、なにかを得るとなにかを失う関係、両立できない関係、二律背反の関係を指す。トレードオフにはいくつか類語がある。

例えばジレンマは、ある問題に対して選択肢が2つあるとき、どちらを選んでもなんらかの不利益があるので態度を決めかねる状態を指す。コンフリクトは、異なる意見や要求が対立し、緊張状態にあることを意味する。この緊張状態は、テンションと呼ばれることもある。

他方、第8章でも出てきたパラドックスとは、Simth and Lewis（2022）によれば、「矛盾しているが相互に依存している要素で、同時に存在し、長期にわたって存続するもの」と定義される。

彼女たちによれば、トレードオフやジレンマは、2つの要素が対立、矛盾しているので、両方の要素を追求することは難しい。ゆえに、二者択一が合理的な判断となる。それに対してパラドックスは、2つの要素が矛盾してはいるが、相互に依存もしており、その依存関係が続くので、二者択一するよりも、なんとかして両方を追求した方がよい。

ただし、パラドックスであっても、2つの要素自体はトレードオフと同様に対立している。逆にいえば、2つの目的が対立しているからといって、それらはトレードオフであり、二者択一で解決しなければならないわけではない。見方を変えることによって、トレードオフの問題を、（パラドックスであるとみなして）二兎戦略で解くこともできると考えられるのである。[1]

そこで、「はじめに」でも書いたように、本書では以下のようにトレードオフを定義する。

1　また、彼女たちは、2つの要素が両立するようにパラドックスを見るべきであり、そのためにはどうしたらよいかということを議論している。つまり、彼女たちは、両立思考によって導かれた解そのものよりも、両立思考を進めるためのものの見方、心の持ちようといったことに議論の多くを割いている。他方、本書は二兎戦略つまり両立思考による解について議論しているので、その点が本書と彼女たちの研究との大きな違いである。

ある1つの主体にとって追求すべき複数の目的があるとき、その主体には資源の制約があり、複数の目的が対立しているので、同時に複数の目的を追求するよりも、一方に集中し（他方を捨て）た方が効果的である場合、この主体はトレードオフに直面しているという

2．なぜ二者択一になるのか

二兎を追うべきではないとする3つの理由

上記のトレードオフの定義のなかに組み込まれているように、トレードオフに直面した場合、二兎を追わずに一方を捨てて他方に集中すべきであるといわれることが多い。以下では、そのように推奨されることが多いのはなぜかを考え直してみよう（March, 1991）。

理由の1つは、上記の定義に「資源の制約」とあることと関係する。ある目的を追求するためには、なんらかの資源を投入しなければならない。資源が無制限に使えるのなら、2つの（目的を追求する）活動それぞれに資源を十分に投入すればよい。しかし、資源には限りがあるので、2つの活動が資源を取り合う結果、それぞれに十分な資源が投入されなくなる。ゆえに、二兎を追うのではなく、二者択一すべきだといわれるのである。

2つめに、いったん一方の目的を追求すると、その後もその目的追求を繰り返すようになるからである。換言すれば、ある行動が自己強化的なのである。ある目的を追求する行動が自己強化的であれば、その行動がとられ続け、他の目的は追求されなくなる。

3つめに、ある目的を追求するにはそれに合った能力、組織、文化が必要であり、目的によって必要な能力、組織、文化が異なるからである。2つめの理由とも関係するが、一方の目的を追求し、それに合った能力、組織、文化を備えてしまうと、他の目的はうまく追求できなくなってしまうのである。

この2つめと3つめの理由が、上記の定義内の「対立している」に関係する。一方の目的を追求すると、他方の目的追求にマイナスの影響が及ぶことがある。つまり、目的追求は自己強化的であり、いったんある目的を追求すると、他の目的追求が非効率になるので、二者択一すべきであるといわれるのである。

資源の制約

1つめの理由、すなわちある目的を達成するために能力や経営資源が投入されるが、目的が複数ある場合、能力や経営資源は有限なので、複数の目的が能力や経営資源を取り合う関係になることはよく見られる。

例えば、第4章の旭酒造の例で指摘したように、酒造りの貴重な資源である杜氏は数が少なく、1人の杜氏が使える時間は最大24時間と制約がある。ゆえに、製品の品質と生産量（の拡大で規模の経済による低コスト）とはトレードオフの関係になるのである。

また、人間の思考様式、意思決定様式においても対立がある。例えばKahneman（2011）は、速い思考と遅い思考の対立を指摘している。速い思考とは、自動的に高速で働き、直感的、衝動的で感情が絡むことも多い。なにかに衝突するのを避けたり、突進してくるなにかを避けたりするときは、速い思考が働いている。

それに対して、遅い思考は努力を必要とし、意識的、集中的で、多くは論理的である。難しい計算をするときや緻密な計画を練るときは、遅い思考が働いている、遅い思考は必ずしも行動にはつながらない。遅い思考はなにかを学び知るためにある。

それぞれの思考を働かせるためには、必要な対象に注意を払わなければならないが、注意は限度額の決まった予算のようなもので、一方の思考を働かせるために注意を払うと、他方の思考が働かなくなってしまう。つまり、資源（注意の量の）制約があるので、この2つの思考は、トレードオフなのである。

このことを示す、ゴリラ実験と呼ばれる有名な実験がある。実験では、白シャツチームと黒シャツチームとがバスケットボールをパスし合う動画を見せられ、被験者は白チームのパスの回数を数えるように指示される。動画の途中、9秒間、ゴリラのぬいぐるみを着た女性がコートを横切り、胸を叩き、立ち去る。パスの数を数えるという指示をされずに動画を見た人は誰もゴリラを見落とさないが、パスの数を数えていた人たちの約半数はゴリラに気づかなかったという。

ものを見たり音を察知したりするのは速い思考の自動機能だが、これが働くためには、そうした刺激に対して注意が割り当てられていなければならない。どんなに目立つ刺激であろうと、注意が向けられなければ速い思考の自動機能は働かないことを、このゴリラ実験は示しているのである。

また、もっとも重要な能力や経営資源の1つが知識であるとすれば、知識獲得すなわち学習においても、トレードオフがしばしば指摘される。本書でもたびたび議論した、深化と探索である。March（1991）が最初に指摘した対立する学習様式、深化と探索は、希少資源、注意、組織ルーティンを取り合うゼロサムゲームの形で起こる。ゆえに、深化と探索は連続線上の両極とみなされるのである（Gupta et al., 2006）。

成功トラップ、失敗トラップ

次に、目的追求は自己強化的であり、いったんある目的を追求すると、他の目的追求が非効率になるということについて、もう少し考えてみよう。

既存の強みを深掘りしていく深化は、えてして早期の成功につながる。この成功が深化をさらに促進する。こうして深化を追求すると、ますます深化に偏った追求が行われるようになる。いわゆる成功トラップである（Levitt and March, 1988）。

また、探索が不確実であるのに対し、深化を追求したときの報酬は比較的確実である。ゆえに、プロスペクト理論が主張するように、たとえ探索の期待される価値が深化のそれよりも高いとしても、損失回避ゆえに深化が追求されやすくなる（Kahneman and Tversky, 1979）。この深化に対する自己強化的バイアスは、組織的な勢いをつくりだし、方向性を保持し、既存の選択や行動を重視しがちになる（Baum et al., 2000）。

他方、探索も自己強化的であるといわれることがある。探索はしばしば失敗につながるが、それゆえ変化を求めてさらに新しいアイディアを獲得しようと探索が行われるようになる。つまり探索が行われると、ますます探索に偏った追求が行われるのである。これは、失敗トラップと呼ばれる。

深化も探索も、どちらかを追求し始めると、それに偏った追求が行われるようになり、バランスがとれなくなる（Gupta et al., 2006）。この自己強化的な性質が、それぞれの目的追求に異なる能力、組織、文化が必要であるという3つめの理由と合わさると、本質的に深化と探索を同時にバランスよく追求することは難しくならざるを得ないのである。

このような難しい状況で、どのようにすれば二兎戦略が可能なのかについては、次章で議論する。

3. 一兎戦略か二兎戦略かを決める要因

前節の前半では、目的を追求するには資源投入が必要なので、資源制約がある（あるいは資源が希少である）場合には、2つの目的はトレードオフ関係になり、二者択一すなわち一兎戦略をとることが合理的であると述べた。しかし、これは本当だろうか。もう少し詳しく検討してみよう。

今、企業には追求すべき2つの目的（価値）があるとしよう。1つの目的（価値）が達成される（生み出される）量を縦軸にとり、横軸にその目的を達成するために投入される資源の量をとると、図9-1のような右上がりの曲線が描かれる。この曲線は、いわば目的（価値）の生産曲線であり、達成される目的の量が逓増しているように描かれている。逓増とは、投入資源が増えれば増えるほど、生み出される目的（価値）の量は増大するが、その増大率は投入資源の増加とともに上昇することを意味する。

もう1つの目的（価値）と投入資源との関係も、同様な（逓増する）曲線で表されるとしよう。議論を簡単にするために、それぞれの目的と投入資源との関係は同じであるとする。企業が有する資源が所与（X）で、2つの目的を達成するために投入される資源の量をそれぞれx_1、x_2としよう。すると、$x_2 = X - x_1$なので、一方の目的のために投入される資源が増えれば、他方の目的のために投入でき

図9－1　資源投入と目的（価値）の生産

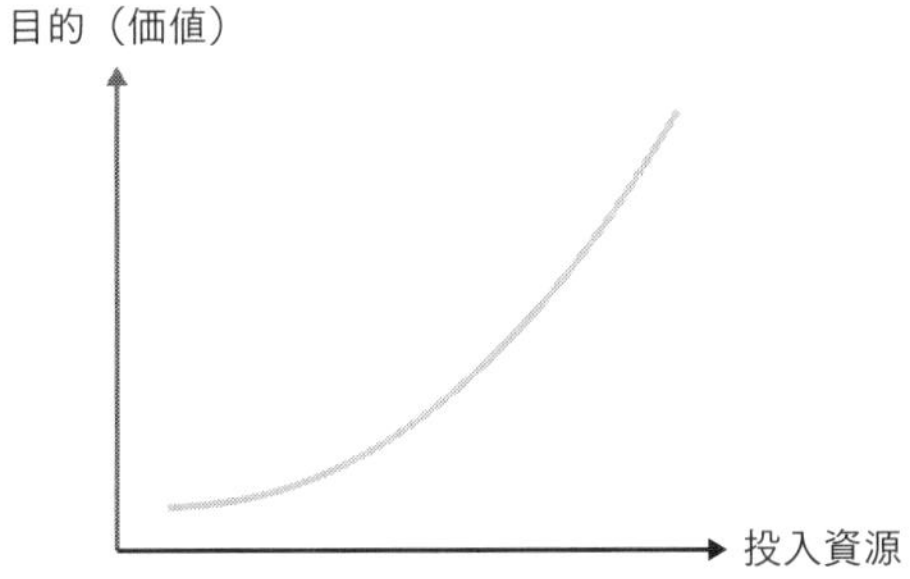

図9－2　資源投入と目的（価値）の生産（逓増の場合）

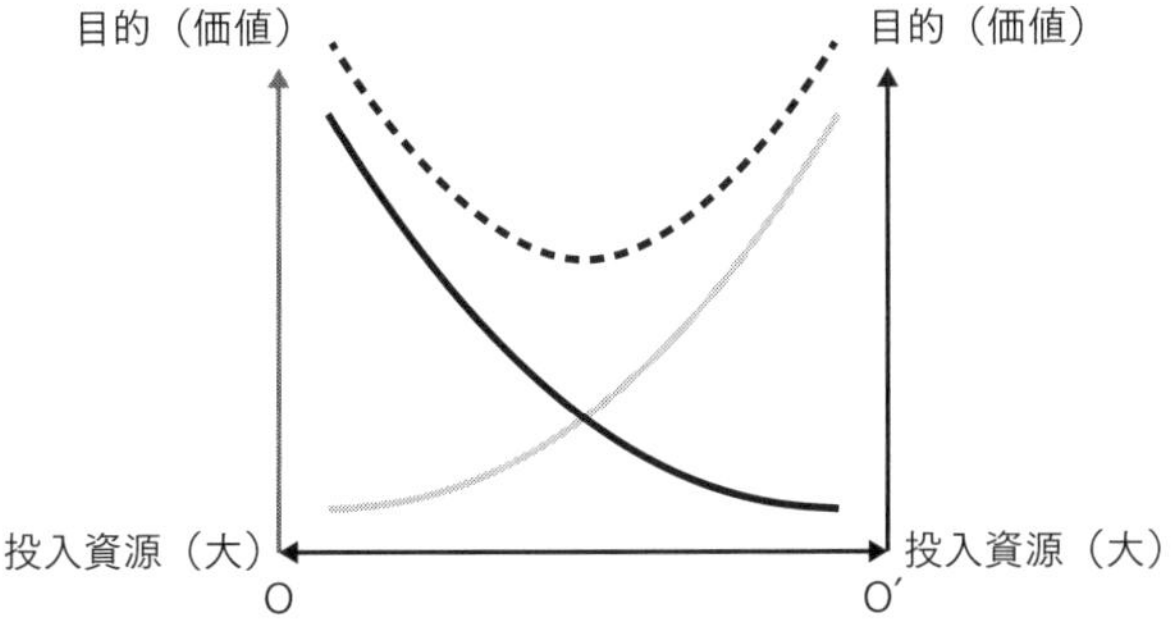

る資源は減少する。

したがって、横軸上の線分OO′に企業が投入できる資源の量をとり、ある目的の生産曲線（灰色）の原点をO、他の目的の生産曲線（黒色）の原点をO′とすると、図9-2のような図ができ上がる。灰色と黒色は同じ曲線なので、線対称になっている。灰色と黒色の2つの曲線を垂直方向に足し合わせたもの（点線）が、企業が生み出す2種類の目的（価値）の合計である。

2つの目的（価値）それぞれの生産曲線が逓増的であれば、合計価値を表す実線はU字形になる。ゆえに、いずれかの極を選択する、すなわちどちらかの目的（価値）を徹底的に追求した方が、2つの価値を同時に追求するよりも生み出される2つの目的（価値）の合計が大きくなることがわかる。つまり、二兎戦略よりも一兎戦略の方が、達成される目的の合計が大きくなるので、合理的なのである。

ただし、図9-2に描かれているように2つの目的（価値）の合計を表す曲線がU字型になるのは、それぞれの目的の生産関数が逓増的であるときだけである。それを確かめるために、同様の図を、目的の生産関数が線形のときと逓減するときの2つについて書いてみよう。

目的の生産関数が線形のときが、図9-3に描かれている。それぞれの目的の生産関数が灰色の直線、黒色の直線で描かれている。この場合、灰色と黒色の2つの直線を垂直方向に足し合わせたもの（点線）は水平な直線となる。つまり、企業が生み出す2種類の目的（価値）の合計は、いかなる資源配分のもとでも一定であることがわかる。換言すれば、一兎戦略であろうが二兎戦略であろうが変わりはないのである。

目的の生産関数が逓減的であるときは、図9-4に描かれている。それぞれの目的の生産関数が灰

図9－3　資源投入と目的（価値）の生産（線形の場合）

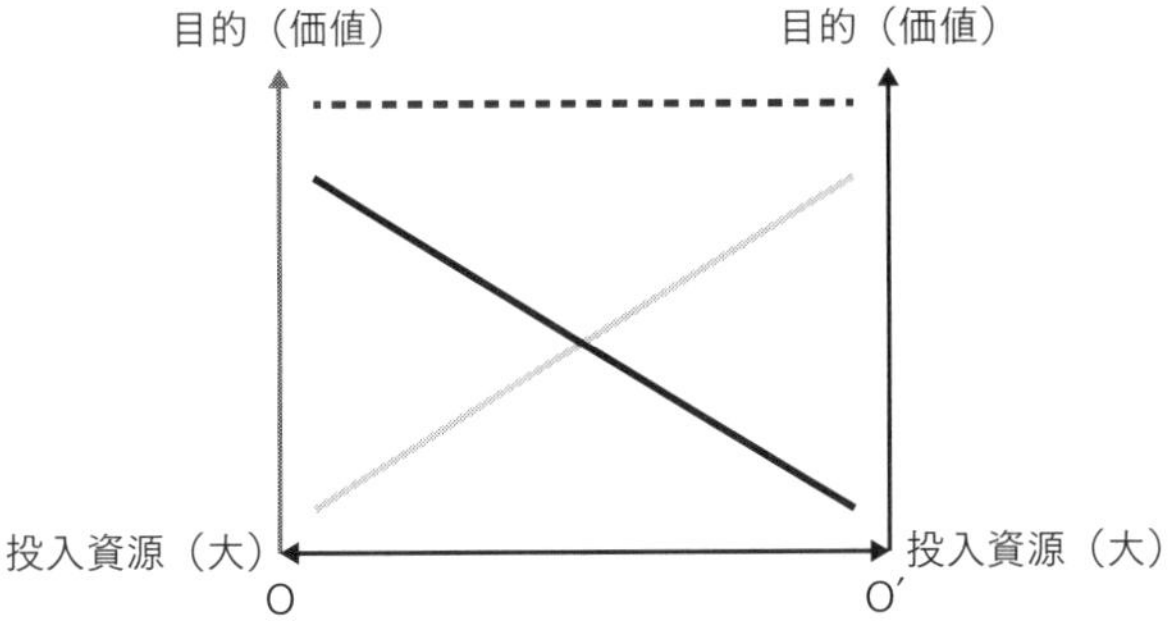

図9－4　資源投入と目的（価値）の生産（逓減の場合）

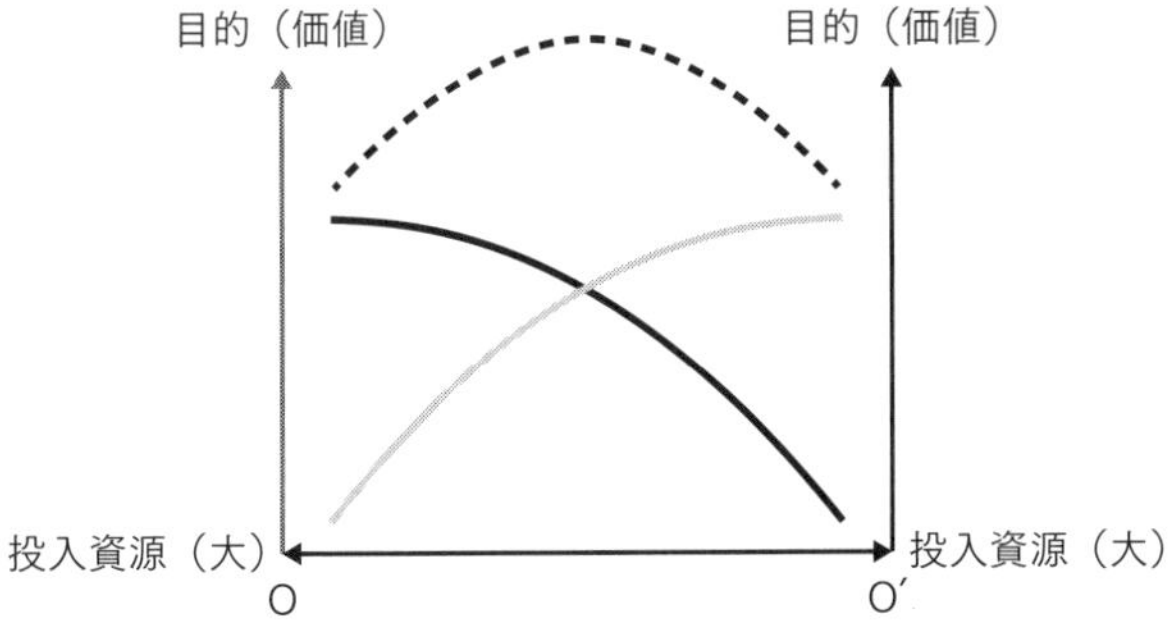

図9−5　深化と探索のバランス：2つが連続線上の両極にあるとき

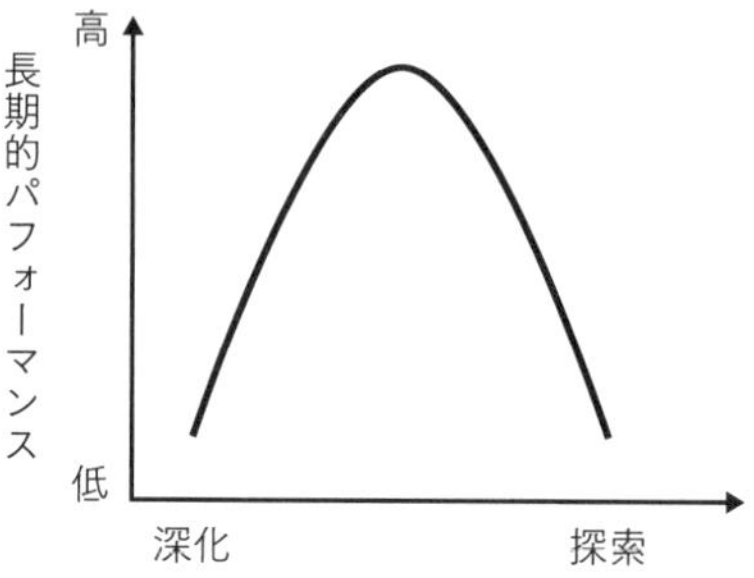

色の曲線、黒色の曲線で描かれている。この場合、灰色と黒色の2つの曲線を垂直方向に足し合わせたもの（点線）は逆U字になる。つまり、企業が生み出す2種類の目的（価値）の合計は、それぞれの目的達成に半々の資源を投入するときに最大となる。換言すれば、一兎戦略ではなく、二兎戦略が2種類の目的（価値）の合計をもっとも大きくすることがわかる。

投入される資源と2種類の目的（価値）の合計との関係が逆U字になるということと同じようなことは、Gupta et al.（2006）も指摘している。

彼らは、深化と探索が連続線上の対極に位置している場合、それぞれに費やされる資源（時間や注意や努力）と、資源投入の結果達成される長期的パフォーマンスの間の関係が、図9-4に描かれているような逆U字形の曲線で表されるときには、深化と探索とをバランスさせて追求することが有益であると述べている。[2]

Gupta et al.（2006）は、深化と探索をバランスさせて追求するのが有益なのは、上で述べた曲線が逆U字形のときであると指摘はしているが、どのような場合に、なぜ、逆U字形になるのかについては議論していない。それに対して、本章では、一つひとつの目的の生産関数がいかなる形状かによって、2つの目的の合計が逆U字形なのか、水平的な直線なのか、U字形なのかが決まることを示した。

　つまり、目的の生産関数が逓増的であるとき、換言すれば、目的の追求が自己強化的であるときには、二兎戦略より一兎戦略の方が合理的である。しかし、２つの目的が単に資源を取り合っているだけでは、２つの目的はトレードオフであるがゆえに両立思考は非合理的ということにはならない。目的の生産関数が逓減的であれば、二者択一は選ばれるべきではなく、むしろ二兎戦略の方が合理的なのである。

2　深化と探索が連続線上の対極にあるのではなく、直交性（orthogonal）であるという前提に立つと、２つをバランスさせて追求することが有益であるかどうかは、２つの交差項が正の効果を有するかどうかで確認される（Gupta et al., 2006）。

第10章 二兎戦略の3つの考え方

1．二兎戦略に共通する考え方

従来、トレードオフに対処する際には、二者択一あるいは一兎戦略が推奨されることが多かった。それに対して、本書では、さまざまな場面で生じるトレードオフに対して、両方を追求する二兎戦略について議論してきた。

本書で議論された二兎戦略は、それが生じるコンテクストが異なるので、なんら関係がないように見えるが、よく考えてみると次の3つの考え方のどれかに当てはまるように思われる。「構成要素（サブユニット）に分割する」「制約条件を変える」「時間で切り分ける」の3つである。

そもそもトレードオフについては、第9章で次のように定義された。

ある1つの主体にとって追求すべき複数の目的があるとき、その主体には資源の制約があり、複数の目的が対立しているので、同時に複数の目的を追求するよりも、一方に集中し（他方を捨てた方が効果的である場合、この主体はトレードオフに直面しているという

前記の3つの二兎戦略の考え方は、この定義の構成要素のどれかを緩めていることがわかるであろう。

「構成要素（サブユニット）に分割する」とは、「ある1つの主体」という構成要素を緩めることである。複数の目的を1つの主体が追求するのではなく、複数のサブユニットに分かれ、各サブユニットがそれぞれ別の目的を追求することを意味している。

「制約条件を変える」とは、「資源の制約」という構成要素を緩めることである。制約条件を変えたり動かしたりすることで、2つの目的を追求できるようにすることを示している。

「時間で切り分ける」とは、「同時に」という構成要素を緩めることである。各々の目標を時間差で追求することを示唆している。

2. 要素の組み合わせの変換

最初の二兎戦略は、組織や目的をいくつかの構成要素に分割するという方法である。2つの対立する価値を追求したり、2つの対立する活動をとったりしなければならないとき、1つの主体が2つのことを行うのは難しい。それゆえ、主体となる組織を2つのサブユニットに分割し、それぞれが別々の価値を追求したり、別々の活動を行ったりすれば、二兎を追うことができるという考え方である。

第6章で議論した、構造的両利きがこの方法の典型例である。

企業にとって、深化と探索の両方の（知識獲得）活動が必要であるとき、組織を2つに分け、組織の本流では深化を行っていても、独立したサブユニットが探索を担うという方法である。AGCの事業開拓部やダイキンのテクノロジー・イノベーションセンター（TIC）が、探索を担う組織単位の例である。

あるいは、国際展開を行う企業にとって、グローバル統合とローカル適応とは、対立する価値、行動パターンである。グローバル統合を重視する企業はグローバル戦略をとり、ローカル適応を重視する企業はマルチドメスティック戦略をとるとされ、どちらかの価値、行動パターンを選ぶべきだと主張されることが多い。しかし、第6章で見たGEは、典型的なグローバル戦略をとる企業でありながら、ローカル・グロース・チーム（LGT）という組織単位を設け、新興国で製品開発（ローカル適応）を行わせた。

ただし、単に組織をいくつかのサブユニットに分ければ、それぞれが対立する活動を遂行することができるかというと、それほど簡単ではない。サブユニットは、他のサブユニット（あるいは組織の本流）から干渉を受けないように独立していなければならない。

しかし、サブユニットが孤立していて、組織の本流（あるいは他のサブユニット）が有する資源、資産を使えないのも問題である。しばしば両利きの経営で、出島をつくり、そこに探索を担わせようとするけれどもうまくいかないのは、出島では探索を担う組織が孤立してしまうからであろう。

AGCの事業開拓部は独立してはいるが、孤立しているわけではない。各既存事業部門のヒト、技術、ビジネスアセット、生産設備、顧客チャネルなど、あらゆるものを利用できる。分離しつつ、統合することが重要なのである。

Gupta et al.（2006）は、1つの組織のもとに、インターフェースは共有するが互いに強く干渉することがないように独立性を保った2つの緩く連結したサブ・システム（サブユニット）をつくることが大事だと主張している。インターフェースが共有され、緩く連結されていればこそ、探索を担うサブユニットが組織の本流から独立してはいるが、孤立せずに資源、資産を使うことができるのであろう。

さらに、独立したサブユニットが組織の本流の大切な資源、資産を使うと、当然、本流からサブユニットに対する反対や干渉が起きる。それを防ぐために、AGCの事業開拓部やGEのLGTは、トップの直轄になっている。つまり、トップが、組織の本流からの反対や干渉の防波堤となり、サブユニットを保護することが肝要なのである。

他方、ダイキンはちょっと異なるやり方をとっているように思われる。ダイキンでは、既存事業、成長事業両方について、基礎研究、応用研究、商品化開発まですべてがTICに集められ、TICと事業部の間で技術者がぐるぐる回っている。

ダイキンのTICは、探索を担う独立したユニットというわけではなく、深化と探索が一緒に追求されている。個人レベルでも、深化志向の人と探索志向の人が一緒になり、ぶつかり合いながら深化と探索を両立させている。換言すれば、あえて干渉・衝突を生み出し、それを個人レベルで解決しながらダイナミックに深化と探索を両立させているのである。

それに対して、第3章で議論されたコストリーダーシップ戦略と差別化戦略の両方を追求する事例は、組織を分けるのではなく、低価格や差別化といった価値を4Pといった競争のサブファクターに分けてそれぞれ追求するという方法である。カンデオホテルズや「俺の」は、企業のアクションをマーケティングの4つのPに分け、それぞれコストリーダーシップか差別化のどちらかを追求していた。

さらに、各Pで中途半端に両方を追求するとスタック・イン・ザ・ミドルに陥ってしまうが、あるPではコスト低減を徹底的に追求し、他のPでは差別化を徹底的に追求するのであれば、全体で両方を追求していたとしてもスタック・イン・ザ・ミドルには陥らないのではないかと述べた。つまり、サブファクターそれぞれについて、（コスト効率か差別化・高級化かの）どちらを追求するか、どのサブファクターにどの程度のウェイトを置くのかを決めることが大事なのである。

また、コストリーダーシップ戦略と差別化戦略が相互に邪魔をしないように、それぞれを追求するサブファクターを分けなければならない。これも、第6章のまとめで述べたように、相互に干渉しないようにサブユニットを分けることが大事であるということと符合している。

第5章では、価値をサブファクターに分けるのではなく、製品やタスクのサブファクターを変えたり、組み合わせの方法を変えたりすることによって、二項対立を回避し、両立を達成する方法を議論した。

フォルクスワーゲンなどで採用されているモジュール化やマス・カスタマイゼーションと呼ばれる設計戦略は、モジュールや基幹部品を異なる車種間で共通にし、それらを組み合わせることによって、多品種とコストとのトレードオフを解消している。

主に日本の自動車メーカーが採用していたオーバーラップ方式という生産方式は、例えばボディ設計などの製品エンジニアリング（上流）と金型設計などの工程エンジニアリング（下流）というように本来直列の複数のタスクを、時間的に重複させることにより、コストを増やすことなく、全体の開発期間を短縮するという方式であった。この方式によって、開発期間の短縮とコストのトレードオフを解消していたのである。

さらに、オーバーラップ方式が開発期間を短縮するためには、フェーズ間でのコミュニケーションが必要であると指摘されていた。これは、各サブユニットが独立してはいるが、緩く連結されていることが大事であるという先の指摘と符合している。

このように、第6章、第3章、第5章で議論した二兎戦略は、組織、競争要因、製品やタスクをサブユニットやサブファクターに分けることによって、実現しているとまとめることができる。もちろん、ただ分割すればよいのではなく、どのように分けるかが工夫のしどころである。分けられたサブユニット（サブファクター）の間は、適切な程度で独立性が保たれ、過度な干渉がないようにしなければならない。むしろ、相互にインタラクションがあり、それぞれの価値や目的を促進するような関係になるのが、もっとも良い切り分け方であろう。

3. フロンティアのシフト

制約条件を変える

2つめの二兎戦略は、制約条件を変えるという方法である。2つの目的がトレードオフになる理由の1つは、両方の目的を達成しようとすると、資源を取り合わなければならないからということである。資源制約に限らず、なんらかの制約条件があるから、トレードオフになるのである。換言すれば、制約条件が変われば（緩められれば）、2つの目的の対立関係は変わり、トレードオフではなく両立しうると考えられる。

第1章では、ZARAやシーインが、従来トレードオフ関係にあると考えられてきたコストと品ぞろえを両立できているのは、第3の軸である品質を軽視しているからであると指摘した。つまり、コストと品ぞろえがトレードオフなのは、一定の品質のもとであり、品質を下げれば、品ぞろえを充実させながらコストを下げることができるのである。またミスミは、高品質（Quality）、低コスト（Cost）、短納期（Time）のうち、標準品だけを扱い（カスタマイズ製品をあきらめて）品質を低くすることによって、コストと納期の両方を向上させたのである。

第2章で見たのは、小売業が直面する価格とサービスという根本的なトレードオフを、新技術を活用することによって解消する事例であった。アマゾンはインターネットという技術を活用することによって、「地球上で最大級の品ぞろえ」（サービス）を低コスト（価格）で達成した。そのアマゾンに対抗するため、ミラクルはソフトウエアやAIを使い、オカドやそのシステムを採用したイオンネクスト（そのネットスーパーであるGreen Beans）は、ロボットやAIを使って、価格とサービスを両立させている。

インターネットが登場するはるか前も、シアーズ・ローバックが通信販売を始めてこのトレードオフを解消することができたのは、集中管理型倉庫と鉄道網という（当時の新）技術やインフラが活用できるようになったおかげであった。

第2章では小売りにおける価格vs.サービスというトレードオフの解消について議論したが、第4章では、生産におけるコスト対多品種というトレードオフを技術によって克服する事例を議論した。ヴァルカンフォームズとNTTデータザムテクノロジーズは、金属3Dプリンタを活用することで、二

図10－1　フロンティアのシフトによるトレードオフの解消

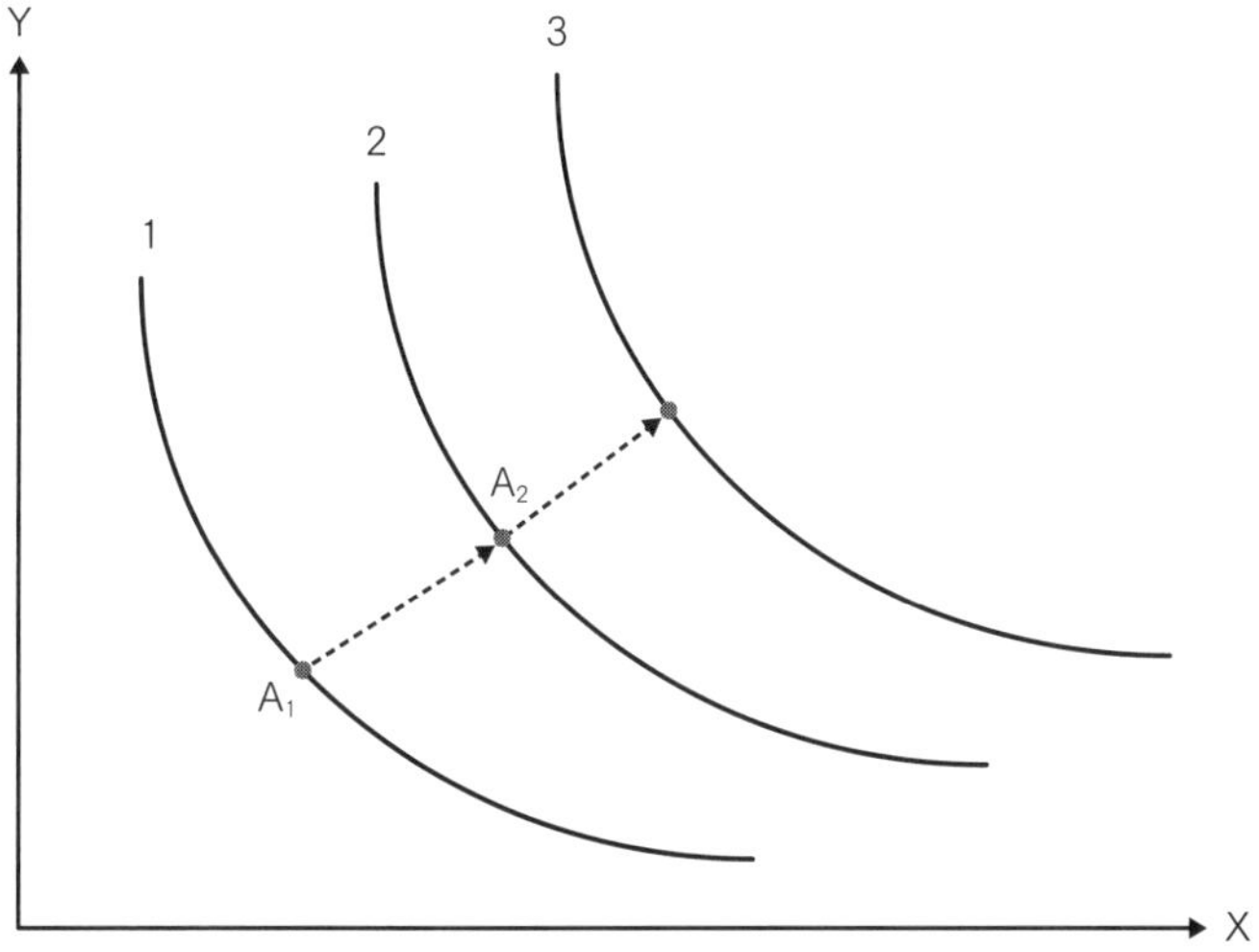

兎戦略を追求していた。アライン・テクノロジーのインビザライン・システムという歯科矯正法も、金属ではないが３Ｄプリンタを用いて究極のカスタマイズを低コストで実現していた。また、旭酒造は、品質とコストというトレードオフを、データ分析を活用することによって克服していた。

　これら３つの章で議論された二兎戦略は、技術や資源を所与としたとき、あるいはなんらかの前提条件があるときに、２つの目的がトレードオフになっている場合、その所与とされる条件、前提条件を変えることによって、２つの目的を両方とも高めていると考えられる。ここで、図４‐９を少し修正して再掲し、確認してみよう（図10‐1）。

　技術１を所与とすると、ＸとＹの２つの目的はトレードオフになっている。つまり、１という原点に対して凸の（フロンティア）曲線上を動かなければならず、A_1で示される状態から、

Xを増やそうと思えばYを減らすしかない。しかし、技術が変化して、新たな技術2を採用すると、フロンティアが上方にシフトし、新たな曲線が描かれる。2という新たなフロンティア上のA_2に動けば、A_1のときよりも、XもYも増やすことができるのである。

このフロンティアのシフトが起こるのは、技術変化だけではない。第1章で議論したような視点の転換による二兎戦略も同様に考えられるであろう。トレードオフの関係にある2つの軸XとYの組み合わせは、図10-1のフロンティア1で表される。Xを増やそうとすればYを減らさざるを得ない。

ここで、実は第3の軸が存在し、フロンティア1は第3の軸が1という値をとったときのXとYの組み合わせであるとしよう。であれば、第3の軸の値が変化すれば、フロンティアもそれにつれてシフトする。もし第3の軸が2という値をとったとき、フロンティア2になるのであれば、新たなフロンティア上のA_2では、A_1と比べてXもYも大きくなることができ、二兎戦略を実現したことになるのである。

つまり、第1章、第2章、第4章で議論した二兎戦略は、制約条件が変わることによるフロンティアのシフトを用いていると、まとめることができるのである。

第3の視点を獲得する

フロンティアのシフトという意味では、技術や資源の制約と第3の軸の役割は同じであるが、技術や資源の制約が比較的明らかであるのに対し、第3の軸にはなかなか気がつかない。対立する2軸だけに目が行きすぎてしまうのである。これまで、どのようにすれば第3の視点を獲得することができるかについてはほとんど議論してこなかった。第3の視点の獲得方法は発想力のようなものであり、本書の範囲を超えているが、トレードオフへの対処法を議論しているもののなかには、第3の視点の獲得方法に関連する議論を展開しているものがあるので、ここで紹介しておこう。

「はじめに」でも引用した野中（2022）の二項動態経営論では、「経営活動においても、アナログとデジタル、アートとサイエンス、全体と個別、安定と変化、適応と革新など、さまざまな対立項に直面する。（中略）これらに明確な境界線はなく、グラデーションでつながっている。だから、相互作用している対極をバランスさせ、その都度、新しい道をひねり出す。偶発性や異質性を取り込み、新たな値を創造する、開かれた動的変革（transformation）プロセスである。これを個人レベルではなく集合的に行うのが『二項動態経営』だ」（PP.149-150）と主張されている。

野中（2022）は、歴史学者ジョン・ルイス・ギャディスの『大戦略論』を引用して、「彼は、古代ギリシャの寓話などを引用し、『たくさんのことを知っているキツネ』と『大きいことを1つだけ知っているハリネズミ』を対比しながら、全体的な概念にまとめず、複雑な世界を複雑なものとして理解する多元主義と、複雑な世界の本質を見抜き、1つの基本概念に単純化する一元主義の綜合が極限状況を打破するために必要であると説いた。つまり、環境変化を察知し、原則を重視しながらも、適時適切にどの方向に向かっていけばよいかを判断し、臨機応変に方策を繰り出していく」（P.149）ことが二項動態には必要であると述べている。

野中（2022）は、人間の創造性は、異質なものとの出会いから生まれるのであって、同質なものからは生まれない。ゆえに、「一見、相反し対立しているように見える事象は、さまざまな葛藤や混乱を生じさせる。これらは、価値創造において、ブレークスルーを起こすチャンスである」（P.150）と述べている。つまり、トレードオフに直面したとき、その葛藤を直視し、どうやって乗り越えるかを考えることによって、新しい視点が獲得される場合があることを示唆しているのであろう。[1]

2つの目的に共通する要素を見つける

また、Dodd and Favaro（2006）は、例えば収益性と成長性という一見トレードオフのように思われる2つの目的があったとき、好業績企業はどちらか一方を重視するのではなく、どちらにも共通する要素を見つけ、その要素を強化しようとしていると指摘している。

例えば収益性と成長性の場合、両者に共通する要素は顧客ベネフィットである。顧客ベネフィットとは、製品やサービスを利用することから顧客が得ることができる価値である。顧客ベネフィットが大きければ、顧客はより大きな負担を受け入れる。プレミアム価格を払ってくれるので、企業の収益性を高めてくれる。同時に、顧客ベネフィットを高めることで市場が成長すれば、収益性を損なうことなく企業は成長することができる。

キャドバリーは、チューインガム市場で、市場シェアではなく市場自体を大きくする戦略を策定・実行した。キャドバリーは、歯のホワイトニングや虫歯予防といった効果を訴え、新しいフルーツ・フレーバーを導入することで、従来の口臭予防、清涼感といった価値を超えた新たな消費者ベネフィットを提供した。それによって、市場全体が拡大し、収益性と成長性の両方の向上を実現したのである。

このように、2つの目的が対立しているとき、一兎戦略をとるのではなく、その2つの目的に共通する要素を見つけ、その要素を強化していけば、二兎戦略が成功する可能性が高い。換言すれば、トレードオフだと思われる2つの目的に共通する要素を見つけようとすることで、2つの目的を同時に達成できるような新たな目的を見つけることができるのである。共通する要素を見つけるということは、ギャディスがいった大きいことを1つだけ知っているハリネズミの思考に通じるのかもしれない。複雑な世界に通底する1つの基本概念を見抜こうとする思考である。

両立思考のための選択肢の見つけ方

第8章で取り上げた、Smith and Lewis（2022）にも、新しい軸の探し方に関連する議論がある。彼女たちは、綱渡り型とラバ型という両立思考のための2つの選択肢の見つけ方を提唱している。綱渡り型とは、対立する要素の間を細かく往ったり来たりし続けることによって2つの要素を両立させる選択肢を探す方法であるのに対し、ラバ型とは視座を上げて、両方を受け入れる包括的なビジョンを考えて、両立するような選択肢を導き出す方法である。

第1章の最後でも示唆したように、この2つの探し方のうち、ラバ型が第3の軸の探し方と関連する。ラバ型のためには統合する視点を持たなければならないが、その視点を持つことは第3の軸を見つけるのに類似している。

具体的に『両立思考』に書かれている例を考えてみよう。自分が図書館のなかのある窓際の席で作業をしていたときに、1人の女性が近づいてきた。自分は窓を閉めておきたいが、彼女は窓を開けた

1　「構成要素に分割する」という考え方を議論した前節で言及したダイキンのTICでは、深化志向の人と探索志向の人とをあえて一緒にし、ぶつかり合いながら深化と探索を両立させている。これは、ぶつかり合いからブレークスルーが生まれると考えているからかもしれない。

いと考えているとしよう。つまり、2人は対立、コンフリクト状況にあり、どちらかが状況を支配し他者が泣き寝入りをするか、時間を区切って窓を開けるというような妥協をせざるを得ないと考えられるのである。

しかし、両者が真に必要としていることを明確にすれば、統合状態を見つけることができるかもしれない。自分は読んでいる論文を飛ばされたくない。他者は空気を入れ替えたい。そこで、隣の部屋の窓を開けるという道を考え出し、そうすることによって、両者の希望を満たすことができるのである。

また、Smith and Lewis（2022）は、パラドックスをコントロール（管理）するのではなく、「不確かさを受け入れ、あいまいさを尊重し、自分の意思決定に立ち戻る必要性を認識しつつ、その時点で先に進むための道を探すこと」（P.196）、すなわちコーピング（対処）が必要であると主張する。

コーピングのためには、「バルコニーに立つ」（P.201）ことが必要であるといわれる。ダンスをしているときには、自分のステップに注意したり、他人の足を踏まないか心配したりするので、集中する対象が狭まる。ダンス・フロアに誰が入ってきたか、音楽が変わり新しいテンポに人々がどのように反応するかは見えない。それらを見るためには、バルコニーに上らなければならない。つまり、全体像を見るためには、広い視野、高い視座が必要なのである。[2]

4. 長期で考える

逐次的両利きのメリット

3つめの二兎戦略は、「時間で切り分ける」という方法である。2つの価値や活動が対立するのは、同時に両方を追求しようとするからである。ある期間は一方を追求し、その後は他方を追求するというように、時間を分けて1つずつ追求し、それを繰り返せば、長期的には両方をバランスさせて追求することになる。つまり、時間で切り分けるというのは、長期的に二兎を追うという戦略である。

第7章で検討した富士フイルムの企業変革は、写真フィルム事業の成熟プロセスでは深化を追求して経営資源を蓄積し、写真フィルム事業が消失する前に蓄積された経営資源を用いて探索を始め、それによって新規事業を展開したという事例である。つまり、深化から探索へスイッチし、長期的に両方を追求した例なのである。

もちろん、既存企業が企業変革をするときには、組織の中心では既存事業における深化が行われ、その組織の他の部分で探索が行われるので、構造的両利きが行われているように見える。しかし、このような既存企業のほとんどは、深化を担うユニットと探索を担うユニットを常に抱えているのではなく、ある時期はもっぱら深化を行い、ゆえに経営資源が蓄積され、その後に蓄積された資源を用い

2　この高い視座は、高次のパーパスを考えることによって経済価値と社会価値を両立することができるという第8章の議論と密接に関連する。

て探索を行っている。であるならば、逐次的両利きであると考えた方が適切である。

さらに、第7章のまとめでも指摘した通り、構造的両利きよりも逐次的両利きの方が優れていると考えられる点が2つある。1つは、深化に専念した方が能力・資源をより多く獲得できるので、次の探索のフェーズでより多くの資源を投入し、より高い探索の成果をあげることができるということである。もう1つは、深化に専念することにより、深化から得られるリターンをより早く回収することができるので、より早く探索に切り替えることができるということである。

時間で切り分ける2つの活動はさまざま

時間で切り分ける2つの活動は、深化と探索だけではない。第7章では自動車の開発組織について議論したが、そこでは市場ニーズをつかむ力と技術力とがトレードオフであると考えられた。そこで、技術力を蓄積する時期と、市場ニーズをつかむ力を深める時期とが繰り返された。そうすることによって、ある自動車メーカーは、2つの能力を、どちらも陳腐化させることなく、長期的にバランスよく蓄積させていたのである。

さらに、時間の切り分けによるトレードオフの解消は、リーダーシップについてもいえる。第7章では、アップルのスティーブ・ジョブズとティム・クックという2人のリーダーを例に挙げて議論した。アップルのような企業のリーダーの要件としては、創造性と効率性の2つが挙げられる。この2つは対立するものなので、なかなかこの2つを高いレベルで備えるリーダーはいない。

ジョブズやクックも例外ではない。ジョブズは創造性に優れているが、効率性の点では心もとない。クックはその逆である。（意図的かどうかは別として）ジョブズからクックがリーダーを引き継いだことによって、アップルは長期的に創造性と効率性の要件をバランスさせて併せ持つことになったのである。

第8章では、経済価値と社会価値の両立について議論した。この両立を目指したのが共通価値創造（CSV）という考え方であり、大変重要な考え方である。しかし、2つの価値を共有させることができれば素晴らしいが、なかなか難しい。

経済価値と社会価値の両立のための1つの思考方法は、前の節で指摘した高い視座を持つ（視座を上げる）という方法であるが、もう1つの方法は、長期で考えるという方法である。経済性を追求しないと、（長期的に）生き残れないが、社会性を追求しないと、環境の悪化、企業に対する社会的批判などによって、企業は長期的には淘汰されてしまう。つまり、長期で考えれば、2つは矛盾する問題ではなくなるのである。

ゆえに、第8章で例示したゴッサム・グリーンズは、今どちらの価値をどの程度重視すれば、長期的に2つの価値を両立できるかを考えて行動している。つまり、短期的には経済価値を追求するが、社会価値を損なわないようにあらゆる手を打ち、ステークホルダーの理解を得ているのである。

自動車の開発組織の例は、技術力を蓄積する時期と、市場ニーズをつかむ力を深める時期とを繰返していた。富士フイルムも、この後、探索から深化へ、さらに深化から探索へと、スイッチが繰り返されるかもしれない。あるいはアップルも、クックの後には創造性豊かな人がリーダーになり、その後は再び効率性の意識の強い人がリーダーになるかもしれない。

だとすると、本節でまとめた時間の切り分けによる二兎戦略は、対立する2つの価値、目的、要件、行動を繰り返すことによって、長期的に両者を追求するというやり方といえる。これは、Smith and

図10－2　繰り返しによる長期的なトレードオフの解消

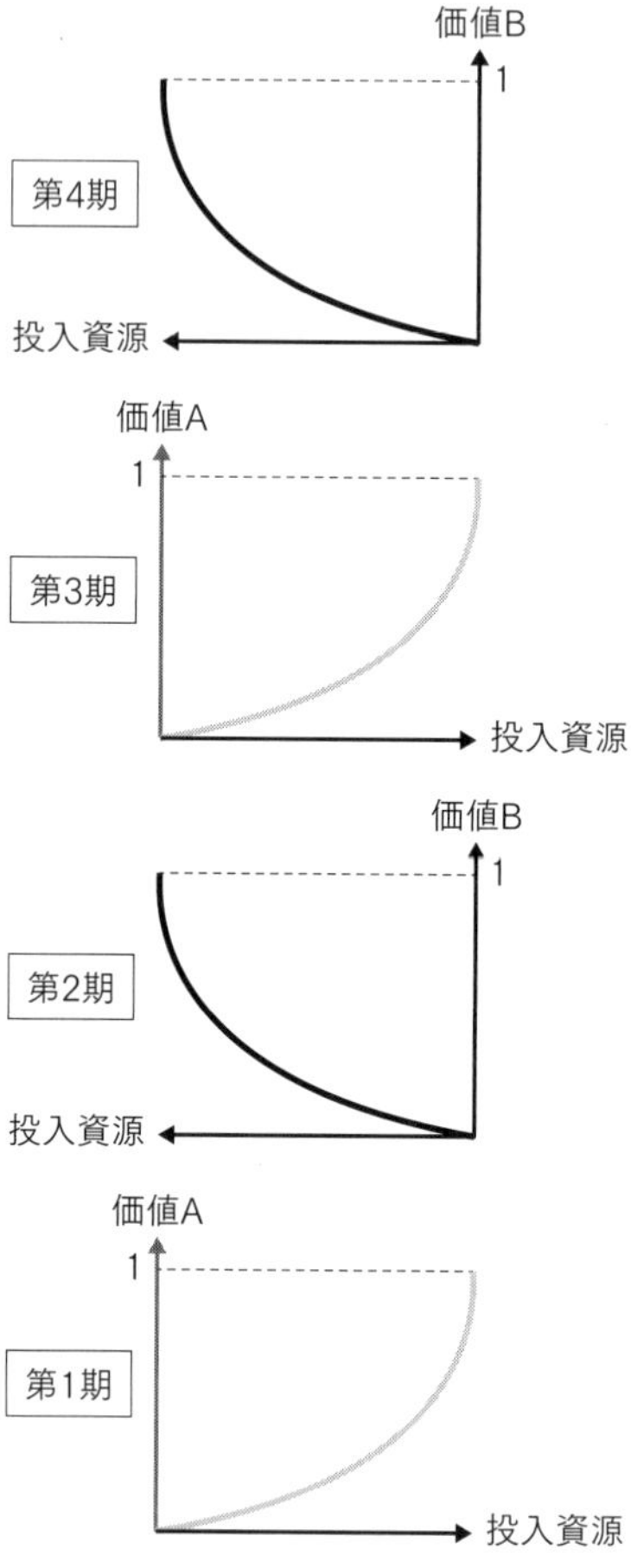

出所：筆者作成

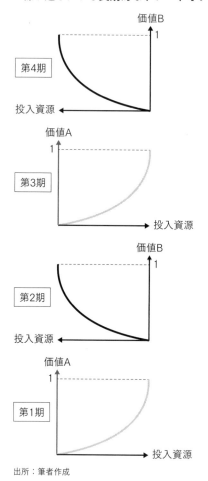

Lewis（2022）が指摘した綱渡り型の思考方法に類似している。

繰り返しによって、長期的にトレードオフを解消し、対立する価値を両立させる様子は、図10-2に描かれている。第1期には価値Aをもっぱら追求するので、すべての経営資源を価値Aの追求に投入し、価値Aを1だけ獲得する。第2期には価値Bの追求にスイッチし、すべての経営資源を価値Bの追求に投入し、価値Bを1だけ獲得する。第3期にはすべての経営資源を価値Aの追求に投入して価値Aを1獲得する。第4期にはもっぱら価値Bを追求し、価値Bを1獲得する。

結果、価値Aは第1期と第3期にそれぞれ1ずつ獲得するので合計2獲得する。価値Bも、第2期と第4期にそれぞれ1ずつ獲得するので合計2獲得する。4つの期間という長期で考えれば、両方の価値を追求することができるのである。

5. 二者択一から脱するために

本書でさまざまな事例で示した通り、経営は、あるいはわれわれの生活は、トレードオフに対する対処の連続である。トレードオフに対して、二者択一ではなく、二兎戦略をとるためには、どうしたらよいだろうか。まず、直面している問題、状況がなぜトレードオフなのかと問うことから始まる。例えば、以下のような3つの問いが考えられる。

①単一の主体で直面している問題に取り組もうとしていないか？

いくつかのサブユニットに分け、サブユニットがそれぞれの異なる価値を追求するというように分担できないか、どのように分ければそれができるかを考えてみることによって、二兎戦略がとれるかもしれない

②資源や視点など、なにが制約、所与とされているか？

その制約を動かすことはできないか、所与とされているものを変化させられないか、3つめの軸はないかなどと考えることによって、対立する2つの価値のフロンティア曲線をシフトさせることができれば、両方の価値を向上させることができる

③同時に2つの目的（価値）を達成しようとしていないか？

同時に2つの価値を追求するのではなく、ある価値を集中して追求する時期と、他の価値を集中的に追求する時期とを分け、それを繰り返せば、長期的に両立することができる

このような問いは、二兎戦略を生み出すためのきっかけにすぎない。いずれかの問いで二者択一ではないトレードオフの対処法の光が見えたら、本書の各章で紹介した事例や本章の議論を参考にしながら思考をさらに進め、具体的にどのようなアクションをとっていけばよいかを考えてほしい。そうすれば、二兎戦略を考案し、実行することができるであろう。

謝辞

本書は、筆者がこれまで見聞きしてきた経営現象、学んできた経営学の研究をもとに、トレードオフに対処する方法の1つである二兎戦略についてまとめたものである。ゆえに、「はじめに」でも述べたように、各章で記述した事例や研究は、40年くらい前に聞いたものも含まれている。「自動車の開発組織についての話」は、筆者が学部の3年生のときに受講した「経営管理」の授業で聞いた話である。この授業を担当されていたのは故土屋守章先生である。筆者は、土屋先生から興味深い経営現象をお聞きし、経営学に魅せられていった。筆者が、この本を含め、経営学の研究を始めたのは、土屋先生の影響に他ならない。生前にはその大きな学恩に報いることができなかったが、本書を先生に捧げたい。

本書にちりばめた話は、大学院時代の授業や勉強会で見聞きしたものも多い。とくに、野中郁次郎先生の研究は、私が学部生だったときの企業進化論から、現在の二項動態経営まで、常に刺激的で、本書でもいろいろなところで参考にさせていただいた。また、藤本隆宏氏、桑田耕太郎氏、新宅純二郎氏、沼上幹氏、網倉久永氏といった先輩、共同研究者との議論からも、たくさんアイディアをいただいた。当時の時間に縛られない議論は、それぞれが異なる大学に就職した後では得ることができない、ぜいたくな時間であった。

他方、本書には、最近調べた企業の事例も収められている。その調査の際には、いくつかの企業の方にお世話になった。NTTデータザムテクノロジーズの酒井仁史氏、鈴木里英子氏、ダイキン工業の河原克己氏、イオンネクストの福田啓三氏、竹本秀之氏、内田佳利氏には、ご協力いただき感謝申し上げる。

また、筆者は、早稲田大学ビジネススクールにおいて、数年前まで「トレードオフ・マネジメント」(「競争戦略のフロンティア」から名称変更)という講義を行っていたが、その受講者との議論や提出されたレポートなどからも、多くのヒントをいただいた。

編集の労をとっていただいた日経BPの堀口祐介さんには、前著『ファミリー企業の戦略原理』を出したとき、「次は、読みやすく、もうちょっと売れそうな本を出すから」と言って、本書の出版を認めていただいた。思ったよりも読みにくくなってしまったのではないかと申し訳なく思っている。

最後に、本書のアイディアが育まれてきたこの三十数年間、一緒に過ごしてきてくれた妻の昭子、娘の優佳に、心より感謝する。

2024年11月

浅羽 茂

success, *Sloan Management Review,* 26(3), 3–17.
齊藤孝浩（2014）『ユニクロ対ZARA』日本経済新聞出版社
――（2019）『アパレル・サバイバル』日本経済新聞出版社
酒井仁史（2013）「新たな製造法“アディティブマニュファクチャリング（AM）”その使い所と勘所」『素形材』54(2)、47-53
坂本孝（2013）『俺のイタリアン　俺のフレンチ――ぶっちぎりで勝つ競争優位性のつくり方』商業界
新宅純二郎（1994）『日本企業の競争戦略――成熟産業の技術転換と企業行動』有斐閣
Simsek, Z., Heavey, C., Veiga, J. F. and Souder, D. (2009) A typology for aligning organizational ambidexterity's conceptualizations, antecedents, and outcomes, *Journal of Management Studies*, 46(5), 864-894.
Smith, W. K. and Lewis, M. W. (2022) *BOTH/AND THINKING: Embracing Creative Tensions to Solve Your Toughest Problems*, Harvard Business School Publishing Corporation, Boston, MA.（関口倫紀・落合文四郎・中村俊介監訳、二木夢子訳『両立思考「二者択一」の思考を手放し、多様な価値を実現するパラドキシカルリーダーシップ』日本能率協会マネジメントセンター、2023年）
Stone, B. (2013) *The Everything Store: Jeff Bezos and the Age of Amazon*, Little Brown and Company, New York. NY.（井口耕二訳『ジェフ・ベゾス 果てなき野望――アマゾンを創った無敵の奇才経営者』日経BP、2014年）
テン, T. (2011)「ラグジュアリー・ホテルの存在意義――標準化と独自性のトレードオフをいかに解決するか」『DIAMONDハーバード・ビジネス・レビュー』36(2)、150-151
Thomke, S. and Reinertsen, D. (2012) Six Myths of Product Development, *Harvard Business Review*, 90(5), 84-94.（トムク, S.・ライナーステン, D.（2012）「製品開発をめぐる6つの誤解」『DIAMONDハーバード・ビジネス・レビュー』37(8)、76-89）
Tushman, M. L. and Romanelli, E. (1985) Organizational Evolution: A Metamorphosis Model of Convergence and Reorientation, *Research in Organizational Behavior,* 7, 171-222.
Usman, M. and Vanhaverbeke, W. (2017) How start-ups successfully organize and manage open innovation with large companies, *European Journal of Innovation Management*, 20(1), 171-186.

社、2015年）

Levinthal, D. A. and March, J. G. (1993) The myopia of learning, *Strategic Management Journal*, 14(S2), 95-112.

Levitt, B. and March, J. G. (1988) Organizational learning, *Annual Review of Sociology*, 14(1), 319-338.

Maney, K. (2009) *Trade-Off: Why Some Things Catch on, and Others Don't*, Crown Business, New York, NY.（有賀裕子訳『トレードオフ――上質をとるか、手軽をとるか』プレジデント社、2010年）

March, J. G. (1991) Exploration and exploitation in organizational learning, *Organization Science*, 2(1), 71-87.

Mitchell, W. and Singh, K. (1993) Death of the Lethargic: Effects of Expansion into New Technical Subfields on Performance in a Firm's Base Business, *Organization Science*, 4(2), 152-180.

名和高司（2021）『パーパス経営――30年先の視点から現在を捉える』東洋経済新報社

新原浩朗（2023）『組織の経済学のフロンティアと日本の企業組織』日本経済新聞出版

野中郁次郎（1985）『企業進化論――情報創造のマネジメント』日本経済新聞社

――（2022）「『二項動態経営』を考える」『一橋ビジネスレビュー』70（2）、148-153

小倉昌男（1999）『小倉昌男 経営学』日経BP

O'Reilly, C. A. and Tushman, M. L. (2016) *Lead and Disrupt: How to Solve the Innovative Dilemma*, Stanford Business Books, Redwood City, CA.（入山章栄監訳、渡部典子訳『両利きの経営 「二兎を追う」戦略が未来を切り拓く』東洋経済新報社、2019年）

Polman, P. and Winston, A. (2021) *NET POSITIVE: How Courageous Thrive by Giving More Than They Take*, Harvard Business Review Press, Boston, MA.（三木俊哉訳『Net Positive――「与える＞奪う」で地球に貢献する会社』日経BP、2022年）

Porter, M. E. and Kramer, M. R. (2006) Strategy and Society: The Link between Competitive Advantage and Corporate Social Responsibility, *Harvard Business Review*, 84(12), 78-92.（ポーター, M. E.・クラマー, M. R.（2008）「競争優位のCSR戦略」『DIAMONDハーバード・ビジネス・レビュー』33(1)、36-53）

――（2011）Creating Shared Value, *Harvard Business Review*, 89(1/2), 62-77.（ポーター, M. E.・クラマー, M. R.（2011）「共通価値の戦略」『DIAMONDハーバード・ビジネス・レビュー』36(6)、8-31）

Roberts, E.B. and Berry, C.A. (1985) Entering new businesses: selecting strategies for

Press, Boston, MA.（渡部典子訳『リバース・イノベーション――新興国の名もない企業が世界市場を支配するとき』ダイヤモンド社、2012年）

Gulati, R. (2022) The Messy but Essential Pursuit of Purpose, *Harvard Business Review*, 100(2), 44-52.（グラティ, R.（2022）「利益とパーパスの追求は両立できるか」『DIAMONDハーバード・ビジネス・レビュー』47(6)、41-52）

Gupta, A. K., Smith, K. G. and Shalley, C. E. (2006) The interplay between exploration and exploitation, *Academy of Management Journal*, 49(4), 693-706.

He, Z. L. and Wong, P. K. (2004) Exploration vs. exploitation: An empirical test of the ambidexterity hypothesis, *Organization Science*, 15(4), 481-494.

今井範行（2015）「トヨタ生産システムと部品共通化戦略――リーン戦略を可能化する組織モデルの考察」『名城論叢』第15巻特別号、95-106.

Immelt, J. R., Govindarajan, V. and Trimble, C. (2009) How GE Is Disrupting Itself, *Harvard Business Review*, 87(10), 56-65.（イメルト, J. R・ゴビンダラジャン, V.・トリンブル, C.（2010）「ＧＥ：リバース・イノベーション戦略――画期的な新製品は新興国から生まれる」『DIAMONDハーバード・ビジネス・レビュー』35(1)、123-135）

伊丹敬之・西野和美編著（2004）『ケースブック経営戦略の論理』日本経済新聞社

Kahneman, D. (2011) *Thinking, Fast and Slow*, Farrar Straus & Giroux, New York, NY.（村井章子訳『ファスト＆スロー　あなたの意思はどのように決まるか？（上）（下）』早川書房、2012年）

――and Tversky, A. (1979) Prospect theory: An analysis of decision under risk, *Econometrica*, 47(2), 363-391.

Kane Iwatani, Y. (2014) *Haunted Empire: Apple After Steve Jobs*, Harper Business, New York, NY.（井口耕二訳『沈みゆく帝国　スティーブ・ジョブズ亡きあと、アップルは偉大な企業でいられるのか』日経BP、2014年）

Katila, R. and Ahuja, G. (2002) Something old, something new: A longitudinal study of search behavior and new product introduction, *Academy of Management Journal*, 45(6), 1183-1194.

加藤雅則・オライリー, C. A.・シェーデ, U（2020）『両利きの組織をつくる――大企業病を打破する「攻めと守りの経営」』英治出版

Knott, A. M. (2002) Exploration and exploitation as complements, in Choo, C. W. and Bontis, N. eds., *The Strategic Management of Intellectual Capital and Organizational Knowledge*, Oxford University Press, Oxford, England. 339-358.

古森重隆（2013）『魂の経営』東洋経済新報社

Kotter, J. P. (2014) *Accelerate*, Harvard Business Review Press, Boston, MA.（村井章子訳『実行する組織――大組織がベンチャーのスピードで動く』ダイヤモンド

management: The productivity dilemma revisited, *Academy of Management Review*, 28(2), 238-256.

Bower, J. L. and Christensen, C. M. (1995) Disruptive Technologies: Catching the Wave, *Harvard Business Review*, 73(1), 43-53.（バウワー, J. L.・クリステンセン, C. M.（2009）「破壊的技術」『DIAMONDハーバード・ビジネス・レビュー』34(6)、64-68）

Brooks Jr., F. P. (1995) *The Mythical Man-Month: Essays on Software Engineering*, Anniversary edition, Addison-Wesley, Boston, MA.（滝沢徹・牧野祐子・富澤昇一訳『人月の神話（新装版）』ピアソン・エデュケーション、2002年）

Burgelman, R. A. (2002) Strategy as vector and the inertia of coevolutionary lock-in, *Administrative Science Quarterly*, 47(2), 325-357.

Burns, T. and Stalker, G. M. (1961) *The Management of Innovation*, Tavistock, London, England.

Caves, R. E. and Porter, M. E. (1977) From entry barriers to mobility barriers: Conjectural decisions and contrived deterrence to new competition, *The Quarterly Journal of Economics*, 91(2), 241-261.

Christensen, C. M. (1997) *The Innovator's Dilemma: When New Technologies Cause Great Firms to Fail*, Harvard Business School Press, Boston, MA.（玉田俊平太監修、伊豆原弓訳『増補改訂版　イノベーションのジレンマ――技術革新が巨大企業を滅ぼすとき』翔泳社、2001年）

Clark, K. B. and Fujimoto, T. (1991) *Product Development Performance*, Harvard Business School Press, Boston, MA.（田村明比古訳『製品開発力――実証研究日米欧自動車メーカー20社の詳細調査』ダイヤモンド社、1993年）

Dodd, D. and Favaro, K. (2006) Managing the right tension, *Harvard Business Review*, 84(12), 62-74.（ドッド, D.・ファバロ, K.（2007）「企業課題のトレード・オフを両立させる法」『DIAMONDハーバード・ビジネス・レビュー』32(4)、20-35）

藤本隆宏（1997）『生産システムの進化論――トヨタ自動車にみる組織能力と創発プロセス』有斐閣

――（2001a）『マネジメント・テキスト 生産マネジメント入門Ⅰ』日本経済新聞社

――（2001b）『マネジメント・テキスト 生産マネジメント入門Ⅱ』日本経済新聞社

Ghemawat, P. and Ricart I. Costa, J. E. (1993) The organizational tension between static and dynamic efficiency, *Strategic Management Journal*, 14(S2), 59-73.

Govindarajan, V. and Trimble, C. (2012) *Reverse Innovation*, Harvard Business Review

【参考文献】

Abernathy, W. J. (1978) *Productivity Dilemma*, Johns Hopkins University Press, Baltimore, MD.

——and Wayne, K. (1974) Limits of the learning curve, *Harvard Business Review*, 52(5), 109-119.

Adler, P. S., Benner, M., Brunner, D. J., MacDuffie, J. P., Osono, E., Staats, B. R., Takeuchi, H., Tushman, M. L. and Winter, S. G. (2009) Perspectives on the productivity dilemma, *Journal of Operations Management*, 27(2), 99-113.

Anderson, C. (2006) *The Long Tail*, Hachette Books, New York, NY.（篠森ゆりこ訳『ロングテール——「売れない商品」を宝の山に変える新戦略』早川書房、2006年）

淺羽茂（1987）「企業存続に関する一考察——動学的接近」『東京大学経済学研究』30(10)、9-19.

——（1990）「企業の長期的成長のメカニズム——経営資源の蓄積に焦点を当てて」『組織科学』23(3)、65-78.

——（2023）『新版　経営戦略の経済学』日本評論社

——・新田都志子（2004）『ビジネスシステムレボリューション——小売業は進化する』NTT出版

——・山田尚史（2003）「日本マクドナルド——スケール・メリットを追求する装置型外食産業の価格・商品戦略」上田隆穂編『ケースで学ぶ価格戦略・入門』有斐閣

Asaba, S. and Fujimoto, T. (1994) Processing and product development system in the Japanese wool textile and apparel industry, in Findley, C. and Ito, M., eds., *Wool in Japan*, Harper Educational, Pymble, Australia.

Bartlett, C. and Ghoshal, S. (1989) *Managing Across Borders: The Transnational Solution*, Harvard Business School Press, Boston, MA.（吉原英樹監訳『地球市場時代の企業戦略——トランスナショナルマネジメントの構築』日本経済新聞社、1990年）

Baum, J. A., Li, S. X. and Usher, J. M. (2000) Making the next move: How experiential and vicarious learning shape the locations of chains' acquisitions, *Administrative Science Quarterly*, 45(4), 766-801.

Benner, M. J., & Tushman, M. 2002. Process management and technological innovation: A longitudinal study of the photography and paint industries. *Administrative Science Quarterly*, 47（4）: 676–706.

Benner, M. J. and Tushman, M. L. (2003) Exploitation, exploration, and process

〈や行〉

〈ら行〉

〈た行〉

〈な行〉

〈は行〉

〈ま行〉

組織・サービス索引

〈ま行〉

〈や行〉

〈ら行〉

〈さ行〉

事項索引

［著者紹介］

淺羽茂（あさば・しげる）

早稲田大学大学院経営管理研究科教授

1985年東京大学経済学部卒業、93年東京大学より博士（経済学）を取得、99年米国UCLAよりPh.D. in managementを取得。学習院大学経済学部教授を経て、2013年より早稲田大学大学院商学研究科教授、16年より現職。経営戦略、産業組織が専門。企業間の競争と協力、コーポレート・ガバナンス、ビジネスモデルなどを研究している。本書に収められていない主要論文は、Lieberman, M. B., & Asaba, S. (2006) Why do firms imitate each other?, *Academy of Management Review*, 31(2), 366-385. 主著は『競争と協力の戦略』有斐閣、1995年（組織学会高宮賞受賞）、『日本企業の競争原理』東洋経済新報社、2002年、『ファミリー企業の戦略原理』（共著）日本経済新聞出版、2022年、『新版 経営戦略の経済学』日本評論社、2023年など。そのほか、論文、Book Chapter、著書多数。

二兎を追う経営 トレードオフからの脱却

2024年12月13日　1版1刷

［著者］
淺羽茂
©Shigeru Asaba, 2024
［発行者］
中川ヒロミ

［発行］
株式会社日経BP／日本経済新聞出版

［発売］
株式会社日経BPマーケティング
〒105-8308　東京都港区虎ノ門4-3-12

［装丁］野網雄太　［DTP］マーリンクレイン　［印刷・製本］シナノ印刷

本書の無断複写・複製（コピー等）は著作権法上の例外を除き、禁じられています。

購入者以外の第三者による電子データ化および電子書籍化は、私的使用を含め一切認められておりません。

本書籍に関するお問い合わせ、ご連絡は下記にて承ります。

https://nkbp.jp/booksQA

Printed in Japan　ISBN978-4-296-11912-7